高等学校经济管理类专业系列教材

新编管理学

主 编　胡　芳　夏媛媛

副主编　成　诚　李善奎

参 编　沈春秋　张　奇

主 审　黄诗义

西安电子科技大学出版社

内 容 简 介

本书围绕"什么是管理"和"如何有效管理"两个基本问题，通过十个项目、三十多个任务来重点阐述管理的普遍原理和基本方法以及在企业管理实践中的具体应用，主要内容包括管理及管理者、管理思想与管理理论、组织的环境分析、决策、计划与控制、组织、人员配置、领导、激励、沟通等。

本书既可以作为高职高专学生的管理基础和管理通识课教材，也可作为应用型本科院校的管理课程教材，还可作为企业员工和社会学习者的培训、自学参考书。

图书在版编目(CIP)数据

新编管理学/胡芳，夏媛媛主编. --西安：西安电子科技大学出版社，2023.9(2024.1重印)
ISBN 978 - 7 - 5606 - 7041 - 6

Ⅰ.①新⋯　Ⅱ.①胡⋯ ②夏⋯　Ⅲ.①管理学　Ⅳ.①C93

中国国家版本馆 CIP 数据核字(2023)第 167619 号

策　　划　戚文艳
责任编辑　戚文艳
出版发行　西安电子科技大学出版社(西安市太白南路 2 号)
电　　话　(029)88202421　88201467　　　邮　编　710071
网　　址　www.xduph.com　　　　　　　电子邮箱　xdupfxb001@163.com
经　　销　新华书店
印刷单位　陕西天意印务有限责任公司
版　　次　2023 年 9 月第 1 版　2024 年 1 月第 2 次印刷
开　　本　787 毫米×1092 毫米　1/16　印张　15.25
字　　数　362 千字
定　　价　47.00 元
ISBN 978 - 7 - 5606 - 7041 - 6 / C

XDUP 7343001 - 2

＊＊＊如有印装问题可调换＊＊＊

前　言

"管理学"是所有管理类专业的基础课程，通过对本课程的学习，能够为后续专业课程的学习奠定基础；同时，该课程也是其他所有专业的通识性课程，可以提升其他专业学生的综合素养和后续发展能力。

鉴于"管理学"课程的性质，本书围绕"什么是管理""如何有效管理"两个基本问题，形成了知识、能力、素质三位一体的内容体系，并力求语言通俗化、内容趣味化，以帮助学习者更好地理解理论知识。

本书的编写思路是促使学习者达成以下三个目标：

（1）认知目标，掌握管理过程中的普遍规律和科学方法；

（2）技能目标，具备分析和解决管理问题的能力；

（3）素质目标，提升自身的管理职业道德和综合素养。

本书在内容组织与安排上有以下三个特点：

（1）反映管理领域新技能、新规范，紧贴管理职业岗位群（以服务型行业领域为主）的能力要求。和其他同类教材相比，本书摒弃了一些陈旧知识及繁杂的理论叙述，增加了许多当下的热点问题的相关内容，以案例、实训、拓展阅读、课堂讨论等形式体现，从而更具科学性、前沿性以及针对性和实效性。

（2）落实党的二十大精神，高举中国特色社会主义伟大旗帜，以习近平新时代中国特色社会主义思想为指导，根据当前教育教学改革与人才培养的新形势和新要求，将相关的思政内容有机融入本书，每一个项目都深入挖掘思政元素，鲜活生动，具有思想性、亲和力、针对性，充分发挥本书的育人功能，将价值塑造、知识传授和能力培养紧密融合。

（3）本书精心选择了一些动画视频、案例和习题等，作为配套和补充的数字资源，并将这些资源做成二维码放在书中的相关处，学习者可通过手机扫描观看，改变了传统教材相对单一、枯燥的形式，可提高学习者的学习兴趣。

本书由安徽财贸职业学院的胡芳策划、组织和统稿；安徽城市管理职业学院的沈春秋编写了项目一、项目八，夏媛媛编写了项目二、项目四，张奇编写了项目三、项九，成诚编写了项目五、项目七；名流健康集团的李善奎编写了项目六、项目十。

在本书的编写过程中，北京创先泰克科技有限公司的总经理徐得峰提出了许多中肯的建议，安徽财贸职业学院经济贸易学院院长黄诗义进行了认真审阅，并提出了宝贵的意见，在此一并表示真诚的感谢。

在本书编写的过程中，编者参阅了相关的文献资料，在此向这些作者表示衷心的感谢。

限于编者的水平，书中难免有不当和疏漏之处，欢迎各位读者批评指正。

编　者

2023 年 3 月

目　录

项目一　方圆合一——管理及管理者

认知目标

(1) 熟悉管理的概念及其特征。

(2) 了解管理的性质及其职能。

(3) 了解管理者的分类及其职责。

(4) 了解管理者的角色及其技能。

(5) 了解管理者的个体和群体素质。

(6) 理解管理的基本原理。

技能目标

(1) 能从管理系统角度分析管理现象。

(2) 能从不同层次管理者的角度分析和解决实际管理问题。

素质目标

(1) 培养学生探索与创新的精神和意识。

(2) 强化价值引领，增强学生的道路自信、理论自信、制度自信、文化自信。

(3) 培养学生的职业道德和责任感。

动画导入

《孙子兵法》的管理智慧

任务一　管理的内涵

一、管理的定义

　　管理是人类最基本的社会实践活动之一，它不仅存在于人类社会发展的各个历史阶段，而且贯穿于社会发展的各个领域。在现实生活中，从国家政府、军队，到企业、医院、学校等社会组织及部门，甚至家庭都存在管理活动。可以说，凡是由人组成的组织，就有人的行为活动；有人的行为活动，就离不开管理。

（一）管理的概念

在不同时期，中外管理学家从不同的角度给予了管理不同的解释，以下是具有代表性的几种观点，它们都从某个侧面反映了管理的内涵。

（1）管理是计划、组织、指挥、协调和控制。这一观点是由古典管理创始人之一、法国管理学家亨利·法约尔于1916年提出的，明确了管理的过程和职能。他的理论经过近百年来许多人的研究和实践，除在管理职能上有所增减之外，已被证明基本上是正确的，并成为管理定义的基础。

（2）管理就是决策。这一观点是由美国管理学家赫伯特·A.西蒙提出的。他认为决策贯穿于管理的全过程和所有方面。组织是由决策者构成的系统，决策正确与否直接关系到组织工作的成败。他把决策制订过程分为四个阶段：① 调查情况，分析形势，搜集信息，找出制订决策的理由；② 制订可能的行动方案，以应付所面临的情况；③ 在各种可能的方案中进行抉择，选择比较满意的方案，并付诸实施；④ 检查已实施方案的执行情况并进行评价，制订新的决策。这一过程是任何组织的管理者实施管理都要进行的过程，所以从这个方面来看，管理就是决策。

（3）管理就是确切知道要别人干什么，并让他们用最好、最经济的方法去干。这一观点是由美国"科学管理之父"泰勒提出的。他认为管理的主要目的应该是使雇主实现最大限度的富裕，同时也使每个雇员实现最大限度的富裕，同时强调寻求最经济的方法完成工作任务。

（4）管理不仅是一门学问，还是一种文化，它有自己的价值观、信仰和语言。这是美国管理学家彼得·德鲁克提出的观点。他认为管理根植于一种文化、一种价值传统、习惯和信念之中，根植于政府制度和政治制度之中。

（5）在徐国华编著的《管理学》中，管理一词被定义为"通过计划、组织、控制、激励和领导等环节来协调人力、物力和财力资源，以期更好地实现组织目标的过程"。

（6）在周三多编著的《管理学》中，管理一词被定义为"通过信息获取、决策、计划、组织、领导、控制和创新等职能的发挥来分配、协调包括人力资源在内的一切可以调用的资源，以实现单独的个人无法实现的目标"。

综上所述，管理是指在特定组织的内外部环境约束下，管理者对组织所拥有的资源进行有效的计划、组织、领导、控制和创新，通过组织资源的优化配置，以期高效率地实现组织目标的过程。

【拓展阅读】

源远流长的管理

随着人类社会的进步和生产力水平的提高，人类协作劳动的规模、范围越来越大，管理活动日益发展。尽管古代社会没有系统化的管理理论，但仍不乏具有真知灼见的管理思想和实践。

在工业文明之前，中外都有至今看来非常宏大的工程。国外有古埃及时期建造的金字塔，其中最大的一座由230万块石头组成，每块石头平均重达2.5吨，最重的达15吨，当时的统治者动用10万人、花了20年时间才建成；中国有秦时始建的万里长城，隋朝开挖的大运河等工程。所有这些巨大的工程都需要大规模的协作劳动，其中必然涉及管理。

《孙子兵法》中体现的管理思想一直为人们所津津乐道，该书在日本甚至成为管理者的必读书。"知己知彼，百战不殆""知可以战与不可以战者胜，识众寡之用者胜"等至理名言，仍不失为竞争取胜的优秀管理思想。唐朝刘晏的漕运改革也颇有创举，他实行有偿劳动，并将漕运分为几段，按各段水情招聘船工，使用船只，并将大米由散装改为袋装，既方便搬运，又便于失事后打捞，这项改革使当时南方大米运进长安的时间由原来的八九个月缩短到40天左右。

(二) 管理的特征

1. 目的性

管理是人类一种有意识、有目的的活动，因此它具有明显的目的性。管理的这一特征是区别于自然界和人类社会中那些非管理活动的重要标志。首先，它区别于人类社会中那些盲目的、没有明确目的的活动，也就是说，凡是盲目的、没有明确目的的活动，都不能称其为管理活动。其次，它区别于自然界无意识的本能活动，如某些昆虫和鸟类的群体活动，看起来是有组织、有目的的，但实际上是由其生理功能所驱使的。再次，管理活动的目的性一般表现为社会劳动的共同目的，而不是表现为某个成员单方面的目的，否则就难以形成协作的意愿，也就难以进行有效的管理。

在实际中，管理的目的往往具体表现为管理目标，它是管理的出发点和归宿，也是指导和评价管理活动的基本依据。

2. 普遍性

对于所有的组织，管理都是绝对必要的，而无论组织规模的大小，无论在组织的哪一个层次上，无论组织的工作领域是什么，无论这个组织位于哪个国家，这一事实称为管理的普遍性。任何组织都要充分利用其人力、物力、财力等资源，力求以尽可能少的消耗来完成组织目标，这就离不开通过计划、组织、领导、控制、决策、激励与创新等管理职能来进行管理，这些管理的基本活动对任何组织都有着普遍性。

3. 创新性

实践证明，管理不仅是进行共同劳动和社会化大生产的必要条件，而且它本身就是一种劳动。这种劳动不但能创造价值，而且能推动社会生产力的发展。但是管理的创新性远不止于此，它真正的含义还在于管理本身也是不断变革、不断创新的一种社会活动。由于现代人类社会实践活动的广泛性和复杂性，社会化大生产条件下的管理活动对现代管理学提出了更高的要求，使现代管理学不能局限于一般意义上的继承和发展，而更应注重变革和创新，包括对管理学学科框架、理论内容和管理方法的变革。对管理进行变革，不但能推动社会和经济的发展，在一定条件下还可以创造新的生产力。

4．人本性

在任何管理中，人是决定性的因素，人的积极性是企业活力的源泉。

管理的这一特征，首先要求管理者在管理工作中贯彻以人为本的原则。以人为本的实质是强调人的因素第一，强调为员工实现自我提供舞台，充分发挥员工的积极性和创造性；重视对员工的培训、教育、激励，重视员工的未来，尊重与鼓励员工的创造精神。尊重人、依靠人、发展人、为了人，是以人为本的管理思想的出发点和归宿。其次，要求在管理理论的研究中也要坚持以人为中心，把对人的研究作为管理理论研究的重要内容。在西方管理理论的研究中，几乎所有的管理理论都是建立在人的假设基础上的，各个学派管理理论的不同，主要是出于对人的心理、本性和行为等的认识不同。

5．经济性

资源的配置使用是需要成本的，因此管理就具有经济性。管理的经济性首先反映在资源配置的机会成本上，管理者选择一种资源配置方式是以放弃另一种或几种资源配置方式为代价的，这包括一个筹划选择的过程。其次，管理的经济性也反映在管理方式方法的选择上，因为在众多进行资源配置的方式方法中，不同方法的成本不一样。最后，管理是对资源有效整合的过程，选择不同的资源供给和配比也有成本大小的问题，这是经济性的又一种表现。

6．过程性

任何的"社会事实"都不是绝对静止的，从辩证法的角度来看，运动是绝对的，而静止是相对的。管理如此，管理中的计划、组织、领导、控制等职能也是如此，都强调过程性。

7．协作性

分工与协作是相辅相成的关系。分工是系统管理的需要，分工要合理，要用人所长、权责明确。分工之后，要做到分工不分家，彼此之间要互相配合，特别是在现代化的管理中，分工与协作尤为重要。

8．环境依赖性

管理离不开环境，无论是社会环境还是自然环境，都会对组织产生不同程度的影响和制约，有时环境对组织的发展甚至起到决定性作用。

综上所述，管理的八个特征是相互关联的，是管理性质的不同方面的反映。

二、管理的性质

（一）管理的二重属性

管理的二重属性表现为合理组织生产力和维护生产关系。指挥劳动与生产力有关，由共同劳动的社会化性质所决定，体现管理的自然属性；监督劳动与生产关系有关，由共同劳动所采取的社会结合方式的性质所决定，体现管理的社会属性。

1．管理的自然属性

管理的自然属性也称为管理的生产力属性或管理的共性。管理的自然属性是与生产力相联系的，表现为合理地组织生产力。

在管理过程中，为了有效实现组织目标，需要对人、财、物和信息等资源进行合理配置，对产、供、销及其他职能活动进行协调，以实现生产力的科学组织。组织生产力的管理功能是由生产力的发展引起和决定的，反映了人和自然的关系，故称为管理的自然属性。从这个意义上说，管理不具有明显的意识形态色彩，不会随着社会形态的变化而变化，故其又被称为管理的共性。

2. 管理的社会属性

管理的社会属性也称为管理的生产关系属性或管理的个性。管理的社会属性是与生产关系相联系的，表现为调节各种生产关系，主要体现管理者的意志和利益。

在管理的过程中，为了维护生产资料所有者的利益，需要调整人之间的利益分配，协调人与人之间的关系。这反映的是生产关系与社会制度的性质，故称为管理的社会属性。管理的社会属性是由管理所处的生产关系和社会制度的性质决定的。从这个意义上说，管理具有明显的意识形态色彩，在不同国家、不同民族之间具有较大差异，故管理的社会属性又被称为管理的个性。

马克思的管理二重性原理，深刻地揭示了管理的根本属性和根本职能，是指导人们认识和掌握管理的特点和规律的有力武器。对于西方管理理论，既不能全盘照搬，也不能全盘否定，应该结合中国的具体情况批判地学习和借鉴。在管理的过程中，既不能强调管理的自然属性而忽视管理的社会属性，也不能为了强调管理的社会属性而忽视管理的自然属性，应该在遵守管理的自然属性的要求和充分体现社会主义生产关系的基础上，分析和研究我国的管理问题，建立起具有中国特色的管理体系。

（二）管理的科学性与艺术性

1. 管理的科学性

管理是人类一项重要的社会活动，反映了社会活动发展的客观规律，是人们经过长期实践，归纳总结出的一系列反映管理过程中客观规律的管理原理、原则、方法和理论。人们利用这些方法和理论来指导管理活动，又以管理活动的结果来衡量这些管理方法和理论是否正确、有效，从而使管理的科学理论和方法在实践中得到不断的验证和丰富。因此，管理是一门科学，要按照管理活动的规律办事，而随心所欲地进行管理就会导致管理的失败，受到合理规律的惩罚。

2. 管理的艺术性

管理虽然可以遵循一定的原理和规律办事，但由于管理过程中存在很多不确定的因素，如突发性、偶然性等因素，这些因素复杂多变，所以单靠管理理论和方法不能够进行有效的管理。管理者必须在管理实践中发挥人的积极性、主动性和创造性，把管理知识、技能与具体的管理活动要素结合起来，因人、因事、因时、因地制宜，灵活多变、创造性地运用管理方法和理论，才能获得满意的管理效果。因此，把管理只当成科学，排斥管理的艺术性，完全按照管理的原理与理论刻板地解释管理问题，必然处处碰壁。

管理是科学和艺术的结合，既具有科学性，又具有艺术性。管理的科学性强调管理的客观规律，艺术性强调的是管理的灵活性和创造性。因此，作为管理者，既要注重对管理基本理论的学习，又不能忽视在实践中因地制宜的灵活运用，这样才能实现卓越管理的最终目标。

三、管理职能

管理职能是管理系统运行过程中的表现形式，是管理者实施管理的功能或程序，即管理者在实施管理过程中所体现出来的具体作用、过程以及实施程序。

管理者的管理行为主要表现为管理职能，管理主要是通过管理职能来合理配置组织资源，有效完成管理各项活动，实现组织目标。

（一）管理职能的内容

1. 计划职能

计划职能是管理的首要职能，主要任务是在收集大量资料的基础上，对组织未来环境的发展趋势作出预测，根据预测的结果和组织拥有的可支配资源建立组织目标，然后制订出各种实施的方案、措施和具体步骤，为组织目标的实现作出完整的谋划。

2. 组织职能

组织职能有两层含义：一是进行组织结构的设计、构建和调整，如成立某些机构或对现有机构进行调整和重组；二是为达成计划目标所进行的必要的组织过程，如进行人员、资金、技术、物资等的调配，并组织实施等。

3. 领导职能

领导职能是指组织的各级管理者利用各自的职位权力和个人影响力指挥和影响下属为实现组织目标而努力的过程。为了使领导工作卓有成效，管理者必须了解个人和组织行为的动态特征，激励员工并与其进行有效的沟通。

4. 控制职能

为了确保组织目标能实现以及保证措施能有效实施，管理者要对组织的各项活动进行有效的监控。因此，控制职能是为了保证系统按预定要求运作而进行的一系列工作，同时也是管理者在建立控制标准的基础上，衡量实际工作绩效，分析出现的偏差，并采取纠偏措施的过程。实现控制职能的具体内容包括根据计划标准检查和监督各部门、各环节的工作以及根据组织内外部环境的变化对计划目标和控制标准进行修改或重新制订。控制职能与计划职能密不可分，计划是控制的前提，为控制提供目标和标准，没有计划就不存在控制；控制是实现计划的手段，没有控制，计划就不能顺利实现。

5. 创新职能

将创新作为一种管理职能是一种新的认识。随着科学技术的飞速发展，市场需求瞬息万变，社会关系日益复杂，管理者每天都会遇到新情况、新问题。如果墨守成规、没有创新，管理者就无法应对新形势的挑战，从而无法完成所肩负的管理任务。所以，创新是社会发展的源泉，人类社会在不断的创新中取得了进步和发展，人类本身也在不断的创新中获得了进一步的完善。创新对于现代社会经济发展的强大推动作用已经远远超过了以往任何一个时代。

（二）管理职能之间的关系

对管理职能的划分，为研究管理问题提供了理论框架或理论体系。有关管理的概念、理论、原则、方法和程序都可以按照不同的管理职能而加以分类、归纳，并予以系统论述，从而为研究与学习管理学提供了便利的工具。但是，这并不意味着这些职能是互不相关而孤立存在的，它们是相互联系、交叉渗透的。计划职能是管理的首要职能，每一项管理工作一般都是从计划开始，经过组织、领导到控制结束。控制的结果可能又导致新的计划，开始又一轮新的管理循环，如此循环不息，把管理工作不断向前推进。创新在管理循环中处于轴心地位，成为推动管理循环的原动力。

任务二　管　理　者

一、管理者及其职责

（一）管理者与操作者的区别

传统观点认为，管理者就是在一个组织中担任某一职务，为实现组织的既定目标，有权力和责任指挥其他人完成任务的人。这一观点强调了管理者在组织中正式的职位和职权，强调其必须拥有下属。

美国管理大师彼得·德鲁克对"管理人员"有自己独特的见解，他认为，在一个现代的组织里，一个工作者如果能够由于他的职位和知识，对组织负有贡献的责任，能够实质性地影响该组织的经营并达成成果，即为管理人员。这一定义强调管理者是对目标负有贡献责任的人，而不是拥有权力的人；对管理者的判断以是否对组织目标成果有贡献，而非是否有下属为依据。

按照德鲁克的观点，本书认为只要在工作中履行管理职能，对组织实现目标有贡献者都是管理者。

管理者与操作者的区别主要体现为分工、地位和薪资的不同。一般情况下，管理者执行计划、组织、领导和控制等职能，而操作者是运用自己工作能力完成任务的工作者；职位高的人是职位低的人的管理者，职位低的人，也就是操作者，因其地位不同，薪资也就不同。

（二）管理者的分类与职责

管理者要做的第一件事是明确自己的职责。一个组织中通常存在多个管理者，他们各自在一个组织中具体做什么，取决于该管理者在该组织中的定位。

1. 按管理层次分类

管理者可以按其所处的管理层次划分为高层管理者、中层管理者和基层管理者。由于管理工作在组织的各个层次展开，因此不同层次的工作需要不同数量、不同能力及不同职责的管理者。一个组织的管理层次由金字塔结构构成，高层管理者较少，职责最大；中层管理者较多，职责次之；基层管理者最多，职责相对也较小，具体如表1-1所示。

表1-1   按管理层次划分的管理者类型

管理者类型	管理者描述	主要职责
高层管理者（战略管理者）	对整个组织的管理负有全面责任的人	制订组织的总目标、总战略，掌握组织的大政方针并评价整个组织的绩效。他们在与外界的交往中，往往代表组织，以"官方"的身份出现
中层管理者（战术管理者）	处于高层管理者和基层管理者之间的一个或若干个中间层次的管理者	贯彻执行高层管理者所制订的重大决策，监督和协调基层管理人员的工作。与高层管理者相比，中层管理者更注重日常的管理事务
基层管理者（作业管理者）	又称一线管理者，是组织中处于最低层次的管理者，他们所管辖的仅仅是作业人员而不涉及其他管理者	给下属作业人员分派具体的工作任务，直接指挥和监督现场作业活动，保证各项任务的有效完成

【课堂讨论】

蒋华是某新华书店邮购部经理，该邮购部每天要处理大量的邮购业务，在一般情况下，登记订单、按单备货、发送货物等工作都是由部门中的业务人员承担，但在前一段时间，接连发生了多起将A要的书发给了B、B要的书却发给了C之类的事，引起了顾客极大的不满。今天又有一大批书要发送，蒋华不想让这种事情再次发生。

讨论：他应该亲自发送这批书，还是仍由业务员来处理？为什么？

2. 按职权关系的性质分类

按照职权关系的性质，管理者可分为直线管理人员和参谋人员（见表1-2）。

表1-2   按职权关系的性质划分的管理者类型

管理者类型	管理者描述	主要职责
直线管理人员	有权对下级进行直接指挥的管理者。他们与下级之间存在着领导隶属关系，是一种命令与服从的职权关系，主要指组织等级链中的各级主管，即综合管理者	决策和指挥
参谋人员	对上级提供咨询、建议，对下级进行专业指导的管理者。他们与上级的关系是一种参谋、顾问的关系，与下级是一种非领导隶属的专业指导关系，通常是指各级职能管理者	咨询、建议和指导

3. 按工作的性质和领域分类

按照工作的性质和领域，管理者可分为综合管理者和职能管理者。

综合管理者指负责整个组织或组织中某个事业部的全部活动的管理者。对于小型公司来说，可能只有一个综合管理者，即总经理，负责统管包括生产、研发、营销、人事、财务、后勤等在内的全部活动。对于大型公司来说，可能会按照产品类型分别设立几个产品分部，或者按地区设立若干个地区分部，设有多个综合管理者。

职能管理者，即仅仅负责管理组织中某一类活动的管理者。根据所管理的专业领域性质的不同，可以将他们划分为生产部门管理者、研发部门管理者、营销部门管理者、人事部门管理者、财务部门管理者；他们只在本职能或本专业领域内行使职权和指导工作，只对组织中某一职能或专业领域的工作目标负责。

【课堂讨论】

直线职权与参谋职权案例——谁拥有权力

王华明近来十分沮丧。一年半之前，他获得某名牌大学工商管理硕士学位后，在毕业生人才交流会上，凭着渊博的知识和出众的口才，幸运地成为某大公司的高级管理职员。由于其卓越的管理才能，一年后，他又被公司委以重任，出任该公司下属的一家处于困境的企业的厂长。当时，公司总经理及董事会希望王华明能重新整顿企业，扭亏为盈，并保证王华明拥有完成这些工作所需的权力。考虑到王华明年轻，且肩负重任，公司还为他配备了一名高级顾问严高工(原厂主管生产的副厂长)，为其出谋划策。

然而，在担任厂长半年后，王华明开始怀疑自己能否控制住局势。他向办公室高主任抱怨道："在我执行厂管理改革方案时，我要各部门制订明确的工作职责、目标和工作程序，而严高工却认为，管理固然重要，但眼下第一位的还是抓生产、开拓市场。更糟糕的是他原来手下的主管人员居然也持有类似的想法，结果这些经集体讨论的管理措施执行受阻。倒是那些生产方面的事情推行起来十分顺利。有时我感到在厂里发布的一些命令，就像石头扔进了水里，我只看见了波纹，随后，过不了多久，所有的事情又回到了发布命令以前的状态，什么都没改变。"

讨论：你认为王华明和严高工各属于哪一类管理者，他们应该怎么做？

二、管理者的角色和技能

(一) 管理者的角色

1. 人际角色

管理者在处理与组织成员和其他利益相关者的关系时，扮演着不同的人际角色。人际角色主要包括以下三种：

(1) 代表人角色。作为所在单位的领导，管理者必须行使一些具有礼仪性质的职责，如出席集会、宴请重要客户等。

(2) 领导者角色。由于管理者对所在单位的经营状况负有重要责任，因此他们必须在组织内扮演领导者角色。

(3) 联络者角色。管理者无论对内对外都充当着联络者的角色。

2. 信息角色

管理者确保和他一起工作的人掌握有足够的信息，从而能够顺利完成工作，这时他们就扮演了信息角色。信息角色主要包括以下三种：

（1）监督者角色。作为监督者，管理者持续关注组织内外环境的变化，以获取对组织有用的信息。

（2）传播者角色。作为传播者，管理者负责把重要的信息传递给组织成员，但有时也因特殊目的而向组织隐藏特定的信息。但更重要的，管理者必须保证员工能够获取必要的信息，以便切实有效地完成工作。

（3）发言人角色。作为发言人，管理者在特定时间就本组织重大决策或事件举行新闻发布会，全面、准确地发布有关信息，通过媒体的报道，在社会上形成对本组织的良好公众认知，使组织与外界建立良好关系，正确引导媒体，宣传和维护组织形象。

3. 决策角色

管理者在处理信息并得出结论的过程中扮演着决策角色。决策角色主要包括以下三种：

（1）企业家角色。管理者对所发现的机会进行投资以利用这种机会，如开发新产品、提供新服务、发明新工艺。

（2）干扰对付者角色。管理者必须善于处理冲突或解决问题，如平息客户的怒气，同不合作的供应商进行谈判或者对员工之间的争端进行调解等。

（3）资源分配者角色。管理者负责分配组织的各种资源，使资源能够在其负责的范围内进行较好的流动，并创造出更多的效益。

（4）谈判者角色。研究表明，管理者把大量的时间花费在了谈判上。谈判对象包括员工、供应商、客户、其他工作小组等。

【课堂讨论】

管理者角色

马丽是一家造纸厂的厂长，这家工厂目前面临一项指控：厂里排放出来的废水污染了附近的河流。因此，马丽必须到当地的相关部门为本厂申辩。陈立是该厂的技术工程部经理，他负责该部门的工作以及与销售部门的协调。张少夫负责厂里的生产管理，他刚接到通知：每天向本厂提供包装纸板箱的供应厂商遭遇了火灾，至少在一个月之内无法供货，这将导致本厂包装车间工作停滞。张少夫需要解决这个问题。最后一个是罗娟，她负责处理办公室的日常事务，办公室里的员工之间为争一张办公桌刚刚发生了一场纠纷，这张办公桌离打印机最远，环境最安静。

讨论：运用管理者角色理论，分析在这家企业里，马丽、陈立、张少夫和罗娟各自扮演着什么角色？

（二）管理者的技能

管理者拥有一定的素质只是做好管理工作的基础，还需要在实践中把这些素质转化成实用的管理技能。美国管理学家、哈佛大学学者罗伯特·李·卡茨在他的著作《高效管理者的技能》中，把管理者的管理技能分为技术技能（technical skills）、人际技能（human skills）和概念技能（conceptual skills）三种，具体见表1-3。

表 1-3 管理者的管理技能

管理技能	含 义	内 容
技术技能	管理者掌握与运用某一专业领域内的知识、技术和方法的能力	专业知识、经验；技术、技巧；程序、方法等的运用能力
人际技能	管理者处理人际关系的能力	观察人、理解人、掌握人的心理规律的能力；人际交往、与人沟通的能力；了解并满足下属需要、进行有效激励的能力；善于团结他人，增强向心力、凝聚力的能力等
概念技能	管理者观察、理解和处理各种全局性的复杂关系的抽象能力	对复杂环境和管理问题的观察、分析能力；对全局性的、战略性的、长远性的重大问题处理与决断的能力；对突发性紧急处境的应变能力等。其核心是一种观察力和思维力

不同层次的管理者都需要具备这三种管理技能，只是对这三种管理技能的要求程度不同而已。图 1-1 清晰地说明了管理者层次与管理技能之间的关系。

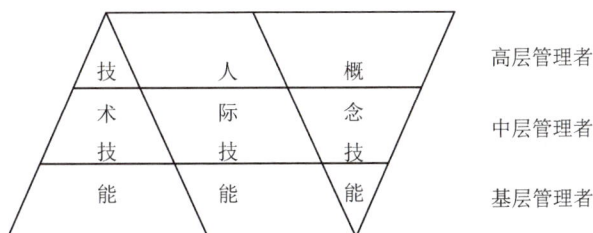

图 1-1 管理者层次与管理技能之间的关系

处于不同层次的管理者应掌握和运用的管理技能是有一定差异的，一般来讲，高层管理者主要应掌握概念技能，较好地理解组织各部分之间的关系，对组织的战略发展方向和战略目标有清晰的把握和准确的定位，使组织更好地适应不断变化的环境。但是在组织中的基层管理者需要有较好的技术技能，要能在基层的作业环境中有效地带领团队实现企业的既定目标。研究表明，不论是基层、中层还是高层管理者，对他们同等重要的是人际技能。

【课堂讨论】

卡莉·费奥里娜：惠普首席执行官

卡莉·费奥里娜担任惠普首席执行官时只有 44 岁，没有任何计算机方面的背景，未到惠普之前，她只是朗讯公司全球服务供应部的总裁，对计算机行业了解不深。惠普董事局的一位董事认为："技术背景并不是一个最主要的原因，郭士纳（IBM 掌门人）和戴尔（Dell 掌门人）都没有技术背景，我们要的是在工业界有杰出领导能力的人，而不是工程师学位。"惠普之所以选择卡莉，是由于她有着极强的制订发展战略并予以实施的能力，是由于她有着与客户、合作伙伴和媒体的良好沟通能力，同时她喜欢挑战、勇于变革，并在过去的工作中取得了很好的业绩。对计算机行业的了解并非不重要，但是，"这些对她来讲一点儿也不困难，因为她非常聪明，学得很快，这对她来说不是一个问题。"惠普公司的董事这样说道。

讨论：惠普公司强调其首席执行官最应该具备的是什么能力？

三、管理者的个体和群体素质

（一）管理者个体应具备的素质

管理者的素质是管理者所具有的先天生理条件，以及通过后天学习和社会实践所形成的与管理相关的基本属性和质量。管理者的素质是管理者管理水平和能力的基础，是做好管理工作、取得卓越管理绩效的极为重要的主观条件。其主要表现为管理者的品德、知识、能力与身心条件。优秀的管理者应具备的基本素质见表1-4。

表1-4　优秀的管理者应具备的基本素质

基本素质	含　义	内　容
政治与文化素质	管理者的政治思想水平和文化修养基础	坚定性、敏感性；事业心、责任感；思想境界与品德情操；人文修养与广博的文化知识等
基本业务素质	管理者在所从事工作领域内的知识与能力	一般业务素质和专门业务素质
管理技能素质	提高组织效率的能力	决策技能、人际技能等
身心素质	管理者本人的身体状况与心理条件	健康的身体；坚强的意志；开朗、乐观的性格；广泛而健康的兴趣等

【素质培养】

张謇——民营企业家的先贤和楷模

张謇，字季直，号啬庵，江苏南通人，为光绪二十年（1894年）状元，是中国近代实业家、政治家、教育家、书法家，"江苏五才子"之一。他不仅是中国棉纺织领域早期的开拓者，还是主张"实业救国""父教育，母实业"的践行者。光绪二十年，张謇考中状元，被授翰林院修撰。光绪二十一年，他奉张之洞之命创办大生纱厂；光绪二十八年创办了通州师范学校；光绪三十一年创建了南通博物苑。他在南通兴办了一系列文化教育事业，开创了唐闸镇工业区，使南通成为我国早期的民族资本主义工业基地之一，将南通的城市建设按照一城三镇的格局布置，使南通成为长江下游的重要商埠和苏北的经济、文化中心。

甲午战争后，张謇放弃了他的仕途之路，开始了"实业救国"的新主张。他从筹办大生纱厂开始，陆续兴办了数十家企业，堪称中国近代史上第一个名副其实的实业家。张謇一生创办了20多家企业、370多所学校，创下23个"中国第一"，为中国近代民族工业的兴起、教育事业的发展作出了宝贵贡献。他是爱国企业家的典范，民营企业家的先贤和楷模。胡适先生对张謇给出了极高的评价，"张謇在近代中国史上的贡献是谁都不能否认的，他做了30年的开路先锋，造福一方，影响了全国。"

（二）管理者的群体结构及素质

管理者的群体结构是指两个或两个以上的管理者在各种素质、要素方面的构成比例和组合状况，它是一个多序列、多层次、多要素的动态平衡体。

进入 21 世纪以来，新知识、新事物、新情况不断出现，使管理工作日益呈现综合化、系统化、复杂化的特点。单靠有某一方面专长的领导或者是结构不合理的管理群体，是无法真正有效地担当起管理重任的。因此，必须配备精干、高效的管理群体，并根据各成员间的年龄大小、性格特点、智能水平以及专业特长进行合理搭配，达到各得其所、各负其责、各司其职、各谋其政、各展其能的目的，从而最大限度地发挥整体功能。

管理者的群体结构具体包括以下四种。

1. 年龄结构

一个科学、合理的管理者群体结构，应当由老年、中年和青年按一定的比例进行合理搭配，形成有层次的梯队结构，充分发挥老年人经验丰富、中年人成熟稳重、青年人勇于进取的优势，避免人才青黄不接，确保事业的顺利进行，并取得高效、低耗、绩优的管理效果，使管理者群体结构既能继承、又能创新，持续稳步地向前发展。

2. 性格结构

性格结构对于管理者群体结构的合理化是十分重要的。一个性格上刚柔相济、动静共存的管理者群体能充分发挥每个成员的性格优势，形成一个有力、互补和协调的工作团队，高效地发挥作用。

首先，在性格结构的组成上，应当是不同性格互补和配合，既要有理智型的，又要有情绪型的；既要有外向型的，又要有内向型的；既要有独立型的，又要有顺从型的。群体具备多方面的良好性格，才能发挥 1 加 1 大于 2 的协同效应。

其次，要根据管理者的主要性格合理安排职位。将不同性格特点的管理者组合起来并分配到最合适的岗位上，才能形成最合理的群体结构及整体力量。

再次，要合理利用管理者性格的多样性。人的性格是多样的，是随着环境的变化而变化的。因此，在构建管理者的性格结构时，应该抓住管理者在不同时期性格特征中的主要方面，进行合理利用，才能取得良好的管理效果。

此外，构建性格结构时，必须强化群体结构中管理者的意志和责任心，这是决定性格结构乃至群体结构是否稳定持久、是否有凝聚力的关键之一。

3. 智能结构

智能是指人运用知识的能力，包括创造能力、表达能力、组织能力、自学能力、研究能力等。管理者群体的智能结构是指上述能力的分布与构成。一个科学、合理的智能结构，应当由思想型、实干型、智囊型和组织型的管理者按一定序列和比例构成，这样才能构成善于运筹策划、组织实施、协调控制和领导指挥的立体结构，才会拥有精明的决策者、高超的组织者、踏实的执行者、机灵的反馈者、冷静的咨询者和廉明的监督者。

一般来讲，管理者及管理者群体应注重以下几方面的能力：

（1）改革创新能力：发现新事物、研究新问题、解决新矛盾、开拓新途径、产生新思想的能力，它是环境变化、事业发展的必然要求。

（2）较强的思维能力：具备这种能力，才能对复杂的管理过程中所出现的现象进行科学的分析、综合、抽象、比较、概括，从而抓住其本质和规律，实施有效管理。

（3）组织协调能力：具备这种能力，才能在管理工作中把各部门、各层次的人员组织起来，构成系统整体，并使之协调一致，充分发挥每个人的积极性。

（4）敏锐的观察能力：具备这种能力，才能在不断变化的情势下及时捕捉有用的信息，及时发现问题，不失时机地采取有效的措施，以解决问题，实现目标。

（5）果断的决策能力：具备这种能力，才能在纷繁复杂的事物中辨别本质，统揽全局，根据管理目标的任务，选择最优行动方案，作出科学决策，出色完成任务。

4. 专业结构

管理者群体的专业结构是指群体中各成员的专业知识和技术的分布与构成，即对各种不同专业技术的管理者按其所担任的职责进行合理组合，形成一个互相调剂、互相补充、门类齐全、系统配套的群体结构。

在现代组织中，各项工作分工越来越细，专业性和技术性也越来越强，为了进行有效的管理，管理者必须具备一定的专业知识，才能担负起自身的职责。当然，一个合格的管理者并不一定要是某一方面的专家，也并不要求他对科学技术及专业知识有高深的造诣，而只要求他懂得一定的专业知识，掌握"一能"，如果每个成员都有自己的"一能"，那么整个群体就是"多能"的，既具备思想政治工作知识，又具备经营管理知识；既具备业务技术知识，又具备后勤行政知识，有这种综合业务管理能力突出的群体，才能顺利完成管理与领导整个组织的任务。

【课堂讨论】

破解"华盛顿合作定律"

华盛顿合作定律表明，合作是一个问题，怎样合作也是一个问题。"一个和尚挑水吃，两个和尚抬水吃，三个和尚没水吃"常常引导人们陷入误区。一个单位、一个企业效益不好，不在其他方面找原因，而是简单地归罪于"和尚"多了，于是便开始减员。然而，实际上并非如此，有的单位、企业人员数量减少却并没有实现增效，"和尚"少了，还是没水吃。

看来，有没有水吃，与"和尚"的数量多少没有必然的联系。怎样才能打破"三个和尚没水吃"的困局呢？怎样才可以形成1＋1＞2的合力呢？

第一种解决方法：明确建立分工负责，你挑水，我砍柴，他做饭，每人明确责任，分工合作，这样，不仅解决了吃水问题，也建立了新的管理机制。找到每个人的特长，合理安排任务，就会事半功倍。

第二种解决方法：建立一种激励机制，谁主动承担挑水的任务，就是对寺里作出重大贡献，在物质分配、职务晋升等方面优先考虑，如果挑水成绩显著，给予重奖。这样，吃水问题也不再是问题，还促进了这个寺庙的"精神文明"建设，将寺庙管理提高到一个新水平。

第三种解决办法：三个和尚各拿一个桶，每次三人一起去打水。在打水的过程中，增加了三个和尚的沟通协作，虽然表面上看是各自为政，而实际却又是为了同一个大目标而努力。

讨论：挑选怎样的合作方式，效率会最高？

在群体结构的实践中还必须注重职权分明。所谓职权分明，是指各个成员必须有明确的分工，职责范围必须清晰，职权界限必须分明，职责与权利必须相称。只有这样，才能使每个管理者对自己职责范围以内的事情独立负责，创造性地工作，避免出现互相推诿的现象。

构建科学、合理、立体的管理者群体结构是一个长期的动态过程，必须要兼顾年龄、性格、智能和专业结构四大要素，统筹规划，通盘考虑，并随时根据工作需要进行合理的调整，才能保证群体结构的和谐统一，才能保证群体结构的先进性和战斗力。

任务三　管理的基本原理

任何一门科学都有自身特有的原理和基本方法，管理科学也不例外。研究和掌握现代管理的基本原理和一般方法，是管理学要解决的主要问题之一，也是人们做好管理工作的基础。

所谓基本原理，就是对事物的实质及其基本运动规律的表述。现代管理的基本原理是在对管理工作的对象、核心、过程、目的进行科学分析之后，从中得到带有普遍规律性的认识，反映了一切具体领域管理活动的实质及其基本运动规律。

一、人本原理

（一）人本原理的含义

组织中的资源有人、财、物、时间、信息等多种，哪种资源最重要？现代管理学认为，人是一切资源中最重要的资源，管理的核心是人，管理的动力是人的积极性。一切管理均应以调动人的积极性、做好人的工作为根本，这就是管理的人本原理。对人的管理是一切管理中最核心的内容。

（二）人本原理的主要观点

1. 人是管理的主体

一个组织，不管是经济组织还是非经济组织，不是物的堆积而是人的集合，是具有利益动机和感情的人组成的协作系统。因此，人是管理的主体，管理从根本意义上说，就是对人的管理，即通过有效激励调动人对物质资源配置的主动性、积极性和创造性。

2. 有效管理的关键是员工参与

员工参与管理，首先，能够增加员工对组织的认同感与归属感；其次，能够提高决策的质量，有助于决策的顺利实施；第三，能够拉近管理者与被管理者的距离，增加沟通的可能性；第四，为员工教育创造了可能性。

3. 管理的核心是使人性得到最完美的发展

人性既有善良、光明的一面，也有丑恶、阴暗的一面。在组织中，管理者的使命不仅是追求组织经济利益目标的实现，更重要的是要点亮人性的光辉，使组织成员自觉抑制自身假、恶、丑的一面，实现对真、善、美的不懈追求，使其人性得到最完美的发展。人本原理正是本着这种对人性的积极态度，要求管理始终坚持把人本身不断地全面发展和完善作为最高目标，时刻为个人实现其社会价值和个人价值提供条件。

4. 管理是为人服务的

管理的根本目的是服务于人。一切管理任务的完成、管理目标的实现都离不开人的努力，都需要人去执行。管理者只有把"服务于人"定位在管理的根本目的上，真正树立为人服务的思想，为员工和客户服务，管理者与被管理者之间、组织与外部环境之间的关系才能和睦融洽，管理者的意图才能被有效执行，组织的目标才能顺利实现。

【学贯二十大】

人民性是马克思主义的本质属性，党的理论是来自人民、为了人民、造福人民的理论，人民的创造性实践是理论创新的不竭源泉。一切脱离人民的理论都是苍白无力的，一切不为人民造福的理论都是没有生命力的。我们要站稳人民立场、把握人民愿望、尊重人民创造、集中人民智慧，形成为人民所喜爱、所认同、所拥有的理论，使之成为指导人民认识世界和改造世界的强大思想武器。

资料来源：高举中国特色社会主义伟大旗帜 为全面建设社会主义现代化国家而团结奋斗
——在中国共产党第二十次全国代表大会上的报告（2022 年 10 月 16 日）
西宁党建网（https://www.xndjw.gov.cn）

【拓展阅读】

海尔的用人理念

以人为本是海尔的创新用人机制。

在海尔领导看来，企业不缺人才，人人都是人才，关键是如何将每一个人所具备的优秀品质和潜能充分发挥出来。海尔集团总裁张瑞敏认为，企业领导的主要任务不是发现人才，而是建立一个可以出人才的机制，并维持这个机制健康持久地运行。这种人才机制应该给每个人相同的竞争机会。为此，海尔人"变相马为赛马"，在全体员工高度认同的情况下，不断提升、完善这一竞争机制。海尔的赛马机制具体包含三条原则：一是公平竞争，任人唯贤；二是职适其能，人尽其才；三是合理流动，动态管理。海尔人力资源开发和管理的要义是，充分发挥每个人的潜能，让每个人每天都能感到来自企业内部和市场的竞争压力，又能够将压力转换成竞争的动力，这也是海尔持续发展的秘诀。

市场竞争说到底是人才的竞争。有什么样的人才，就有什么样的事业，谁拥有的高素质人才多，谁就可以在竞争中取胜。

二、系统原理

（一）系统原理的含义

系统原理是从系统论角度认识和处理管理问题的理论和方法。系统论是通过分析系统的构成、功能及其与外部环境的关系来揭示系统的性质及其运行规律的理论。系统是指由若干相互作用、相互依存的要素组合而成的具有特定功能的有机整体。要素可以是单个事物，也可以是一群事物组成的小系统。任何一种组织都可视为一个完整的、开放的系统或某一大系统中的子系统。管理者应该站在系统的角度，通过认识系统的性质、树立系统的观念来开展管理工作。

【拓展阅读】

阿斯旺水坝的灾难

　　规模在世界上都数一数二的埃及阿斯旺水坝在 20 世纪 20 年代初竣工，表面上看，这座水坝给埃及人民带来了廉价的电力，控制了水旱灾害，灌溉了农田。然而，实际上却破坏了尼罗河流域的生态平衡，造成了一系列灾难：由于尼罗河的泥沙和有机质沉积到水库底部，尼罗河两岸的绿洲失去肥源——淤泥，土壤日益盐渍化；由于尼罗河河口供沙不足，河口三角洲平原向内陆收缩，使工厂、港口、国防工事有跌入地中海的危险；由于缺乏来自陆地的盐分和有机物，沙丁鱼的年收获量减少了 1.8 万吨；由于水坝的阻隔，尼罗河下游的活水变成相对静止的"湖泊"，为血吸虫和疟蚊的繁殖提供了条件，致使水库一带血吸虫病流行。埃及造此水坝所带来的灾难性后果，使人们深深地感叹：任何决策都是牵一发而动全身的！

（二）系统的性质

1. 目的性

　　系统的目的性表现在对系统要素的选择及系统的运行方向等方面都强烈地反映出人们的某种意志，服从于人们的某种目的；不同的系统会有不同的目的，混淆了目的，就会产生混乱的管理。

2. 集合性

　　集合性是系统最基本的特性。一个系统至少由两个或两个以上的子系统构成。构成系统的子系统称为要素，也就是说，系统是由各个要素结合而成的，单一的要素不能构成系统，这就是系统的集合性。

3. 层次性

　　构成一个系统的子系统以及子系统以下的子子系统分别处于不同的地位，这就是系统的层次性。系统的层次性不仅决定了系统是由不同层次的子系统所构成的，而且决定了系统本身又是某个更大系统的一个组成部分，还决定了一些系统居于支配地位，另一些则居于从属地位。

4. 相关性

　　系统内各要素之间存在相互依存、相互制约的关系，这就是系统的相关性。它一方面表现为子系统同系统之间的关系，如系统的存在和发展是子系统存在和发展的前提；另一方面表现为子系统之间的关系，如某要素的变化会影响另一要素的变化等。

5. 结构性

　　结构是指系统的各要素在运动过程中形成的并相对稳定保持的某种关系，是系统各要素之间相互联系、相互作用的内在方式，表现为一定的组织（机构）、机制、系列、层次等。结构是系统之间相互区别的一个重要标志，是系统活动有序性的保证。

6. 功能性

系统的功能是指系统在存在和运动过程中所表现的功效、作用和能力。从某种意义上来说，功能是系统存在的社会理由。功能与结构有着非常密切的联系：结构是从内部来说明系统存在的方式及各要素相互联系的性质，系统的内部结构决定其外部功能，同时系统的外部功能也制约着系统的内部结构，这两者是相互作用、不可分割的。

三、效益原理

（一）效益原理的含义

效益原理是指管理者要树立全面、正确的组织效益观，在对组织运作的管理过程中，要运用科学的方法，注重效率和效果的经济分析和社会分析，追求以尽可能少的投入实现相同的有效产出，或以相同的投入实现尽可能多的有效产出的理想管理境界。理解效益原理需要弄清效果、效率、效益三者的含义及相互关系。

（1）效果：由投入经过劳动转换而产出的成果。这种成果能否带来效益以及带来效益的多少，取决于该成果能否满足组织与社会的需要以及满足需要的程度。

（2）效率：单位时间内所取得的效果的数量，反映了劳动时间的利用状况。效率高说明单位时间取得的成果多，也可以理解为单位时间内完成的工作任务多；反之就少。

（3）效益：有效产出与其投入之间的一种比例关系。有效产出是指能实现其价值，满足组织与社会需要的成果。

显然，好的效果与高的效率不一定能带来满意的效益；但要取得良好的效益常常是以好的效果与高的效率为前提的。

（二）效益原理的原则

效益是管理活动永恒的主题，任何组织的管理都是为了获得某种效益，效益的高低直接关系到组织的生存和发展。从管理学的角度来看，管理效益是指管理活动按一定的目标，取得的有效成果与其投入之间的比例关系。人们对管理效益的追求应当遵循如下基本原则：

（1）社会效益与经济效益相结合；

（2）近期效益与长期效益相结合；

（3）局部效益同全局效益协调一致。

【拓展阅读】

某建材制造集团 B 遵循"规范运作、互利共赢、互相尊重、长期合作"的"十六字"混改原则，引入 10 多家股东，集团混合所有制企业覆盖面达 85%。作为中央企业落实董事会职权的试点企业，B 集团完成混改后，全面建立了外部董事占多数的董事会。董事会共设有 13 个席位，其中，内部董事 5 人、外部董事 7 人、职工董事 1 人。董事会被定位为企业的决策核心，负责将中长期发展战略规划权、高级管理人员的选聘权、业绩考核权、薪酬管理权、工资总额管理权和重大财务事项管理权等 6 项职权稳步落实到位。此外，B 集团旗下某企业高管和核心员工 80 余人通过现金出资 2200 多万元设立两家合伙企业作为持股平台，以增资扩股形式持有公司 6.23% 的股份；并开展"百人蓝领计划"，设置预留股权池，用于新进人才激励，赋予企业长期可持续的人才竞争力。

B 集团通过建立外部董事占多数的董事会，让企业所有者归位，战略投资者、外部董事等多方参与企业重大决策，有利于引入民营经济灵活高效的机制优势，使企业运行更加符合市场规律要求；通过实施员工持股，充分激发管理层、核心骨干人员的创业热情，建立起经营者和所有者利益、企业效益正相关的关系，开创了"国民共进、共生多赢"的局面。

四、责任原理

责任具有两层含义：一是指应尽的义务或分内应做的事；二是指应承担的过失。从管理的角度讲，管理者一要认清组织应承担的社会责任；二要明确组织内部各部门及成员应完成的工作任务（分内应做的事）和应承担的相应责任（过失）。这是组织生存发展的基础，也是组织运作效率的保证。责任原理是对组织运作过程中，各种责任的产生、发展、变动的一般规律性的反映。

(一) 组织的社会责任

组织的社会责任是指组织在所从事的各种活动中，应当对所有利益相关者、自然环境以及整个社会福利领域承担相应的义务，以求不仅在经济方面，更在社会、环境等领域获得可持续发展的能力。

提起组织的社会责任，不少管理者或许会有"谈虎色变"的反应，认为履行社会责任会增加成本、降低竞争力，也有不少管理者将组织的社会责任与投身慈善公益活动混为一谈，并没有真正理解组织的社会责任的含义与意义。组织履行社会责任有利于其实现长期利益最大化，建立良好的公共形象，获得持续生存与成长能力，因而，明确和履行组织的社会责任对一个组织的生存和发展具有积极意义。

【素质培养】

弘扬榜样精神，凝聚奋进力量

上汽通用五菱汽车股份有限公司（以下简称上汽通用五菱）始终秉持"责任至上、善行天下"的公益理念，十余年来始终积极履行企业的社会责任，用实际行动回馈社会、反哺社会。

上汽通用五菱已在某地援建博爱卫生站 35 所、博爱卫生院 8 所，累计投入善款 1150 万元，惠及人口达 30 万人。上汽通用五菱在三江侗族自治县开展助学行动，累计投入逾 400 万元，累计资助十届共计 745 名学生。

此外，上汽通用五菱在某地累计捐赠"母婴安全爱心车"7 批共 69 辆，用于在交通不发达的山区及时接送孕产妇和婴儿；举办 11 届慈善义卖，筹集善款近百万元，组织员工开展慰问特教学校、慰问社会福利院等社会关爱行动……

上汽通用五菱曾获柳州市慈善会授予的"慈善楷模"光荣称号，中华慈善总会授予的"中华慈善事业突出贡献奖"，中国红十字基金会授予的"人道服务杰出贡献者"称号，中国红十字会总会授予的"中国红十字勋章"等荣誉。

（二）组织部门和成员的责任

管理是追求效率和效益的过程，要想挖掘人的潜能，就必须在合理分工的基础上明确规定组织内各部门和个人必须完成的工作任务和必须承担的相应责任。

1. 明确每个人的职责

挖掘人的潜能的最好办法是明确每个人的职责。一般来说，分工明确，职责也就明确。所以，要在分工明确的基础上通过适当的方式作出规定：首先职责界限要清楚；其次职责内容要具体；再次，职责中要包括横向联系的内容；最后，职责一定要落实到个人。

2. 职位设计和权限委任要合理

一个人对工作是否能做到完全负责取决于以下三个因素。

（1）权限。实行任何管理都要借助于一定的权力，没有一定的权力，任何人都不可能对工作实行真正的管理。

（2）利益。完全负责意味着要承担风险，任何管理者在承担风险的同时都要对收益进行权衡。这种收益不仅仅是物质利益，还包括精神利益。

（3）能力。能力是完全负责的关键因素。管理者既需要具备科学知识，又需要具备组织能力，还需要有丰富的实践经验。

3. 奖惩要分明、公正而及时

严格奖惩，有利于使每个人都积极而有效地工作。要建立健全的组织奖惩制度，使奖惩工作尽可能地规范化、制度化，是实现奖惩公正又及时的可靠保证。

练习与实训

	1	2	3	4	5	6	7	8	9	10
一、单选题										
二、多选题										
三、判断题										

客观题

四、思考题

1. 对于管理的概念，为什么不存在唯一的定义？你对管理是怎样理解的？

2. 管理具有哪些职能？它们之间具有怎样的关系？

3. 对不同层次的管理人员在技能要求上有什么不同？为什么高层管理人员需要有较强的概念技能？

4. 为什么说管理既是一门科学又是一门艺术？

5. 管理者在组织中都要扮演哪些角色？

6. 管理对于组织是否重要？为什么？说明你的理由。

7. 试述管理的基本原理。

五、分析题

走进实践——一名管理者一天的生活

上午 8：00

★ 进入商店，走过销售区，检查昨晚闭店后是否一切正常；

★ 估计本周人工费用占预计销售额的比例，领取预计工资；

★ 执行控制系统（汇总店内所有收银机销售记录和库存状况的计算机系统）开机程序。

上午 8：30

★ 带领负责店面布置的员工检查销售区，布置摆放当日新商品的任务（为员工和自己列出一份"必做事务"清单）。

上午 9：00

★ 正式开门之前，检查老板、区域经理和其他店铺经理在邮箱中留下的信息；

★ 拨打当天的业务联系电话。

上午 9：30

★ 向销售助理分配工作区域。

上午 10：00

★ 开店门；

★ 检查销售经理是否全部到位，是否已覆盖整个销售区；

★ 确保每位进入商店的顾客都有人接待，帮助他们购物；

★ 店面巡查（必要时提供帮助——欢迎顾客、帮顾客挑选商品、整理货架、提供试衣间等）。

中午 12：00

★ 根据运营报告和毛利报告分析上月的经营情况。

中午 12：30

★ 店面巡查，为吃午饭的员工替班。

下午 1：30～2：30

★ 午休，然后做送货准备（本店有存货，但其他店铺需要的缺货商品），将拟调商品信息输入计算机并备货。

下午 3：00

★ 出发参加区域碰头会。

下午 3:15

★ 送人，接另一个分店经理参加区域碰头会。

下午 4:00

★ 参加区域经理主持的碰头会，到会人员包括总经理及店铺经理，会议讨论了下述问题：

① 上一周的销售量、工资支付数额、下个月工资预测(占销售额的百分比)、卫生情况、各店铺执行情况；

② 交流新信息以及其他事项的讨论与提问。

随后，与会人员视察了会议所在的店铺。在视察过程中，东道主店铺经理向其他店铺经理介绍了自己新商品的展示思路。同时，其他经理对东道主店铺的视觉效果提出了意见和建议。换句话说，这是给连锁店的区域管理团队分享想法和思路的聚会。

下午 6:00

★ 打电话询问自己负责管理的店铺当天的销售情况，然后回家。

从上述管理者一天的活动中，分析这位管理者行使了哪些管理职能？

六、实训题

如何开一家新餐馆

你和你的伙伴决定在你们所处的社区开一家大型全日服务餐馆，营业时间为早 7:00 至晚 10:00，提供早、中、晚三餐。在餐厅的初始投入中，你们每人投资 3 万元，同时从银行贷款 10 余万元。除了在餐馆做过服务生和用过餐外，你和你的伙伴没有一点餐厅管理方面的经验。现在，你们面临着如何管理这家餐馆以及分配各自的管理角色的任务。

1. 决定你们在餐馆中各自的管理角色。例如，你们分别负责哪些必要的部分和特定的活动？如何设置管理层级？

2. 为了成功地经营餐馆，需要建立什么样的竞争优势？你们将要采用什么样的标准来衡量对餐馆的管理是否成功？

3. 为了有效地利用组织资源，建立竞争优势，在计划、组织、领导、控制过程中，你和你的伙伴需要作出最重要的决策是什么？

4. 列出每一项管理职能中对餐馆经营成功影响最大的因素。

提示：

组成一个三或四人的小组，根据上述要求制定方案，然后每个小组指定一名成员作为发言人，向全班报告小组的方案。

项目二　他山之石——管理思想与管理理论

认知目标

（1）了解中外早期的管理思想及其代表人物。

（2）熟悉现代管理理论的主要学派及其主要观点。

（3）理解科学管理理论、一般管理理论、人际关系理论、X－Y理论与学习型组织理论的基本观点和相关内容。

（4）理解管理理论的产生、形成、发展过程及趋势。

技能目标

能灵活运用管理学理论解释实际工作中的问题。

素质目标

（1）培养学生探索与创新的精神和意识。

（2）强化价值引领，增强学生的道路自信、理论自信、制度自信、文化自信。

（3）培养学生的职业道德责任感。

动画导入

管理理论的困惑

任务一　中外早期的管理思想

一、中国传统管理思想

中华文明，是人类历史上唯一没有中断过的古老文明，具有延续千年的社会管理的丰富经验。回顾中国管理思想的发展史可以发现，我国古代及近代的一些管理思想早已蕴涵被现代管理者公认的某些管理的原理、原则和观念，甚至可以挖掘出与现代管理思想相近的一些具体的管理方法来。

1. 儒家管理思想

以孔子为代表的儒家管理哲学，其基本精神是以"人"为中心，强调"为政以德""正己正人"，对管理的载体、手段、途径等方面提出了独到的见解。

关于管理的载体，儒家强调"为政在人，取人以身，修身以道，修道以仁。仁者人也，亲亲为大。"这表明，儒家管理哲学是把人作为管理的载体（包括管理的主体和管理的客体，即管理者和被管理者），把人以及人际关系作为其理论出发点。其认为管理的本质是"治人"；管理的前提是人性（善恶）；管理的方式是"人治"；管理的关键是"择人"（得人）；管理的组织原则是"人伦"；管理的最终目标是"安人"……总之，一切都离不开"人"。

关于管理的手段，儒家主张用道德教化的手段感化百姓，从而达到治理的目的。在《论语·为政》中，孔子提出："道之以政，齐之以刑，民免而无耻；道之以德，齐之以礼，有耻且格。"在他看来，用道德感化感动人心，要比一味地惩罚会达到更好的效果。与此同时，儒家并不否认法治的作用，主张交替使用软硬两手来安定社会秩序。当然，从儒家的主旨来讲，即使是在施行法律手段的同时，也应配合道德手段的使用。

关于管理的途径，儒家强调"为政以德"，同时也就包含着管理者自身的德行。在《论语·为政》中，孔子提出："为政以德，譬如北辰，居其所而众星共之。"在他看来，管理者要想取得"众星共之"的效果，就要从自己做起，重视个人的道德修养。所谓"修身、齐家、治国、平天下"（出自《礼记·大学》），指从管理者的自我管理，再到家庭管理、国家管理和社会管理，层层推进，不可或缺，不能跳越。

2. 法家管理思想

以韩非为代表的法家管理思想，以"法"为管理中心，强调"法、术、势"相结合，在管理的制度、技巧、权威方面具有独特的见解。

关于管理的制度，就执法而言，法家主张"法治"，反对"人治"。

关于管理的技巧，法家主张"术"，韩非提出统治者必须采用"七术"："一曰众端参观，二曰必罚明威，三曰信赏尽能，四曰一听责下，五曰疑诏诡使，六曰挟知而问，七曰倒言反事。此七者，主之所用也。"（出自《韩非子·内储说上七术》）这里涉及的都是君主管理臣下的技巧，既有管理的技术，又有管理的艺术，更有管理的权术。其中管理的权术，在道德上虽不可取，但在实际的管理活动中，都为中国历代的封建帝王所身体力行。

关于管理的权威，韩非认为，帝王之所以为帝王，关键在于有"势"。"势"可分为"自然之势"和"人为之势"。"自然之势"是指在既成条件下管理者对权力的运用；"人为之势"则指管理者创造条件强化自己的权威。韩非更重视"人为之势"，特别强调管理者充分发挥自己的主体能动作用，以保证管理措施的积极推行。

3. 兵家管理思想

兵家的活动领域主要在军事，以孙子为代表的中国兵家思想十分丰富。军事管理是人类社会管理的一个组成部分，其基本原则对于任何类型的社会组织和社会管理活动都普遍适用。兵家管理思想以"谋略"为中心，强调"谋攻妙算""因变制胜""令文齐武"，对于管理的战略、策略、方略均有一定的启发作用。

关于管理的战略，孙子强调，优秀的战争指挥员应该依靠计谋取胜。

关于管理的策略，孙子指出："夫兵形象水，水之形，避高而趋势下，兵之形，避实而击虚。水因地而制流，兵因敌而制胜。故兵无常势，水无常形，能因敌变化而取胜者，谓之神。"（出自《孙子兵法·虚实篇》）这种"因变制胜"的策略思想，对于管理，特别是经济管理和企业管理，是有参考价值的。

关于管理的方略，孙子提出了分组管理的原则。在他看来，要使管理多数人像管理少数人一样，就要依靠组织和编制的作用。孙子还提出了"令文齐武"的原则，以形成富有战斗力的组织，即用思想教育的手段，晓之以理，动之以情，同时也要严明纪律，严肃法度。

二、西方早期管理思想

在工业革命年代，人们已开始对管理活动进行研究。在这一时期，对管理活动的研究是夹杂在经济研究中体现出来的，管理科学还没成为一个独立的认识对象和研究对象，正处于萌芽阶段。

欧洲产业革命的爆发，对 20 世纪前管理思潮的发展影响很大，工厂体制的逐步确立，使处于萌芽状态的管理思想得到了本质性的发展。产业革命除了带来生产技术的转变外，也涉及生产制度的转变。工厂的兴起须雇用大量工人。由于分工的关系，工厂的制成品成本更低，因而更具竞争力。分工对管理提出了更高的要求，使工厂主逐渐要面对组织的管理工作，例如分配员工的职责、指挥日常事务、协调不同的工序、制订财务预算及生产计划等。研究管理人员怎样处理及解决所面对的各种管理问题，便成了西方管理学的起点。

1. 亚当·斯密的思想

作为古典政治经济学奠基人之一的亚当·斯密，在《国民财富的性质和原因的研究》（即《国富论》）中提出了一些重要的管理思想：

（1）劳动分工和协作可以提高劳动生产率。亚当·斯密认为：劳动分工可以节省工人的培训时间并提高劳动技能；协作则节省了工人工序转换的时间，劳动生产率由此获得提高。

（2）提出"经济人"假设。亚当·斯密认为：个人在企业中工作是为了追求最大限度的经济报酬。若组织（企业）的利益与个人的利益一致，则可以通过调动个人的积极性来实现组织的目标。

【拓展阅读】

亚当·斯密关于"经济人"的论述

亚当·斯密在其发表的《国富论》中有提到：人类几乎随时随地都需要同胞的协助，但要想仅仅依赖他人的恩惠，那是一定不行的。如果能够唤起他们的利己心，使其有利于他，并告诉他们，给他做事是对他们自己有利的，那么他要达到目的就容易多了。不论是谁，如果他要与别人做买卖，他首先就要这样提议：请给我所需要的东西吧，同时，你也可以得到你所需要的东西。这句话是交易的通义。我们所需要的相互帮忙，大部分是按照这个方法取得的。

2. 查尔斯·巴贝奇的思想

查尔斯·巴贝奇是英国著名数学家和机械工程师，他对管理的贡献主要体现以下几方面：

（1）对工作方法的研究。他认为，一个体质较弱的人如果所使用的铲在形状、重量、大小等方面都比较适宜，那么他在使用该铲劳动的劳动效率一定能胜过体质较强的人。因此，要提高工作效率，必须仔细研究工作方法。

（2）进一步强调了劳动分工的重要性。他认为，劳动分工有助于生产效率的提高，这是一种普遍现象，不仅适用于操作性的体力劳动，也适用于复杂的脑力劳动。

（3）对报酬制度的研究。他主张工人的收入应该由三部分构成：一是固定工资；二是利润分享；三是奖金。其中，后两部分与工人对提高生产效率贡献的大小相联系。可见，这种刺激性的报酬制度，已经体现了后来以泰罗制为代表的科学管理的某些思想。

3. 罗伯特·欧文的思想

罗伯特·欧文是英国一位成功的企业家。他较早地注意到了企业人力资源的重要性，首次提出"要在生产中重视人的因素"，他认为不能像对待无生命的机器那样重视对待有生命的人，为此他提出了缩短劳动时间、禁止招收童工、设置工人教育设施和住宅等社会改良政策，改善员工的生产和生活条件，并在自己的工厂进行试验。因此，后来他被现代管理中的行为学派公认为是行为科学的开拓者，也有人认为欧文是人事管理的创始人。

但在 20 世纪以前，西方的管理思想只是独立的智慧火花，并没有人对管理进行系统的整体性研究。当时大多数企业的生产规模较小，在管理活动中占据主导地位的仍然是传统的管理方式和手段。直到 19 世纪末，随着社会、经济、技术、法律等方面的发展，在出现了一些科学的研究手段和方法之后，一批西方管理学者才开始用较系统的、先进的方法处理管理问题。西方管理理论的发展经历了古典管理理论、行为科学理论和现代管理理论三个阶段。

任务二 古典管理理论

古典管理理论盛行于 19 世纪末到 20 世纪 30—40 年代，它建立在"经济人"假设的理论基础之上。古典管理理论主要包括以泰罗制为代表的科学管理理论和古典组织理论，其中古典组织理论又包括法约尔的管理过程理论和马克斯·韦伯的行政组织体系理论，并且，法约尔的管理过程理论构造出了现代管理理论的基本框架，该理论在古典管理理论中占据重要地位。

一、科学管理理论

科学管理理论的创始人是费雷德里克·温·泰罗。但科学管理理论并不等于"泰罗制"，为科学管理理论作出贡献的还有卡尔·巴思、亨利·甘特、吉尔布雷斯夫妇、亨利·福特等人。

　　泰罗在管理史上引人注目的贡献，是他在工作实践中，针对企业中突出存在的劳动生产率低下的问题，从研究企业最基层的动作和时间入手，通过一系列的实验和调查研究，在深入分析和总结 19 世纪美、英等国管理实践的基础上，提出的一套管理理论，即"泰罗制"，并与其追随者共同创立的科学管理理论。他在 1911 年出版的《科学管理原理》一书标志着科学管理思想的正式形成。正因为泰罗对科学管理理论的创立和贡献，被后人尊称为"科学管理之父"。

　　归纳起来，泰罗科学管理理论的主要内容体现在以下几个方面。

1. 制订工作定额

　　科学管理的中心问题是提高劳动生产率。泰罗认为，提高劳动生产效率对企业的意义重大。为发掘工人们劳动生产率的潜力，需要研究出有科学依据的每个工人合理的日工作量。因此，泰罗的科学管理首先是从制订工作定额开始的。

2. 选择"第一流的工人"

　　泰罗认为，为了提高劳动生产率，必须为工作选择"第一流的工人"，那些能够工作而又不想工作的人不能成为"第一流的工人"。第一流的工人包括两类：一类是该工人的能力最适合做这种工作；另一类是该工人必须愿意做这种工作。

3. 实施标准化管理

　　泰罗认为，为确保每个作业人员能达到一定的作业标准，就要从操作方法到材料、工具、设备和作业环境等方面实施标准化管理，必须用科学的方法对工人的作业方法、工作定额、使用工具、劳动和休息时间的搭配以及设备的摆放和作业环境的布置进行分析，消除各种不合理的因素，把各种最好的因素结合起来，从而形成一种最好的作业方式。与此同时，通过动作研究与时间研究确定最佳的、标准的作业方法，用标准的作业方法对作业人员进行训练，并因人制宜地给他们安排最适当的职务，以使每个作业人员都能最大限度地发挥其工作能力。为此，泰罗进行了大量的实验。

【拓展阅读】

铁锹实验

　　在伯利恒钢铁公司进行的铁锹实验中，泰罗发现用同一把铁锹铲不同的物料是不合理的。泰罗通过安排第一流的铲工进行实验后确定，每一铲的合理负重应为 21 磅。为使每铲负重大体不多于也不少于 21 磅这个标准，泰罗提出应准备 8 至 15 种不同规格的铁锹，供工人选择使用，如铲重物时使用小铁锹、铲轻物时使用大铁锹。由于每铲的负重保持在 21 磅左右，因而大大提高了生产效率。

4. 实行差别计件工资制

　　泰罗认为，工人磨洋工的主要原因之一是报酬制度不合理，于是他提出实行刺激性的付酬制度，即"差别计件工资制"。泰罗认为，实行差别计件工资制能促进工人大大提高生产效率，虽然这样会使工厂主的工资支出增加，但由于采用科学的工作方法，使得生产效率的提高幅度大于工资提高的幅度，所以对工厂主来说是有利的。泰罗不赞同工会为了维护工人的集体利益，坚持对所有同类工作的工人实行"共同的原则"及对工资和其他福利实行统一的标准。泰罗认为，这种做法实际上妨碍了每个工人去实现他的个人愿望。

【拓展阅读】

搬运铁块实验

例如，在搬运铁块的差别计件工资制实验中，每个工人的每天的平均搬运量从 16 英吨提高到 59 英吨，每天的工资从 1.15 美元提高到 1.85 美元，而每吨生铁的运费则从 7.5 美分降到了 3.5 美分。由此可见，实行刺激性的差别计件工资，极大地提高了劳动生产率。

5. 强调工人与雇主合作的"精神革命"

过去许多企业中的劳资纠纷是由劳资双方的兴趣和注意力都集中在如何分配盈利问题上而引起的。资方总想尽可能多得一些盈余，工人则总想从盈余中尽可能多得一些工资，因而发生互相争吵、情绪对立的情况，甚至彼此视若仇敌。为了解除双方的争吵、对立和矛盾，泰罗在《科学管理原理》一书中指出："在科学管理中，劳资双方在思想上要发生的伟大革命就是：双方不再把注意力放在盈余分配上，不再把盈余分配看作是最重要的事情，他们应将注意力转向增加盈余的数量上，使盈余增加到如何分配盈余的争论成为不必要。他们将会看到，当他们停止互相争夺，转向一个方向并肩前进时，他们共同努力所创造出来的盈余会大得惊人，他们会看到完全可以做到既能够大量增加工人的工资，也能够大量增加利润。"当然，这种想法只是一种理想，劳资矛盾的存在是一种必然。

6. 主张将计划职能与执行职能分开

泰罗主张计划职能归管理部门负责，并应设立专门的计划部门。计划部门从事全部计划工作并对工人发出命令，其主要任务有：

① 进行调查研究，包括工时研究和动作研究，把工人掌握的传统知识、技能集中起来并使之系统化，以便为制订工作定额和操作方法提供科学的依据；

② 根据调查研究的结果制订出有科学依据的工作定额和标准化的操作方法；

③ 拟定计划并发布指示和命令；

④ 对"标准"和执行的情况进行有效的监督和控制。

基层操作的工人和工头，应按照计划部门制订的操作方法和指示从事实际操作，不得自行改变操作方法。总之，由于计划职能和执行职能的分离，即管理职能的专业化，从而奠定了"经营管理科学化"的基础。

7. 实行职能工长制

为了有效地执行管理职能，提高工长的工作效率，泰罗主张对管理工作进行细分，实行职能工长制。泰罗设计出八个职能工长代替原来的一个职能工长。他认为，实行职能工长制有利于明确管理者的职能，车间的职能工长只需进行指挥与监督，这样有利于提高工作效率。泰罗提出的职能工长制如图 2-1 所示。

事实证明：实行职能工长制，一个操作工人要同时接受几个职能工长的多头领导和指挥，容易引起混乱，这就破坏了统一指挥原则。因此，泰罗提出的职能工长制后来没有得到推广。但是，这种职能管理的思想为以后职能部门的建立和管理专业化奠定了基础。

8. 在管理控制上实行例外原则

泰罗认为，小规模的企业可采用职能管理原理，但规模比较大的企业还必须运用例外

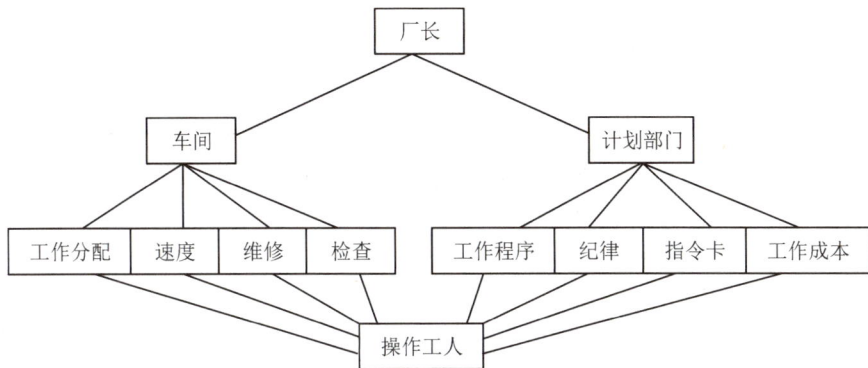

图 2-1 泰罗提出的职能工长制

管理原则。所谓例外管理，是企业的高级管理人员为了减轻处理纷乱烦琐事务的负担，把一般的日常事务授权给下级管理人员去处理，而自己只保留对例外事项(即重要事项)的决策权和控制权，如有关企业的重大政策和重要人事任免等。

这种以例外原则为依据的管理控制原理，之后发展成为管理上的分权化原则和实行事业部制管理体制的原则。

泰罗的上述管理制度被后人称为"泰罗制"。1910 年，路易斯·布朗戴斯对泰罗提出的管理理论第一次使用了"科学管理"这一名称，并得到了泰罗本人的同意，从此为学术界所公认。

二、一般管理理论

一般管理理论也称为管理过程理论，其主要代表人物是法国的管理学先驱亨利·法约尔。法约尔最早提出了经营与管理的区别，并明确划分了管理的职能，描述了管理的过程。因此，人们也将他的理论称为"管理过程理论"。由于他在管理理论发展史上独树一帜，而被称为"现代经营管理之父"。

法约尔一生著作很多，其中具有代表性的著作是《工业管理与一般管理》(1916 年)。

法约尔几乎终生担任企业的高层管理者，这使他有自上而下观察企业管理问题的基础，考虑任何管理问题也总是从高层管理者的角度出发，他最关心的问题是企业整体管理效率的提高。因此，他一直从大型企业的整体角度研究管理体制问题，并把组织理论作为他的重要研究方向。

法约尔管理过程理论的主要内容可以归纳为下述几项。

1. 经营和管理的区别

法约尔第一次明确区分了经营和管理的概念。他认为，经营是指导或引导一个组织趋向某一既定目标，它的内涵中包括了管理。从企业的角度出发，经营活动可划分为六种，即技术活动、商业活动、财务活动、管理活动、安全活动、会计活动。管理活动只是经营活动中的一种。为了突出管理的实质，法约尔又进一步将管理活动的要素划分为计划、组织、指挥、协调和控制。管理和经营活动之间的关系如图 2-2 所示。

2. 管理的五项职能

法约尔第一次提出了管理的组成要素，即划分管理的五项职能，并对这五项职能作了

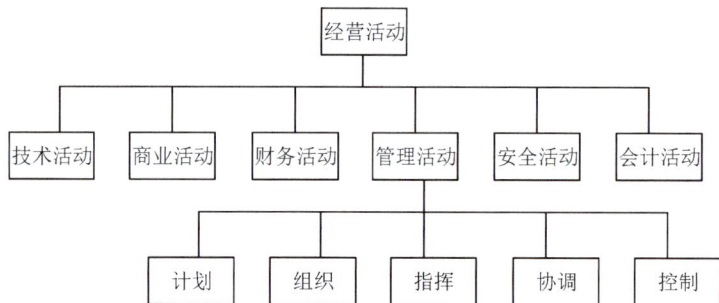

图 2-2　管理与经营活动之间的关系

较为详细的论述。他认为，管理的基本职能包括计划职能、组织职能、指挥职能、协调职能和控制职能。

（1）计划职能：设计行动方案，使企业达到目标。

（2）组织职能：为组织机构达到预定目标提供所需的一切条件的活动。

（3）指挥职能：对下属人员给予指导，使组织的各项活动相互协调，相互配合。

（4）协调职能：使组织内的资源与活动能够相互配合。

（5）控制职能：保证实际工作与计划拟定的标准相符合。

3．十四条管理原则

法约尔提出的十四条管理原则内容如下。

1）劳动分工

劳动分工即实行劳动专业化，它对提高劳动生产率起到很大作用。劳动分工的目的是要在同样努力的条件下得到更好的效果。这种分工不仅限于技术工作，也运用于管理工作，它使职能专业化的权力分散，并适用于一切领域。

2）权力与责任

权力是指指挥和要求别人服从的能力。法约尔认为，应将管理者由职务或地位而产生的权力同他个人凭自己的智慧、博学、经验等形成的权力相区分，一个好的管理者，常常是后者补充前者；权力与责任相互统一，互为结果，有权必有责。

3）纪律

纪律实际上是领导者同下属人员之间在服从、勤勉、积极、举止和尊重方面所达成的一种协议。组织内所有成员通过各方所达成的协议对自己在组织内的行为进行控制。严明、公正的纪律是任何组织都不可缺少的要素。没有纪律，任何组织都无法兴旺发达。

4）统一指挥

统一指挥是指无论什么行动，每一位下属只应接受并服从一个上级的命令。不能多头指挥，这是一条普遍的永久性原则。如果破坏了这一原则，那将使组织出现混乱，一事无成。

5）统一领导

健全的组织应实行统一领导，即对于同一目的的全部活动，只有一个领导人和一项计划。这是统一行动、协调力量和一致努力的必要条件。正如一个身子不能有两个脑袋一样，社会组织也不能有两个领导。

6）个人利益服从整体利益

整体利益大于个人利益的总和，个人利益不能超越整体利益。当两者不一致时，管理者必须想办法使其一致。

7）人员的报酬

付酬的目的是使职工更有价值观念，并激发他们的工作热情。但报酬必须公平合理，尽可能使劳企双方均达到满意。对工作成绩与工作效率优良者应有奖励，但不能超过某一限度，否则将会出现副作用。

8）适当的集权与分权

统一指挥意味着集权领导，而分权管理可提高下属的积极性。集权和分权作为一种管理制度并没有好坏之分，只是两者适用的组织不同。权力集中或分散的程度要根据组织的性质、规模、人员素质等特点来定。

9）等级制度

等级制度又称级层原则。等级或级层即从组织的最高权力机构直至最低层管理人员的领导系列。它既是执行权力的线路，也是信息传递的渠道，通过沿途各点传递最高管理人员发出的或反馈给最高管理人员的一切信息（包括命令、指示、报告）。一般情况下，不要轻易地违反等级，但在特殊情况下，为了克服由于统一指挥而产生的信息传递失误，法约尔提出"跳板"法则。

【拓展阅读】

跳 板 法 则

在遇到一些需要快速办理的事情时，为提高办事效率，需要跳过原有的管理路径，在平行的两者之间建立直接联系的渠道，即建立跳板或天桥；若两者无法协调，再报告上级，由上级协调（即越级上报）。

这一情况称作管理过程中的跳板法则。法约尔提出的"跳板"法则旨在保持命令统一的情况下，迅速而及时地解决一般事务，从而使组织最上层得以从繁杂的事务中摆脱出来，专注于一些重大问题。

10）秩序

任何组织都应强调秩序，若没有秩序，组织将会杂乱无章。因此，要求组织内的人、财、物都应在其相应的位置，各得其法，各得其用。

11）公平

公平是组织的管理人员处理人际关系的一条道德价值准则。管理人员应以亲切友好、公正的态度严格执行规章制度。

12）人员的稳定

如果人员不断变动，组织工作将得不到良好的效果。因此，要努力做到有秩序地安排和补充人员。

13）首创精神

管理人员不仅应具有首创精神，还要在不违背职权和纪律的情况下，鼓励和发挥下属的首创精神。

14）团结精神

管理人员要保持和维护组织中团结、协作、融洽的关系，特别是人与人之间的关系。全体人员的和谐团结是组织活动的巨大力量。

法约尔的一般管理理论是西方管理思想和理论发展史上的一个里程碑，特别是对管理职能的划分及统一指挥、统一领导、等级制度等管理原则的具体内容，对后来管理理论的发展具有非常深远的影响。他跳出了泰罗以实践为基础研究管理原理的局限，在理论上第一次将管理的要素和管理的原则系统地加以概括，勾勒出管理理论的基本框架，为推广管理学教育奠定了基础，使管理具有一般的科学性和普遍性。

三、行政组织理论

马克斯·韦伯是德国著名的社会学家，他对管理理论的研究主要集中在组织理论方面，提出了所谓的"理想行政组织体系"。他的代表作《社会和经济组织的理论》是这一理论的集中反映。因他对古典组织理论的杰出贡献，故被称为"组织理论之父"。

理想的行政组织理论的实质在于以科学确定的、法定的制度规范作为组织协作行为的基本约束机制，依靠外在于个人的、合理合法的理性权威实施管理。

理想的行政组织理论特征归纳为以下几个方面。

1. 任务分工

组织成员之间有明确的任务分工。在将任务分配给组织中的各个成员或各个职位的基础上，还要对组织中各个成员或各个职位规定明确的职责并赋予对等的权力，并使之合法化。

2. 等级系统

按照一定的权力等级来安排组织中的各种职务和职位，即形成了一个责权分明、层层控制的等级系统。在这个系统中，各级管理人员不仅要对上级负责，而且也要对自己的下级负责；下级必须服从上级的命令，接受上级的控制与监督。

3. 人员任用

人员任用就是通过正式的考试或教育培训，公正地选拔组织成员，使之与相应的职务相称。组织内对职务的任免要讲究一定的程序。

4. 职业管理人员

组织内部的管理人员不是他所管理单位的所有者，而只是其中的工作人员，按期拿固定薪金。组织内有明文规定的升迁制度，可按照年资、工作成绩或两者综合考虑升迁。通过这种激励制度，能培养组织成员的集体精神，鼓励他们忠于组织而不是忠于某个人。

5. 组织中成员之间的关系

组织中成员之间的关系是工作与职位的关系，是一种不受个人情感影响的关系，完全以理性准则为指导。这种公正不倚的态度，不仅在组织内部人际关系中存在，而且也适用于组织同顾客之间的联系。

6. 组织制度

组织内的任何人都必须严格遵守共同的规则和制度。这些规则和制度是不受个人情感影响而在任何情况下都适用的。管理人员在实施管理时，不可滥用职权，权力要受到严格的限制，服从有关制度的规定。

韦伯认为，他所描述的这个理想行政组织结构和其他组织形式相比，运转效率最高，因为它的结构最符合理性原则，具有精确性、纪律性、稳定性和可靠性等特点。它便于管理人员的指挥，并有利于管理人员预测工作的结果。韦伯还强调这种组织结构适用于任何种类的管理工作，对现代社会的复杂组织来说是最"理想"的。韦伯所设计的理想行政组织体系勾勒出了后来组织结构理论发展的基本框架。

【素质培养】

泰罗曾考上了哈佛大学却没有完成学业，可是最终取得了永载史册的成就，他的生平告诉大家，人生的境遇高低起伏，只要不放弃，一直保持努力奔跑的姿态就一定会取得成功。

综上所述，以泰罗为代表人物的科学管理理论具有适应当时生产力发展要求的性质。它的生命力主要在于开辟了管理从经验转向科学的局面，这在管理理论发展史上具有划时代的意义。实践证明，科学管理理论对提高美国劳动生产率，使其超过其他西方国家具有显著的促进作用。该理论本身也为美国和其他西方国家管理理论和管理方法的发展奠定了基础。但是，在特定历史条件下产生的科学管理理论也不免有其自身的局限性。科学管理理论是建立在"经济人"假设基础之上的，认为人们工作的唯一动机就是经济利益，在当时的历史条件下，没有注意到社会因素对管理的影响，只把人当作机器一样对待，这显然违背了人性。正由于泰罗视野较为狭窄，再加上他特殊的经历，使他只能局限于工厂车间一级的范围来研究劳动组织与生产管理问题，属于作业管理的范围，而没有涉及组织全面发展和组织目标的管理问题。尽管泰罗的追随者们在后来的研究中，在某种程度上注意到了人的因素和组织原则问题，但由于当时所处的时代背景和他们视野的局限性，使这些研究只是零星散布，难成系统。但不可否认的是，科学管理理论为后来西方管理理论的发展奠定了理论和人才方面的基础。

任务三　行为科学管理理论

行为科学思想起源于20世纪20年代末期，是西方管理思想和管理理论第二个发展阶段的标志。它将人类学、社会学、心理学和经济学等知识综合起来，主要研究人们在工作中的行为以及这些行为产生的原因，以协调组织内部人际关系，达到提高工作效率的目的。它推翻了古典管理理论的"经济人"假设的研究前提，将管理的重点转向管理中最积极、最活跃的因素——人。

通常学术界将行为科学理论划分为两个发展时期：第一个发展时期以梅奥的人际关系理论为代表，第二个发展时期的重点是研究动机和激励理论、领导效能理论。以下将重点介绍梅奥的人际关系理论与企业中的"人性"问题理论，其他理论将在以后各相关项目阐述。

一、人际关系理论

人际关系理论的代表人物是乔治·埃尔顿·梅奥，他在美国哈佛大学任教，曾从事过哲学、医学和工业心理学方面的研究。人际关系理论形成于著名的霍桑实验。1924—1932年，美国全国科学委员会在南方电气公司霍桑工厂进行了一项研究，其内容是劳动条件的变化对工人生产效率的影响。开始阶段的实验结果并未找到二者之间的一致关系。梅奥推测，影响劳动生产效率变动的原因并不是物质条件的变化，而是其他方面的因素，社会心理学因素可能是影响生产效率变动的主要原因。梅奥因此于1927年被邀请参加霍桑工厂研究，一直持续到1932年，经过长达几年的实验和研究，梅奥的假设基本得到证实。在实验结果的基础上，梅奥发表了他的代表作《工业文明的人类问题》(1933年)和《工业文明的社会问题》(1945年)，创立了人际关系理论。其理论观点如下。

(一) 关于"社会人"

梅奥认为，工人是具有复杂需要的"社会人"，而不是科学管理理论所描述的"经济人"。霍桑实验证明了金钱刺激并不是激发工人工作热情的唯一动力，工人并不是仅仅追求金钱收入，他们还追求人与人之间的友情、安全感、归属感等。在影响工人生产效率的各种因素中，除了经济方面的因素外，还有社会心理方面的因素。这一结论与古典管理理论的"经济人"假设形成对立，它开始把人们的注意力转向研究管理中的社会因素，这是霍桑实验最有意义的结论。

(二) 关于非正式组织

梅奥认为，企业中除了正式组织还存在着非正式组织。非正式组织和正式组织相互依存，对生产效率的提高有很大影响。人们在通过正式组织共同为实现组织目标而工作的过程中，必然会产生一定的人际关系，并产生某种共同的感情，由于彼此感情的交流或利害关系而自然形成具有特定行为规范的非正式组织。在正式组织中，为提高生产效率，组织成员之间保持着形式上的协作，以效率逻辑为行动标准。在非正式组织中，则以感情逻辑为行动标准。一般来说，管理者的逻辑多为效率逻辑，而感情逻辑则可以认为是工人的逻辑。非正式组织的存在有利于激发组织成员的士气，便于彼此沟通，创造和谐的组织气氛。但如果管理得不好，非正式组织可能会集体抵制上级的政策或目标。这就要求管理者能够充分认识到非正式组织的作用，注意协调正式组织的效率逻辑与非正式组织的感情逻辑之间的矛盾，创造良好的工作环境，提高生产效率。

(三) 关于士气

工人的工作态度与士气是影响生产效率的关键因素。通过霍桑实验，梅奥认识到决定生产效率高低的首要因素是工人的士气，而工人的士气又同其满足感有关。工人的满足程度越高，士气就越高，生产效率也就越高。因此，提高生产效率的主要途径是提高工人的满足感。这要求新型管理者应通过满足工人复杂的需要来激励工人的行为。新型管理者不仅要是经济技术上的专家，而且还要善于处理人际关系，要学会采用新型的领导方法，提高工人的满足感和士气。例如，允许下级向上级提意见；邀请工人参加决策；改善工人福利制度等。

【拓展阅读】

霍桑照明实验

　　研究人员把参加实验的 12 名女工分成两组，其中一组为对照组，另一组为实验组。实验的目的是考察产量是否随照明度的加强而提高，随照明度的减弱而降低。然而结果却让研究人员感到迷惑不解：无论照明度如何变化，产量始终保持上升的趋势，或者至少保持在较高的水平上。当照明度降到接近于月光、烛光水平的时候，实验小组才出现了生产率下降的情况。于是研究人员放弃把照明度作为一个重要的可变因素，而在其他方面继续进行实验。

　　综上所述，人际关系理论开创了管理中重视人的因素的时代，在西方管理思想和管理理论的发展史上具有跨时代的意义，它纠正、补充和发展了古典管理理论，运用应用社会学、心理学分析管理问题，为以后对管理的研究开辟了新的视角，对管理实践的影响和改革意义深远。但应该认识到，人际关系理论是在特定的历史条件下形成的，有其自身的局限性。因为只凭组织内的人际关系的协调而不具备其他方面的管理条件，无法提高组织效率。因此，人际关系理论过分强调"社会人"假设和工人士气对提高组织效率的作用，也有些失之偏颇。但这些都不能否认人际关系理论对管理思想和管理理论的重要贡献。现代社会组织的管理，仍然很重视以人际关系理论为指导的思想。

　　梅奥在霍桑实验的基础上所创立的人际关系理论为行为科学理论的形成奠定了基础。此后，更多的学者投身于这方面的研究，出现了许多行为科学理论，如马斯洛的需求层次理论、亚当斯的公平理论以及布莱克和莫顿的"管理方格图"理论等，并由此而构成领导理论和激励理论。

二、X-Y 理论

　　美国心理学家麦格雷戈提出的"X-Y理论"是行为科学理论的经典理论之一，它围绕着"人的本性"研究人类行为规律及其对管理的影响。1960 年出版的《企业管理中的人性方面》一书，书中将传统的管理观点称为"X 理论"。X 理论对人性作出如下假设：① 人生来是懒惰的，只要有可能就会逃避工作；② 人生来缺乏进取心，不愿负责任，宁愿听从指挥；③ 人生来以自我为中心，漠视组织；④ 人缺乏理性，容易受骗，容易受人煽动。X 理论认为，一般人都具有上述天性，因而，应把人放在被动的位置上，强调对工人要管束与强制，突出服从与奖惩，才能达到组织的目标。

　　与之相反，Y 理论则认为人不是被动的，Y 理论对人性作出以下假设：① 人并非生来是懒惰的，要求工作是人的本能；② 在适当条件下，一般人是能主动承担责任的，而不愿负责、缺乏雄心壮志不是人的天性；③ 外来的控制与惩罚并不是人为实现组织目标而努力的唯一办法，人们对自己所参与的活动，能实行自我管理；④ 大多数人都具有一定程度的想象力和创造力；⑤ 在现代工业社会中，一般人的智慧、潜能、知识等只有部分得到了发挥。Y 理论认为，人都希望自己在工作上能够取得成就；人的行为受动机的支配，只要给其创造一定的环境条件，他就会努力工作；有的人安于现状、不愿工作是外界原因造成的，使人的本性、智慧和能力没有充分发挥的机会。Y 理论主张用诱导的手段，鼓励职工发挥其主观能动性。麦格雷戈认为，在企业管理中，只有运用 Y 理论，才能取得成功。

关于"人性"问题的研究，洛尔施于 1970 年在其《组织结构与设计》一书中提出了超 Y 理论，以权变思想进一步完善了"X－Y 理论"。他认为，人既不是纯粹的经济人，也不是完全的社会人。对不同的人，在不同的时期，应采取不同的管理方法；即使是相同的人，由于周围环境的变化，在不同的时期，也要采取不同的管理方式。

任务四　现代管理理论及其新发展

一、现代管理理论的丛林

现代管理理论学派

现代管理理论的形成标志着西方管理理论进入第三个发展阶段。它是在第二次世界大战后，随着社会生产力的发展以及社会学、系统科学、电子计算机技术在管理领域中被日益广泛地应用而逐渐形成的。不仅管理学家在研究管理问题，一些其他领域的专家学者也各自从不同的背景、不同的角度、使用不同的方法对管理理论进行研究，因而呈现出管理学派林立的局面。美国管理学家哈罗德·孔茨在 1961 年 12 月发表于美国《管理学杂志》的文章中，把这种局面称为"管理理论的丛林"。

与古典管理理论"经济人"假设和行为科学管理理论"社会人"假设的前提不同，西方现代管理理论是建立在"决策人"假设基础上的。"决策人"假设认为人是决策的主体，但由于个人掌握信息的局限性，限制了人们进行正确决策的能力。但人们可能通过重复决策加快学习过程。在这一假设的基础上，现代管理理论的各学派大多以决策作为管理的主题开展研究。为了克服个人决策的局限性，现代管理理论主张使用大量数学模型定量描述和评价管理活动，而且使用电子计算机作为管理的主要技术手段。

纵观各学派主要观点，国内外多数学者同意将现代管理理论划分为六个大学派，它们分别是社会系统学派、系统管理学派、决策理论学派、权变理论学派、经验主义学派、管理科学学派。划分学派主要是为了便于在理论上对它们进行归纳和研究，但这并不意味着这六个学派是彼此独立、截然分开的。它们在历史的渊源和论述的内容上都是彼此交叉、融合的，各个学派之间相互影响、相互渗透，又各自有自己的研究特色。

（一）社会系统学派

社会系统学派的代表人物是美国的管理学家切斯特·巴纳德。巴纳德使用社会的、系统的观点分析管理问题，在管理理论丛林中独树一帜。巴纳德将社会学的概念用于管理上，在组织的性质和理论方面作出了杰出的贡献。巴纳德在其代表作《经理人的职能》(1938 年)中详细论述了自己的组织理论。

社会系统学派的主要内容可以归纳为以下几个方面。

（1）组织是一个协作系统。

（2）任何正式组织都包含三个基本要素：协作意愿、共同目标、信息沟通。

（3）正式组织中存在非正式组织。非正式组织有两项职能：信息交流和调节人们的贡献意愿。

另外，巴纳德对管理者的职能与权力也进行了分析。

巴纳德组织理论涉及的理论问题极其广泛，它对后来决策理论学派、系统管理学派等的形成产生了重要影响，是现代管理理论最有影响、最具代表性的学派之一。

（二）系统管理学派

系统管理学派的代表人物是弗里蒙特·卡斯特和杰伊·福莱斯特。卡斯特与他人合作发表了《系统理论和管理》（1963 年）和《组织与管理：系统方法与权变方法》（1970 年）。

卡斯特等人以企业为例研究系统管理的模型。他们将企业的经营系统划分为三个子系统，即战略子系统、协调子系统和作业子系统，重点分析了企业系统的特征，并提出以下几个方面的看法。

（1）企业目标的实现过程是一个系统的输入转化为输出的过程。

（2）企业是一个开放系统，它同周围环境之间存在着动态的相互作用。

（3）企业是由不同的子系统构成的整体。

企业作为一个开放的社会技术系统，是由五个不同的子系统构成的整体，这五个子系统包括目标与价值分系统、技术分系统、社会心理分系统、组织结构分系统和管理分系统。各子系统之间既相互独立，又相互作用，不可分割，从而构成一个整体。这些子系统还可以继续划分为更小的子系统。

系统管理理论并未得到广泛地运用。它的主要局限性表现在理论本身抽象，实际操作性较差。但该理论在管理理论丛林中的地位并不能因此而被否定，该理论所体现出的系统管理思想对实际的管理有较高的参考价值。

【课堂讨论】

请同学们查阅丁谓修复皇宫的故事，思考并讨论这个故事体现的系统管理思想。

（三）决策理论学派

决策理论学派的主要代表人物是美国的赫伯特·西蒙。西蒙倡导的决策理论，是以社会系统理论为基础，吸收古典管理理论、行为科学和计算机科学等内容而发展起来的一门边缘学科。由于他在决策理论方面的突出贡献，被授予 1978 年度诺贝尔经济学奖。决策理论学派的主要内容可以归纳为以下六个方面。

（1）管理就是决策。

（2）决策阶段的划分。

（3）决策原则的重新确立。

（4）程序化决策与非程序化决策的划分。

（5）决策制约着组织机构的设置。

（6）决策的技术和方法。

决策理论的提出大大丰富了西方现代管理理论的内容。它适应社会生产力发展的需要，特别是适应大型垄断企业的经营管理和跨国公司急剧扩张的需要。比起其他管理理论学派，决策理论学派的视角更为广阔，研究更加全面深入。但它过分地强调了决策在管理活动中的地位，这成为一些西方学者批评这一学派的主要原因。

（四）权变理论学派

权变理论学派的主要代表人物是美国的弗雷德·卢桑斯和亨利·明茨伯格。卢桑斯的主要著作有《权变管理理论：走出丛林的道路》(1973 年)、《管理导论：一种权变学说》(1976 年)。

"权变"一词译自英文，通常指偶然事件或偶然性。权变理论的主要内涵是权宜应变。因此，该理论又被称为"情景管理理论""形势管理理论"和"情况决定论"。权变管理理论的核心是，在现实中不存在一成不变、普遍适用的理想化的管理理论和方法，管理应随机应变，即采用什么样的管理理论、方法及技术取决于组织的环境。

（五）经验主义学派

经验主义学派的代表人物有彼德·德鲁克、艾尔雷笛·斯隆、欧内斯特·戴尔等。德鲁克的代表著作有《管理实践》(1954 年)、《卓有成效的管理者》(1966 年)、《管理：任务、责任、实践》(1973 年)。

经验主义学派认为，管理学就是研究管理经验，通过研究管理实践中成功的经验和失败的教训，经过反复学习和实践，人们自然就能领会和应用最有效的管理方法。因此，这一学派的主要特色是注重理论研究与实践的结合。经验主义学派通过重点分析成功管理者实际管理的经验，并加以概括，总结出其成功经验中的共性，然后使之系统化、合理化，并据此向管理者提供实际建议。

德鲁克最早提出"目标管理"的思路，经后人补充和发展形成了至今仍被管理界所重视和使用的目标管理模式。

经验主义学派的方法可以说在管理理论丛林中较具特色，但也受到了许多管理学家的批评。因为管理环境一直处于变化之中，过多地依赖未经提炼的实践经验和历史经验来解决现在和将来的管理问题是无法满足需要的。

（六）管理科学学派

学术界对管理科学学派的形成时代有比较一致的看法，认为它产生于 20 世纪 20 或 30 年代，但却难以确定第一个把数学应用于管理理论的学者。因此，一般认为管理科学学派的代表人物是一支庞大的学者群。

管理科学学派又被称为管理数量学派或管理计量学派，这些别称体现了管理科学学派的主要特色。这一学派认为，管理是建立和运用数学模型与程序控制系统，即用数学符号和数学关系式表示计划、组织和控制等活动，通过定量分析，为选择最优方案提供数量上的依据，以达到组织的目标。因此，他们认为，管理就是建立用于管理决策的数学和统计模型，并将这些模型通过电子计算机应用于管理实践中。

管理科学学派与泰罗的科学管理理论有着较密切的联系，有人认为它是科学管理理论的继续和发展，二者试图摒弃凭经验、直觉、主观判断进行管理，主张采用科学的方法进行管理。但管理科学学派已不限于作业管理、操作方法的研究范围，而是扩展到整个组织的管理，它要求使用现代的科学技术对管理进行整体性、系统性、全面性的研究。

管理科学学派的出现，标志着管理从定性阶段转为定量阶段，它将数学、统计学、系统学、技术科学等自然科学和社会科学结合起来应用于对管理的研究，在解决实际管理问题方面取得了显著的成效。20 世纪 60 年代，管理科学学派在理论上的发展先于它在实际方面的发展。从 20 世纪 70 年代开始，管理科学学派发展的重点开始转向实际应用方面，大大促进了管理过程的定量化和科学化。但管理科学学派也有其明显的局限性：一方面，由于管理是一种复杂的系统动态活动，它所涉及的学科领域极其复杂，因此，它在任何情况下都包含定性的因素，这说明管理科学学派将所有的管理问题全部数量化的主张，是不符合实际情况的，是不可能的；另一方面，在进行管理决策时，对备选方案的选择也不能单纯依靠定量的方法。上述局限性的存在，说明管理科学只能是管理者从事管理实践的一种手段和工具。

二、现代管理理论新发展

（一）战略管理

1. 战略管理理论的产生

20 世纪 70 年代前后，世界进入科技、信息、经济全面飞速发展时期，同时竞争加剧，风险日增。企业所处的市场、社会、政治、经济环境都发生了翻天覆地的变化。管理学界开始重视充满危机和动荡的外部环境的变化，谋求企业的长期生存发展，注重构建竞争优势，因此形成了较为系统的战略管理理论。1965 年，安索夫的《公司战略》问世，开启了战略规划之门。战略管理与以往经营管理的不同之处在于，战略管理注重的是动态的管理，是决策与实施并重的管理。

2. 波特与《竞争战略》

迈克尔·波特是美国哈佛大学商学院的教授，兼任许多大公司的咨询顾问。1980 年，他的著作《竞争战略》，把战略管理的理论的发展推向了顶峰。该书的重要贡献是提出了分析技术的综合结构，即产业结构和竞争对手分析的五种竞争力分析模型，以及企业构建竞争优势的三种基本战略，并提供了一种价值链分析方法。

（二）人本管理

在传统的管理思想中，是把人作为和土地、资本一样重要的生产要素看待的，认为人能创造价值。在泰罗的科学管理理论中，也只是把人当作经济人对待，因此片面强调金钱的刺激作用，提倡运用严厉的控制手段管理人，以达到高生产率。随着科学技术的发展，人类文明程度的提高与民主化的普及，企业家、专家、学者对人在生产经营活动中的地位和作用也有了新的认识，他们把企业职工不仅仅看成是一种生产要素，不仅仅看作是经济人，而把他们看作是社会人和文化人，看成是企业的主体，于是提出了"人本管理"的新思想。

"人本管理"是与"以物为中心"的管理相对应的概念，它要求理解人、尊重人，充分发挥人的主观能动性和积极性。一般认为"人本管理"可分为五个层级：情感管理、民主管理、自主管理、人才管理和文化管理。其具体内容包括：运用行为科学，重新塑造人际关系；增加人力资本，提高劳动力质量；改善劳动管理，充分利用劳动力资源；推行民主管理，提高劳动者的参与意识；建设企业文化，培育企业精神，等等。

在国外具体管理实践活动中，企业文化建设和股权激励最能够体现人本管理的思想。人本管理的思想极大地丰富了人力资源管理的理论和实践。

【拓展阅读】

神 偷 请 战

楚将子发爱结交有一技之长的人，并把他们招揽到麾下。有个其貌不扬，号称"神偷"的人，也被子发待为上宾。一次，齐国进犯楚国，子发率军迎敌。交战三次，楚军三次败北。子发旗下不乏智谋之士、勇悍之将，但在强大的齐军面前，却无计可施。

这时神偷请战，在夜幕的掩护下，他将齐军主帅的睡帐偷了回来。第二天，子发派使者将睡帐送还给齐军主帅，并对他说："我们出去打柴的士兵捡到您的睡帐，特地赶来奉还。"当天晚上，神偷又去将齐军主帅的枕头偷来，再由子发派人送还。

第三天晚上，神偷连齐军主帅头上的发簪都偷来了，子发照样派人送还。齐军上下听说此事，甚为恐惧。齐军主帅惊骇地对幕僚们说："如果再不撤退，恐怕子发要派人来取我的人头了。"于是，齐军不战而退。

人不可能每一方面都出色，但也不可能每一方面都差劲。企业管理者要清楚了解每个下属的优缺点，不能夹杂个人喜好，也许今日看不起的某人，他日正是助你事业发生转机的干将。

（三）学习型组织

学习型组织是指通过营造整个组织的学习气氛，充分发挥员工的创造性思维能力而建立起来的一种有机的、高度柔性的、横向网络式的、符合人性的、能持续发展的组织。它包括三层内涵：① 层次扁平化，即在学习型组织中，不存在各种等级制度，员工之间由原来的彼此顺从关系转变为伙伴关系；② 组织咨询化，即整个组织就像一个咨询公司，员工之间彼此询问、学习，相互之间的关系非常和谐、融洽；③ 系统开放化，即组织作为一个开放的系统，能与社会有机地结合起来。

1. 学习型组织的概念

学习型组织是彼得·圣吉在1990年出版的作品——《第五项修炼：学习型组织的艺术实践》中提出的概念，自此概念提出后，国内外广大的管理学学者奉之为管理学圣经，深入探索。许多实业家也纷纷创建学习型企业，以谋求企业的核心竞争力，实现企业发展"长久不衰"的神话。据统计，在《财富》评出的全球500强企业中，有一半以上的企业是学习型企业。彼得·圣吉在这本被誉为"20世纪管理圣经"的书中指出，未来组织所应具备的最根本性的品质是学习，学习型组织必须经过五项修炼。其内容具体如下。

1）自我超越——坚持不懈地实现心中的梦

自我超越是指突破极限的自我实现或技巧的精熟。自我超越强调要认识真实的世界，关注和创造自我的最理想境界，并因这两者之间的差距而产生不断学习的意愿，不断地自我创造和自我超越。在这个过程中，并非是降低理想来迎合现实，而是通过提升自我以实现理想，由此培养出创意与能耐，并以开阔的胸襟来学习、成长和不断超越自我，从而实现心中的梦想。

【拓展阅读】

袁隆平研发水稻

水稻是我国最重要的粮食作物之一，说到水稻，想必很多人会想到袁隆平先生。以前，我国水稻产量不足，满足不了人们日常需要，存在着很严重的粮食危机，而粮食产量低，也是我国经济发展的一大障碍。袁隆平先生决心为国攻关，解决这个难题。当年袁隆平先生是镇上的农校教员，每天除了教学以外，就是在试验田里培育能保持高产的杂交水稻的种子，为了这个理想，他花费了巨大的精力。经过十余年的艰苦努力，终于培育成功，在全国推广后，使我国水稻在几年中增产了 1000 多亿公斤。

2）改善心智模式——用新眼光看世界

心智模式是根深蒂固于人们心中，并影响人们如何了解这个世界，以及如何采取行动的许多假设、成见、思维方式，甚至可以是图像或印象。每个人的心智模式都有缺陷，这往往会阻碍人们的创新、改变和进步。因此，企业的每位员工，特别是领导，要不断改善自己的心智模式，从而用新的眼光来看待周围的世界。

3）建立共同愿景——打造生命共同体

共同愿景是指能鼓舞组织成员共同努力的愿望和远景，或者说是共同的目标与理想。共同愿景主要包括三个要素：共同的目标、价值观和使命感。只有组织成员有共同的目标、价值观和使命感，才能形成一个生命共同体，组织成员的心才能往一处想，劲才能往一处使，每个人的聪明才智才能得以充分发挥，组织才能形成一股合力。

4）团队学习——激发群体智慧

团队学习即组织化的学习或交互式的学习。这是组织中沟通与思考的对话工具，强调彼此在非本位、非自我防卫、非预设立场、非敬畏的情况下共同学习，以发挥协同作用，充分体现集体智慧大于个人智慧。因此，团队学习的修炼也包括找出不利于组织学习的障碍，如局限思考、归罪于外、缺乏整体思考的主动性和积极性、专注于个别事件、忽视渐变的恶化、经验主义错觉和屈服于压力的妥协等。

5）系统思考——深入本质，把握全局

系统思考是五项修炼的核心内容，强调将各个独立的、片段的实践联系起来，以发现其内在的互动关系。为了避免看待问题的不全面，要以系统的、整体的、动态的思考方式来代替原来机械的、零散的、静态的思考方式。因此，组织在处理问题时，必须扩大思考的空间和时间范围，了解前因后果，才能辨识问题的全貌，深入问题的本质，把握全局。

2. 学习型组织的特点

专家普遍认为，学习型组织的建设旨在修改企业的遗传密码——彻底扭转工业经济把人当成工具的生产线思维，实现企业的共同愿景，激活每一个人的生命热情，从而源源不断地向企业注入创新活力。学习型组织是一个生态环境，而不是用钢筋水泥堆砌起来的冰冷建筑。

学习型组织的成员具有良好的团队意识与总揽全局的系统思考能力，随时可以将自己切换到团队领导岗位，之后又回到自己的本职工作岗位。

学习型组织给成员提供发展的空间，成员也愿将自己的命运与组织的伟大使命联系起来。

创建学习型组织是一项系统工程，也是一项全局性工作、全员性工作和长期性工作。

3. 建立学习型组织的必然性

人们为什么要建立学习型组织呢？彼得·圣吉在他的《第五项修炼》中这样解释说："因

为我们需要卓越的表现，为了提高质量，为了顾客，为了提高竞争力，为了建立一个充满活力、全心投入的工作团体，为了成功的管理变化，为了追求真理，因为时代的需要，因为我们知道彼此是相互依存的，因为我们需要它。"

建立学习型组织，能够使企业保持领先的竞争力，在企业界立足，在所有的领域或行业成为领袖；满足顾客的需求，更好地为他们提供产品和服务，同时增加企业的盈利能力；避免工作中的重复错误，创造一个目标明确的工作环境，让工作场所重新焕发生机；挖掘员工的所有潜能并从中获益，提高组织的整体智慧，吸引并留住杰出人才，鼓励员工的个性发展并支持员工的成长，帮助员工学会更有效地一起工作；向社会提供新产品、知识或服务；把所有人们能想到的有利于企业发展的事情做得更好。这就使得建立学习型组织成为必然。

学习型组织变革带来的好处可能是潜移默化的，但其产生的影响力却是巨大的和深远的。因此，企业要重视学习型组织的建设，培养学习力，并使其转化为企业的生产力，最终转化为企业的核心竞争力。

建设学习型组织能够使组织的学习力增强，由"要我学"转变为"我要学"；增强组织凝聚力，由"各自为战"转变为"上下同心"，有利于提升组织文化力，由单纯追求利润转变为追求社会责任，从而提高企业的核心竞争力，由被动到主动，从优秀到卓越。

有人预测，21 世纪最成功的企业将是"学习型组织"，因为未来唯一持久的竞争优势是有能力比你的竞争对手学习得更快。

【学贯二十大】

习近平总书记在党的二十大报告中指出，"建设全民终身学习的学习型社会、学习型大国。"这一战略部署，对提高人民的思想道德素质、科学文化素质和身心健康素质，服务全面建设社会主义现代化国家战略任务，具有重大指导意义。对此，可从以下两个方面来加深认识。

第一，建设全民终身学习的学习型社会、学习型大国，是提升全体国民素质、为全面建设社会主义现代化国家深度开发人力资源的客观需要。终身学习理念与实践在人类发展史中占有重要位置。我国先秦荀子曾有"学不可以已"之训，显示了朴素的终身学习观念。在现代社会中，人们从正规学校系统中获取的知识技能有限，大量知识技能要在工作实践中不断习得，终身学习既是人们谋生发展的持续动力，也是国家现代化对人力资源开发的必然要求。自 20 世纪 70 年代国际组织首倡终身学习和学习型社会理念以来，包括我国在内的许多国家都在探索教育制度和学习方式创新。进入 21 世纪，联合国 2030 年可持续发展议程倡议各国确保包容和公平的优质教育、让全民终身享有学习机会，对各国教育政策产生了积极影响。在以互联网、大数据、云计算、人工智能等为标志的新一轮科技革命和产业变革面前，国家财富增长和民众福祉提高越来越依赖知识的积累和创新。

习近平总书记明确要求，"完善全民终身学习推进机制，构建方式更加灵活、资源更加丰富、学习更加便捷的终身学习体系。"党的二十大报告发出全面建设社会主义现代化国家新的总动员令，对建设全民终身学习的学习型社会、学习型大国指明了总体方向。可以预见，全民终身学习制度体系的创新、学习型社会和学习型大国的建设，必将为新时代促进人的全面发展和经济社会可持续发展注入强大动力。

第二，建设全民终身学习的学习型社会、学习型大国，在新时代具有可持续发展的制度环境和更为健全的实施条件。新时代 10 年来，以习近平同志为核心的党中央更加重视教育，全民终身学习领域成果丰硕。

中国特色社会主义教育制度体系的主体框架基本确立，我国教育普及程度稳居世界中上等收入国家行列，巨大人口压力正在转化成强大人力资源，建设全民终身学习的学习型社会、学习型大国的制度环境和实施条件，明显优于绝大多数发展中国家。

（资料来源：《党的二十大报告学习辅导百问》）

（四）流程再造

1. 企业再造理论的产生

进入 20 世纪七八十年代，市场竞争日趋激烈，企业面临严峻的挑战；知识经济的到来与信息革命使企业原有组织模式受到巨大冲击。面对这些挑战与压力，企业只有在更高层次上进行根本性的改革与创新，才能真正增强企业自身的竞争力，走出低谷。1993 年，企业再造理论的创始人原美国麻省理工学院教授迈克尔·哈默博士与詹姆斯·钱皮合著了《再造企业：管理革命的宣言书》一书，正式提出了企业再造理论。哈默与钱皮提出，企业再造是为了飞越性地改善成本、质量、服务、速度等重大现代企业的运营基准，对工作流程作根本的重新思考与彻底翻新。也就是说，为适应新的世界竞争环境，企业必须抛弃已成惯例的运营模式和工作方法，以工作流程为中心，重新设计企业的经营、管理及运营方式。

2. 企业再造流程

企业再造流程大致分为四个阶段：

（1）诊断原有流程：通过画流程图等手段找出原有程序存在的问题。

（2）选择需要再造的流程：一般应按照紧迫性、重要性、可行性的原则进行选择。

（3）了解准备再造的流程。

（4）重新设计企业流程：抛弃现有流程，利用头脑风暴、逆向思维等方法，充分发挥想象力，将科学的思维和艺术创造相结合，以创造出更加合理科学的全新流程。

练习与实训

	1	2	3	4	5	6	7	8	9	10
一、单选题										
二、多选题										
三、判断题										

客观题

四、思考题

1. 找出你最喜欢的一种管理理论，并详细说明认同它的原因。

2. 互联网时代，虚拟管理的广泛应用已经初步显示其强大的创新与颠覆能力，就其未来走向和趋势作出展望。

五、分析题

甲研究所设备先进，人才济济，但却一直没有很高水平的科研成果。该所负责人王所长于是"重金悬赏"，他坚信 "重赏之下必有勇夫"，但收效甚微。为了更好地管理研究人员，他制定了严格的考勤制度：迟到 3 分钟要罚款 100 元。为此，员工有时为准时到达，不惜打出租车上班。该所员工的出勤率一直保持较高水平。在一次行业研讨会上，规模相近的乙研究所发布了几项重要科研成果，并介绍了经验。他们认为每个员工都希望做好工作，为此推行了"弹性工作制"以及研究人员自我组合、自主管理的方法。尽管乙研究所取得了这样的成绩，但王所长仍然认为采用这种方法会失去控制，这种方法不宜推广。

试对两个研究所的管理方法进行评价。

六、实训题

辩　论　赛

"人之初，性本善"是孔子的观点。"人之初，性本善。性相近，习相远。"说的是人出生之初，秉性本身都是善良的，天性也都相差不多，只是后天所处的环境不同和所受教育不同，才造成了彼此习性的巨大差别。

"人之初，性本恶"是荀子的观点。荀子认为人的本性具有恶的道德价值，毕竟人出生的时候，作为一个生命，本能地就想要活下去，想要活下去就要争夺资源，所以人本身其实是一个自私自利夺取资源的生命体，自然不存在善良这一说，从而强调道德教育的必要性。

我们暂且把孟子的学说说成是性善论，荀子的学说说成是性恶论。那么人在刚出生的时候，到底是性善还是性恶呢？请同学们分成两组进行辩论。

七、应用题

在实际生活里接触到的企业中，或网上、报纸杂志中，搜集一个或几个在我国改革开放后有关管理的案例或资料(最好是一事一议的简短事例)，应用所学理论，分析其管理思想。

在班级组织一次关于管理理论与管理思想的主题沙龙。每个成员都可以作介绍、谈体会，放开思路，畅所欲言。

项目三　知己知彼——组织的环境分析

认知目标

（1）了解组织环境的概念。

（2）了解组织环境的分类。

（3）理解并掌握环境对组织的影响。

（4）理解并掌握组织内外部环境分析的具体内容。

技能目标

（1）能运用波特五力模型进行分析。

（2）能运用 SWOT 分析法进行分析。

素质目标

（1）培养学生探索与创新的精神和意识。

（2）强化价值引领，增强学生的道路自信、理论自信、制度自信、文化自信。

（3）培养学生的职业道德责任感。

动画导入

知己知彼　百战不殆

　　管理工作是在一定的环境条件下开展的，环境既提供了机会，又构成了威胁。环境是组织生存的土壤，为组织活动提供条件，同时也必然对组织活动起到制约作用。组织所面临的环境会影响组织管理行为和方式的选择，管理的有效性依赖于管理者对环境的洞察和了解，管理的方法和技巧必须随环境的变化而变化。

任务一　组织环境分析概述

一、组织环境的概念

任何组织都是在一定的环境中从事活动，这个环境就是组织环境。随着时代的发展、科学的进步以及经济全球化趋势的加剧，外部环境变化的速度越来越快，对组织的影响程度也越来越大。有人说过，对于一个企业来讲，未来在现实中是不存在的，唯一不变的就是一切都在变。因此，一个组织能否生存并获得成功，很大程度上取决于能否很好地处理组织与环境的关系。

组织环境是指存在于社会组织内部与外部的影响组织生存与发展的各种力量、条件和因素的总和。斯蒂芬·罗宾斯将环境定义为对组织绩效具有潜在影响的外部机构或力量。组织是与外界保持密切联系的相对独立的开放系统。组织的运行和发展不可避免地受到种种环境力量的影响；反之，组织也可以适应环境甚至影响环境。

【课堂讨论】

开发新产品与改进现有产品之争

袁先生是南机公司的总裁。南机公司是一家生产和销售农业机械的企业，2016年该公司的产品销售额为3000万元，2017年达到3400万元，2018年达到3700万元。每当坐在办公桌前翻看这些报表时，袁先生都会感到踌躇满志。

某日业务会议时间，袁先生召集公司在各地的经销负责人，目的是分析公司目前和今后的销售形势。在会议上，有些经销负责人指出，农业机械产品虽有市场潜力，但消费者的需求趋向已有所改变，公司应针对新的需求，增加新的产品种类。

身为机械工程师的袁先生，对新产品的研制、开发工作非常在行。因此，在他听完各经销负责人的意见之后，心里便很快算了一下，新产品的开发首先要增加研究与开发投资，然后需要花钱改造公司现有的自动化生产线，这两项工作约耗时3~6个月。增加生产新产品的同时意味着必须储备更多的备用零件，并根据需要对工人进行新技术的培训，这使得投资又会进一步增加。

袁先生认为，从事经销工作的人总是喜欢从方便自己业务的角度来考虑，不断提出开发各种新产品的要求，却全然不顾产品更新必须投入的成本情况。事实上，公司目前的这几种产品，经营效果都很不错。

袁先生决定不考虑增加新产品的建议，目前的策略仍是改进现有的产品，以进一步降低成本和销售价格。他相信，降低产品成本、提高产品质量并给出极具吸引力的价格，将是提高公司产品竞争力最有效的法宝。因为客户们实际考虑的还是产品的价值。尽管他已作出决策，但他还是愿意听一听顾问、专家的意见。

问题：公司环境发生了什么变化？袁先生的正确决策应该是什么？

在现实中，组织面对的环境是纷繁复杂的，如果能将环境区分成不同的部分，则有利于识别和预测环境对组织的影响。由于组织环境是由众多因素交织而成的整体，难以准确而清楚地区分，所以管理学界有多种环境分类的方法。这里采用一种比较常见的分类，即把组织环境分成两大层次——外部环境和内部环境，如图3-1所示。

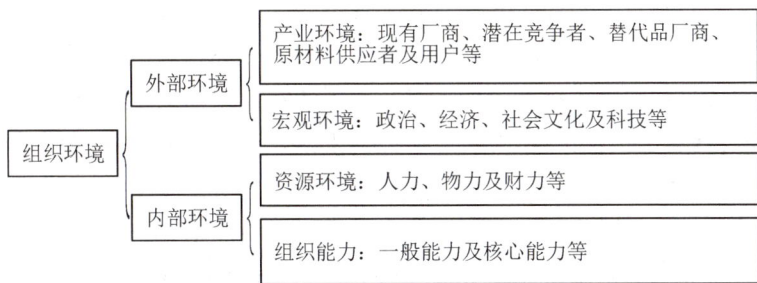

图3-1　外部环境和内部环境分类

二、环境对组织的影响

组织是一个相对独立的开放系统，因此组织与环境之间必然会经常互相发生影响。概括起来，环境对任何组织都存在以下三个方面的影响。

1. 环境是组织赖以生存的基础

首先，一个组织是否应组建，要根据所在的环境、社会需要和可能条件来决定。离开社会需要，组织的存在就失去了意义；符合社会需要而不具备条件，组织便无法组建。其次，组织要展开工作，就必须筹集各种生产要素——人、财、物，这些都需要从环境中获得。最后，组织的产出——产品和服务，又必须拿到组织的外部去进行交换，才能获得收益，从而维持和扩大其生产经营活动。

2. 环境影响组织内部的各种管理活动

环境对组织中的各种管理活动都会产生不同程度的影响。比如：外部市场竞争的加剧，要求组织重新调整内部各部门的分工协作关系，以提高组织的竞争能力；文化教育的普及和劳动力素质的提高，要求组织领导者采取新的激励制度和措施，以满足员工的高层次需求。所以，管理者必须对可能影响管理工作的各种因素加以识别，并作出反应。

3. 环境对组织的管理工作、效益水平有重要的影响和制约作用

对于一个组织来说，其管理工作的好坏和效益水平的高低取决于两个方面。一是外部环境。国家政策稳定，人民受教育水平高，市场发育健全，法律政策完善等，会促进组织管理工作水平和经营效益的提高，否则会给组织的管理工作带来困难甚至造成混乱。二是管理者。管理者是否重视环境、适应环境，是否能够根据环境的变化作出正确的决策，对组织管理的成功与否、目标能否实现都有至关重要的影响。作为管理者，要分析并把握环境变化的规律，认清环境中的机会和挑战，促进管理效率的改善和经营效益的提高。

三、组织对环境的适应和影响

环境对任何组织都有着不可忽视的影响力，但是组织也不能只是被动地适应环境。环境是多变的，如果组织单纯被动地适应环境，将永远无法跟上环境的变化。此外，从环境的变化到组织识别出这种变化并采取相应的措施，存在时间差，也就是说，组织采取的措施往往要滞后于环境的变化。例如，很多企业发现市场上某种商品畅销，便立即组织力量生产，等产品生产出来后却发现市场已经趋于饱和，结果造成生产能力的大量闲置和浪费。因此，组织必须设法主动地选择环境，改变甚至创造适合组织发展所需要的新环境。只有这样，组织才能在竞争激烈的环境中实现生存与发展，一味地被动适应只能导致组织的消亡，主动进攻才是最好的防守。

如果组织只能被动地适应环境，而不能将外部环境中的不确定性因素控制在可管理范围内，那么组织作为一个相对独立的开放系统，将无法保持其相对稳定的性质。如果组织具有主动适时改变组织行为以便更好地适应环境变化的能力，那么组织对环境的依赖性会有一定程度的降低。

组织可以反作用于环境，甚至可以影响环境。这并非单纯理论上的推导，现实中许多组织正是这样做的。为提高产品质量，其往往不是坐等或毫不挑剔地接受供应商提供的原材料和零部件，而是主动到众多的供应商之中去挑选，甚至主动向供应厂家提供技术管理人才与资金援助，进而获得高质量的原材料和零部件。目前，许多组织不惜耗费巨资进行广告宣传，目的是激起消费者对本组织产品的需求，改变市场环境。

不论从理论还是实践方面，组织都不是单纯被动地适应环境，而是可以主动适应甚至影响和改变环境。

任务二　组织内外部环境分析

外部世界存在的各种事物均会或多或少地对组织活动产生一定影响，因而都在外部环境研究的对象范围内。外部环境中存在的所有因素对组织活动的影响方式有直接和间接的区别，程度也有深浅之分。因此，对远离组织"活动场"、对组织活动只有低程度影响的环境因素似乎没有必要紧密跟踪或深入研究，同时，组织相关研究人力和经费的限制也决定了不能将外部环境的研究对象确定得过于宽泛，而应将研究重点集中于对组织活动影响程度较高、方式较为直接的因素。

一、组织宏观环境分析

宏观环境又称一般环境，是在一定时期内存在于社会中的各类组织均会面对的环境，其内容庞杂。一般来说，对宏观环境分析可以采用 PEST（Politics，Economy，Society，Technology）分析法。PEST 分析法是指从政治和法律、经济、社会文化、科学技术等角度分析环境变化对组织影响的一种方法。

（一）政治和法律环境

政治和法律环境是指对组织经营活动产生影响的政治力量，包括一个国家或地区的政治制度、体制、政治形势、方针政策以及对组织经营活动加以限制和要求的法律法规。

1. 国际政治和法律环境

国际政治环境的变化会给组织带来重大影响。政府和政党体制、政府政策的稳定性、民族主义、政治风险、东道国法律是影响国际市场营销活动最经常、最直接的因素，其中东道国法律对国际市场营销的影响主要体现在产品标准、定价限制、分销方式和渠道的法律规定及法规限制。例如，2018 年发生的中美贸易争端就对很多组织的发展战略产生了极大影响。

2. 政治体制

政治体制在一定程度上决定了政府干预经济的力度及宏观调控的方式，从而影响组织的经营。

3. 法律法规

法律法规对于规范市场及组织行为具有直接的强制作用。立法在经济上的作用主要表现为维护公平竞争、维护消费者利益和维护社会利益三个方面，如《中华人民共和国消费者权益保护法》《中华人民共和国劳动保护法》《中华人民共和国知识产权法》等。组织在制订战略时，既要注意现有法律的规定，也要关注正在酝酿之中的法律。例如：房产税法对于房地产组织的影响非常巨大；华为、中兴等公司在海外的发展会受到相关国家法律法规的极大影响。

【拓展阅读】

《中华人民共和国劳动法》规定：休息日安排劳动者工作又不能安排补休的，支付不低于工资的百分之二百的工资报酬；法定休假日安排劳动者工作的，支付不低于工资的百分之三百的工资。因此，组织在每年的"十一"国庆节等节日尽量不会安排人员加班，以节约劳动力成本。

（二）经济环境

1. 经济周期

对经济环境的分析，首先要考察目前国家处于何种阶段，是萧条、停滞、复苏还是增长，以及宏观经济变化发展的周期规律。在不同的阶段，组织应采取相应的战略。股价与宏观经济周期是高度相关的，某些行业也与宏观经济周期高度相关，如零售业等。

2. 利率

利率是国家宏观调控的重要手段。一般而言，基准利率受国家中央银行控制。当经济过热、通货膨胀率上升时，中央银行便会适当提高利率，收紧信贷，减少货币供应；当经济萧条时，中央银行便会适当调低利率，增加货币流动性，扩大供给，以刺激经济发展。利率对于组织的投融资具有重大影响，同时也对个人住房、消费等产生重大影响，是组织战略决策中不容忽视的因素。

3．汇率

汇率是一种货币兑换另一种货币的比率。汇率是影响国际贸易的重要因素。例如，美元兑换人民币的汇率会直接影响中美贸易，人民币的升值或贬值会对贸易组织产生极为重要的影响。

4．人均收入

人均收入在很大程度上决定居民消费结构。改革开放以来，我国居民人均收入不断提高，因此导致人们在休闲、健康、社交等改善生活质量方面的消费越来越多，从而给旅游、房地产、家用汽车等行业创造了大量的机会。

5．基础设施

基础设施主要指一个国家或地区的运输、能源、通信及商业基础设施的可用性及效率。基础设施在一定程度上决定组织运营的成本和效率。

（三）社会文化环境

社会文化环境是指一个国家或地区的社会组织结构、民族特征、文化传统、宗教信仰、教育水平和风俗习惯等。这些因素不断变化，以各种潜移默化的方式影响组织的各个利益相关者及其对组织的需求，从而影响组织生存与发展的各个方面。

文化对组织的生存与发展有着强烈的影响，它影响着消费者的偏好、购买决策和消费方式，也影响着管理者与员工的行为、心理、价值观和性格等。

（四）科学技术环境

科学技术环境是指组织所处的社会环境中的科学技术要素及与该要素直接相关的各种社会现象的集合。其大体包括四个基本要素：社会科技水平、社会科技力量、国家科技体制、国家科技政策和立法。社会科技水平是指科技研究的领域、科技研究成果门类分布及先进程度、科技成果的推广和应用。社会科技力量是指一个国家或地区的科技成果和开发的实力。国家科技体制主要是指科技机构的设置原则和运行方式、科技管理制度、科技推广渠道等。国家科技政策和立法是指国家为科技事业制定的相关管理政策。

任何组织的活动都需要利用一定的物质条件，这些物质条件能够反映一定的技术水平。社会的进步会影响技术水平的先进程度，从而影响利用这些物质条件的组织活动的效率。组织生产经营过程是一定的劳动者借助一定的劳动条件生产和销售一定产品的过程。不同的产品代表不同的技术水平，对劳动者和劳动条件有着不同的技术要求。技术进步后，可能使组织生产的产品被新产品所代替，可能使原有生产设施和工艺方法显得落后，也可能使生产作业人员的操作技术和知识结构变得不符合要求。因此，组织必须关注技术环境的变化，以及时采取相应的应对措施。

【课堂讨论】

找出一家近年来成功应对宏观环境改变的组织的例子，并讨论它是如何成功的。

二、组织产业环境分析

产业环境中的因素与管理者的日常活动关系最密切。分析产业环境使用的主流模型是由哈佛大学教授麦克尔·波特提出的五力模型。波特认为，组织的盈利能力取决于五种竞争力量，即潜在竞争者进入的威胁、购买者讨价还价的能力、供应商讨价还价的能力、替代品的威胁、所在产业内部竞争的强度。波特还认为，这五种竞争力量越强，组织盈利越困难。组织管理者的任务就是通过对组织内部资源的配置和创新来降低这些竞争力量的强度，将一种或数种竞争力量转变为自己的优势，从而提高组织的盈利能力。五力模型的另一个重要应用是指导组织选择进入竞争力量较弱的产业。此外，技术创新和新的商业模式的出现往往会使竞争力量发生改变。

（一）潜在竞争者进入的威胁

无论是新产业还是传统产业，只要产业中的组织能够获得较高的利润，通常总会引起产业外的组织进入，导致产能扩大、价格下降、利润减少。潜在竞争者是指目前还不在本产业中但有能力成为竞争者的组织。产业内现有的组织总是希望减少潜在竞争者进入的威胁。进入壁垒是指潜在竞争者进入产业的成本，进入壁垒越高，潜在竞争者成本越高，现有的组织也就有更多的机会提高价格、增加利润。

组织提高进入壁垒的主要方法是规模经济和品牌忠诚。规模经济是指通过大规模生产、降低成本结构所带来的优势。享有规模经济的组织能够以低成本组织生产，如果潜在竞争者不能实现生产，可能不敢发起竞争行为，这就是规模经济的进入壁垒。例如，目前已经很少有组织考虑进入 PC 产业，这主要是因为难以实现规模经济。品牌忠诚是指购买者对现有组织的产品的偏好。强大的品牌忠诚令潜在竞争者很难从现有组织手中夺取客户，从而能够有效地阻止潜在竞争者。

（二）购买者讨价还价的能力

购买者讨价还价的能力是指购买者向供应商谈判降低购买价格或要求供应商提高成本以提供更高质量产品和服务的能力。购买者可以是消费者、分销产品的中间商或产业下游的生产商和供应商。在购买者讨价还价能力很强的行业，供应商经常会受到压价或提高成本的压力，难以获得较高的利润。因此，购买者讨价还价的能力对于产业中的组织是一种威胁。相反，如果购买者讨价还价的能力较弱，则产业中的组织将有机会获得和保持较高的利润。

购买者在以下几种情况下讨价还价的能力最强：

（1）购买者数量较少，购买量较大；

（2）购买者可以从市场上大量类似产品的生产商和供应商中进行挑选；

（3）购买者可以方便地在不同供应商之间转换。

例如，阿里巴巴、京东、沃尔玛等大型电商和连锁组织，是典型的强势购买者。它们通常将采购权集中在总部，购买数量大。它们所销售的产品在质量和特性间往往相差不大，同时它们的物流高度发达，在供应商之间转换的成本不高。例如，2010 年年底家乐福将方便面第一品牌——康师傅的产品下架，就是强势地位的表现。

（三）供应商讨价还价的能力

供应商是向组织提供原材料、中间产品以及产品和服务的组织。供应商讨价还价的能力在概念上与购买者讨价还价的能力相反，是指供应商在谈判中向购买者收取高价或争取有利的交易条件（比如付款）的能力。这种能力的强弱主要取决于供应商所提供的产品和服务对于组织经营的重要性。如果市场上只有一家供应商，则该供应商讨价还价的能力最强，但这对于购买者可能是严重的威胁。对于组织来说，提高竞争力的重要前提是不要让自己的重要投入品完全依赖于某一家供应商。

【拓展阅读】

　　向餐馆提供蔬菜或水产的供应商讨价还价能力通常不强，这是因为餐馆的其他选择很多。而大型民航飞机的生产商主要有波音和空客等，在面对航空公司时，它们的讨价还价能力自然是很强的。对于 PC 生产商，掌握 PC 行业关键标准的芯片供应商英特尔和操作系统供应商微软是削弱其利润的主要市场力量。为了提高利润，PC 生产商会同时生产使用 AMD 芯片或安装 Linux 操作系统的产品。由于这类产品规模小，消费者接受程度低，因此未能动摇英特尔和微软的地位。

（四）替代品的威胁

　　替代品是指由其他组织或产业所提供的、能够满足消费者类似需求的产品或服务。例如：对牛奶产品质量产生恐慌的中国消费者可能会减少牛奶消费，而选择自制豆浆作为安全的替代品；航空公司燃油附加费上涨后，可能会有更多的乘客选择铁路出行；石油价格的上涨为替代能源如核电、太阳能和风能产业带来了更多的竞争机会。

　　替代品的存在对于本产业是一个重要的威胁因素，因为它意味着本产业的组织不能随意涨价以提高利润。相反，如果一个产业的产品没有替代品，那么组织将有机会提高价格，获得额外的利润。

　　技术进步创造的替代品对现有产业中的组织可能带来致命威胁，如电脑取代打字机，手机取代寻呼机，数字照相技术取代传统的光学照相技术等。

（五）产业内部竞争的强度

　　产业内组织间的竞争强度是影响产业利润水平的另一个重要因素。例如，网上零售组织经常声称自己零售的商品价格最低，如果消费者发现其他网站同样商品的价格低于本网站，则给予价差返还和奖励，这就是一种高强度的竞争。影响产业内部竞争的强度的因素包括产品的性质、退出壁垒和竞争结构。

　　（1）产品的性质。有些产品属于大路货产品，这类产品的特点是难以区分不同供应商提供的产品。大路货产品包括原材料，如石油、天然气、煤炭，还有许多农产品，如小麦、玉米、牛肉、猪肉等。这些产品的质量常常没有显著的差别，因此产品间的竞争主要是价格竞争。生产大路货产品对于现有组织是一种威胁，竞争强度比较高。因为除了价格之外，没有其他差异。减少这类产业内部竞争强度的方法是通过扩大规模、减少竞争对手来建立市场主导地位。减少竞争对手可以抑制竞争强度，这实际上等于减少了购买者的选择，从而提高了供应商讨价还价的能力。

　　（2）退出壁垒。与进入壁垒相反，退出壁垒是指在需求减少或供应增加时阻止组织缩减产能的因素。需求减少和供应增加是常见的导致利润降低、产业竞争加剧的现象。在这种情况下，如果组织能够方便地转产或放弃原来的产品，就会有一些组织退出产业竞争，从而缓解竞争。相反，如果组织无法退出，那么产业内的竞争将会更加激烈，甚至可能出现全行业的持续亏损，对现有组织构成严重的威胁。阻止组织退出产业竞争的原因可能包括：① 投资很高的专用设备或生产线无法用于其他用途；② 政府管制，不允许组织退出；③ 对原产业的感情和在职工安排上存在困难。

（3）竞争结构。竞争结构是指产业内现有组织的数目和规模。不同的产业呈现出不同的竞争结构，导致产业竞争的强度也各不相同。零散型产业是由众多小型和中型的组织构成的产业，其中没有一家组织有能力决定产品的市场价格。合并型产业是由少数几家大型组织主导的产业，它们有能力决定产品的市场价格。

除了波特提出的五种竞争力量之外，英特尔公司前总裁格罗夫根据自己对行业竞争的观察提出了第六种竞争力量——互补组织。互补组织是指为产业内提供互补性产品和服务的组织。例如：许多游戏机生产商依赖其他组织为其开发游戏产品；搜索网站依赖众多的中小网络组织或站长联盟提供搜索广告销售服务；iPhone 手机和 Android 系统手机都依赖大量的应用软件开发商为其用户提供功能独特的应用程序等。

三、组织内部环境分析

企业内部环境分析的目的在于掌握企业历史和目前的情况，明确企业所具有的优势与劣势。进行内部环境分析有助于企业制订有针对性的战略，有效地利用自身资源，发挥企业的优势；同时积极扭转企业的劣势，扬长避短。企业内部环境分析主要是对企业的资源条件和企业能力进行分析。

（一）企业资源条件分析

资源是指被用于投入企业生产过程的生产要素，如资本、设备、员工的技能、专利、财务状况以及经理人的才能等，这些都可以被看作资源。资源可分为三大类：一是有形资源，包括财务资源和实物资源；二是无形资源，包括企业的经营能力、技术、专利、企业形象、版权、品牌、商誉和商业机密等；三是人力资源。

有形资源、无形资源和人力资源这三类企业资源形成企业的经营结构，是构成企业实力的物质基础。企业资源的现状和变化趋势是企业制订总体战略和进行经营领域选择的最根本的制约条件。

（二）企业能力分析

企业拥有的资源并不能产生实际的生产力，真正的生产力来源于各种资源的组合，而正是某种有效的资源组合构成了企业生存和发展的能力，所以企业能力就是整合企业资源，使企业价值不断增加的技能。企业能力通常是在某一职能领域（如生产、研发、营销等）或某一职能领域的部分领域中得到发展。有研究表明，企业在某一职能领域建立起来的竞争能力与企业的经营状况相关。因此，对企业基本能力的分析，可以从企业生产经营所必需的各种功能的角度进行分析。

1. 企业一般能力分析

1）财务能力分析

判断企业实力和对投资者吸引力大小的最好方法是对企业的财务状况进行分析，了解企业在财务方面的长处和弱点,对于制订有效的企业战略具有十分重要的意义。分析企业财务状况广泛使用的方法是财务比率分析。财务比率分析评价体系主要由五大类指标构成,即收益性指标(考察企业一定时期内的收益及获利能力)、安全性指标(考察企业一定时期内的偿债能力)、流动性指标(考察企业一定时期内的资金周转状况和资金运用效率)、成长性指标(考察企业一定时期内经营能力的发展变化趋势)和生产性指标(考察企业一定时期内的生产经营能力)等。

2)市场营销能力分析

企业的市场营销能力是适应市场变化,积极引导消费,获取竞争优势以及实现经营目标的能力。它是企业的产品竞争能力、销售活动能力、新产品开发能力和市场决策能力的综合体现。市场营销能力的强弱是决定企业经营成果的优劣、影响企业盛衰成败的关键。

3)组织效能分析

企业的一切活动都是在组织中的活动,组织是实现目标的工具,是进行有效管理的手段。因此,分析组织效能,了解企业管理状况是很重要的。

4)生产管理能力分析

企业的生产能力是指将投入品转为产品或服务的能力。在大多数行业中,企业生产经营投入的大部分成本多发生于生产过程中,因此生产管理能力的高低决定企业战略的成败。

5)企业文化分析

企业文化虽然不是一项管理职能,但它在企业管理中的地位越来越重要。企业文化是由企业成员所共同分享和代代相传的各种信念、期望、价值观念的集合。企业文化为企业成员提供了一种认同感,有利于激励企业成员为集体利益工作,增强企业作为一个社会系统的稳定性。企业文化也可以作为企业成员理解企业活动的框架和行为的指导原则。因此,企业文化影响和规范着企业成员的行为。

企业通过用企业内部因素评价表这一战略分析工具来反映内部环境分析的结果,为制订有效的企业战略提供必要的信息基础,从而对企业在管理、市场营销、财务、生产、研究与开发等方面的长处与短处加以概括和评价。

2. 企业核心能力分析

所谓核心能力,就是企业在具有重要竞争意义的经营活动中能够比其竞争对手做得更好的能力。从总体上讲,核心能力的产生是企业中各个不同部分有效合作的结果,也就是各种单个资源整合的结果。这种核心能力深深地根植于企业的各种技巧、知识和人的能力之中,对企业的竞争力起着至关重要的作用。

每个企业所具有的核心能力都是不同的。企业的核心能力可以是不同形式的,可以表现为生产高质量产品的技能,创建和操作一个能快速准确处理客户订单系统的诀窍,开发出受欢迎的产品的革新能力,采购和产品展销的技能,很好地研究客户需求和品位以及准确寻找市场变化趋势的方法体系等。企业要把握住自己拥有的各种能力,并且要超过竞争对手,使之成为核心能力。当然,一个企业不可能只有一种竞争能力,也很少同时具有多种核心能力。企业的核心竞争力是一个复杂和多元的系统,既可以来自企业业务流程中的某些特定环节,如营销环节、生产环节和各种辅助环节,也可以来源于所有环节的综合结果。美国可口可乐公司的总裁曾说过,即使公司突然垮掉,但是只要"可口可乐"的牌子还在,一夜之间又可以使它起死回生，因为"可口可乐"品牌的无形资产极具竞争力。例如：IBM的核心竞争力在于产品的创新能力；麦当劳的核心竞争力在于标准化能力；奔驰公司的核心竞争力在于机器设计能力；微软公司的核心竞争力在于产品的研发能力；海尔集团的核心竞争力是产品创新；攀钢集团的核心竞争力是依靠特殊稀缺资源占领市场。这些公司的共同点都是抓住了机遇，因此形成了具有自身特色的核心竞争力，使企业规模由小变大，由弱变强，不断发展壮大，成为国内外知名企业。

企业核心能力是可以辨别的，需同时满足以下三个条件：

（1）对顾客是有价值的；

（2）与竞争对手相比有优势；

（3）很难被模仿或复制。

企业核心能力的辨别方法包括功能分析、资源分析以及过程系统分析。

（1）功能分析。考察企业功能是识别企业核心能力常用的方法，这种方法虽然有效，但是它只能识别出具有特定功能的核心能力。

（2）资源分析。分析企业的实物资源比无形资源容易得多。例如，分析企业商厦所处的区域、生产设备以及机器的质量等问题较为简单，而分析像商标或者商誉这类无形资源则比较困难。

（3）过程系统分析。过程涉及企业多种活动从而形成系统。过程和系统有可能仅是企业单一的功能，但是通常都涉及多种功能，因而过程系统本身是比较复杂的，但是企业通常还是会使用这种方式来识别企业的核心能力，因为只有对整个系统进行分析才能更好地判断企业的经营状况。

综合来说，企业核心能力是指企业依据自己独特的资源（资本资源、技术资源或其他方面的资源以及各种资源的总和），培育创造本企业不同于其他企业的最关键的竞争能力与优势。这种竞争能力与优势是本企业独创的，也是企业最根本、最关键的经营能力。换言之，也只有在本企业中，这种竞争能力与优势才能得到最充分的发挥。凭借这种最根本、最关键的经营能力，企业才拥有自己的市场和效益。企业核心能力是以知识、技术为基础的综合能力，是支持企业赖以生存和发展的根基。

任务三 组织环境分析方法——SWOT 分析法

组织环境分析是指通过对组织本身所处的内外部环境的充分认识和分析，以此来发现机会和解决潜在威胁，确定组织自身的优势，从而为战略管理过程提供指导的一系列活动。组织通常使用 SWOT 分析法对组织的内外部环境进行综合分析。

一、SWOT 分析法的含义

SWOT 是英文 Strength（优势）、Weakness（劣势）、Opportunity（机会）和 Threat（威胁）的缩写。SWOT 分析法是指在分析组织外部环境与内部环境的基础上，将外部环境中的机遇与威胁和内部环境中的优、劣势结合在一起的一种科学的分析方法。

SWOT 分析法是编制科学战略计划的一个重要步骤，它能够有效地避免组织力量被削弱，并帮助组织将精力集中在关键问题上，以取得更大的效益。

二、SWOT 分析法的步骤

SWOT 分析法的步骤如下：

（1）分析组织内部环境的优、劣势。这样不仅可以提高组织自身的运行效率，而且可以提高组织自身的竞争力。

（2）分析组织所面临的外部机遇与威胁，对于关键性的外部机遇与威胁应予以反复确认。当组织面对既有可能来自竞争对手力量的变化，也有可能来自与竞争对手无关的外部环境因素的变化时，应该冷静分析其中的利害关系。

（3）科学地将内外部环境的各种因素综合地进行对应匹配。这样可以实现效率最大化，避免资源浪费，从而制订良好的具有可行性的组织发展战略。

三、SWOT 分析法的四种战略

SWOT 分析法的四种战略如表 3 - 1 所示。

表 3 - 1　SWOT 分析法的四种战略

外部环境	内部环境	
	优势（Strength）	劣势（Weakness）
机会（Opportunity）	S—O 战略 依靠内部优势 利用外部机会	W—O 战略 利用外部机会 克服内部劣势
威胁（Threat）	S—T 战略 利用内部优势 回避外部威胁	W—T 战略 减少内部劣势 回避外部威胁

1. S—O（优势—机会）战略

当组织内部具有优势，外部存在机会时，将机会与内部优势充分结合并发挥出相应的作用，有利于组织的发展。例如，在拥有组织市场份额提高等内在优势的同时，给予良好的产品市场前景、供应商规模扩大等外部条件，可成为组织扩大生产规模、收购竞争对手的有利条件。

2. W—O（劣势—机会）战略

若组织外部存在某一机遇，但其内部存在某一缺点且严重阻碍组织的发展，则需要提高对应弱点的配置，使其能够抓住机遇，从而迎合或适应外部机遇。例如，若组织的创新和生产能力较弱，在新型产品市场前景看好的基础上，可考虑加大科研投入，提升产品创新能力，抢先一步占领市场，从而赢得竞争优势。

3. S—T（优势—威胁）战略

外部环境状况极有可能对组织的优势构成威胁，致使出现优势不优的脆弱局面，使优势得不到充分发挥。为此，组织需要利用自身优势，回避或减少外部威胁所造成的不利影响，以发挥组织的优势。例如，竞争对手利用新技术大幅度降低生产成本给组织带来了很大的成本压力，同时材料供应处于紧张状态，导致产品价格上涨，消费者要求大幅度提高产品质量。这使组织在竞争中处于劣势地位，但若组织简化生产工艺流程，且拥有充足的现金、较强的产品开发能力和熟练的技术工人，便可以利用这些优势开发新技术，提高原材料的使用率，降低材料消耗和生产成本，以回避来自外部威胁的挑战。

4. W—T(劣势—威胁)战略

当组织内部劣势与外部威胁相遇时，导致组织面临的挑战难度过高，超出了自身的承受范围，其结果往往是致命的。例如，组织资金链中断，生产能力落后，原材料供应不足，无法实现规模效益，且设备老化严重，使组织在生产控制方面极为落后，一度面临转型或破产的境地。这时，组织必须制订合理的战略，摒弃落后的模式，采取以旧换新的模式来减少生产成本方面的劣势，并回避因劣势因素带来的不利条件。

四、SWOT分析法的应用

下面基于SWOT分析高职学生职业生涯规划。

1. 个人背景

张三，男，2001年出生，2019年9月考入XX职业学院公共管理系，学习社区管理与服务专业，2022年7月毕业。在校学习期间，张三同学积极参加学校组织的专业实习实训，学习成绩优异，考取多个资格证书。

2. SWOT分析

1) 优势

张三同学的优势主要体现在以下方面：

(1) 注重实践，动手能力强。注重培养学生的专业技能是高职教育的重要特点，也是高职院校人才培养的重中之重。张三同学所在学校与其社区达成一致，使学生每学期末都有两周的校外实训，使其有机会深入社区，体验真实的社区工作环境，熟悉社区工作内容与工作流程，掌握基本技巧，在实训过程中不断锤炼自己的岗位技能。他经过三年的学习具备了基本的岗位技能，能够较快适应并胜任社区工作，这是社区专业高职生与其他群体相比的优势所在。

(2) 学习期间考取职业资格证，获得职业准入资格。张三同学在校期间努力考取职业资格证，这对他来说无疑具有很大的激励作用。目前，我国对社会工作师的准入门槛相对较高，高职生因其专科学历，只能在其毕业且具备两年工作经验后考取职业资格证。自从社会工作师职业资格与工资待遇直接挂钩后，其含金量逐年提高，这对于社区专业的高职学生来说是一个激励，学生学习效果提升明显。很多在社区一线工作并已考取社会工作师职业资格的毕业生表示，课证融合的教学方式效果明显，他们在上学期间既可以学习专业理论知识，又可以考取从业所需资格证书。可见，双证书制度促进了学生职业技能与素养的养成，保证了其职业准入资格，这是张三同学与其他群体相比的优势所在。

【素质培养】

青年时代，周恩来同志曾写下寄语："愿相会于中华腾飞世界时。"他说，"在现在这个世界上，我们若不强大起来，不建成社会主义的现代化国家，就要受帝国主义的欺侮。"2018 年 3 月，在中共中央举行的纪念周恩来同志诞辰 120 周年座谈会上，习近平总书记发表了重要讲话，他说，"今天，我们可以告慰周恩来同志等老一辈革命家的是：近代以来久经磨难的中华民族迎来了从站起来、富起来到强起来的伟大飞跃。周恩来同志生前致力于解决的中华民族积贫积弱的现象已经一去不复返了！周恩来同志生前操碎了心的广大人民群众缺吃少穿的现象已经一去不复返了！现在，我们比历史上任何时期都更接近、更有信心和能力实现中华民族伟大复兴的目标。"

当代大学生要立大志，担大任，学习优秀领导者的个人风范。从自身出发切实贯彻社会主义核心价值观，培养责任意识和担当精神，包括创新、进取、敢于承担风险、执着和坚持等精神。

2）劣势

张三同学的劣势主要体现在以下方面：

（1）自我认知不足。张三同学虽正日趋成熟，但在自我认知方面还不全面，对事物的思考容易理想化，心理不够成熟。由于自我认知不全面，有时候他只看到自己的不足，盲目自卑，择业过程中不能以积极的态度去争取，错过了就业机会；有的时候又对未来期望过高，盲目乐观，职业理想不切实际，遇到挫折容易形成心理障碍。

（2）工作经验不足。尽管上课过程中有课堂实训，每学期期末都有校外实训，毕业前有一学期的顶岗实习，但与具有社区一线实际工作经验的求职者相比，张三同学还是存在工作经验不足的问题，这并不只是高职生面临的困境，这是所有高校毕业生都面临的问题。

3）机会

张三同学面临的机会主要有：

（1）国家政策机遇。在当前我国大力加强基层政权建设，充分发挥社区居委会作用，建设和谐社会、和谐社区的背景下，社区专业也迎来了重要的发展机遇。这对于张三同学来说无疑具有巨大的鼓舞作用。

（2）物业管理人才市场需求旺盛。随着我国住房制度的改革，房地产业发展迅速，与之相适应的城市居住区物业管理市场也日益繁荣，带动了该行业的人才市场的发展市场需求旺盛，这对于张三同学来说是一个极好的机遇。

4）威胁

张三同学面临的威胁主要有：

（1）人才高消费。当前我国高校毕业生数量多，就业压力大，同时用人单位又普遍存在人才高消费的现象。一些单位不顾实际情况，招聘人才时一味追求高学历，本来一些高职生就能胜任的工作，却非本科生甚至硕士生、博士生不用。从这一点出发，张三同学在激烈的就业竞争中处于相对劣势的地位。

3. 张三同学职业生涯规划的 SWOT 战略决策

从以上分析可知，张三同学既应认识到自身存在着的优势和劣势，也应看到自身发展面临的机遇和挑战，充分运用 SWOT 分析法提供的四种战略为自己制订科学合理的职业生涯规划。

1) 发挥优势，利用机会(S—O 战略)

张三同学在职业生涯规划过程中，应充分发挥自己相对本科生、硕士生的比较优势，如动手能力强，获得了职业准入资格等，只有充分发挥自身的优势，才能在激烈的市场竞争中凸显出来。同时也要把握国家的政策机遇以及相关行业人才市场的需求。当前，我国正大力发展基层政权建设，张三同学应充分利用自己在校内外实训过程中掌握的技能，抓住机会，制订针对性的职业生涯规划，实现自我价值。我国物业管理人才市场日益繁荣，张三同学应在努力学习专业知识、培养专业技能的同时，取得助理物业管理师职业资格证，抓住市场发展机遇。

2) 利用机会，克服劣势(W—O 战略)

张三同学在职业生涯规划过程中，应清醒认识到自己的劣势，认真分析当前社会需求以及人才市场供需情况，结合自己所学专业，克服劣势，寻找最合适自己的职业定位，制订最合理的职业生涯规划。张三同学应努力克服自我认知不足、工作经验缺乏的缺点，修正对自身、对社会的认识，增加实践经验，积极主动，利用寒暑假机会到行业一线去锻炼自己，完善自我，有效利用各种机遇。

3) 利用优势，挑战威胁(S—T 战略)

在当前高校不断扩招而就业岗位供应不足的背景下，高校毕业生供过于求，普遍存在较大的就业压力。张三同学在与本科生、研究生存在同样就业压力的情况下，能否经受住挑战，关键是要对自己有一个准确的职业定位，确定职业发展路线，并按照既定路线前进，同时根据实际情况，不断修正、完善自己的职业生涯规划，真正实现自己的价值。

结合实际情况，张三同学应充分发挥自身实践能力、动手能力强的优势，避开文凭的劣势，准确定位自己的职业目标与职业发展路线，不攀比工作报酬、工作条件，更注重自己在岗位上能否得到锻炼，是否有良好的发展前景，能否发挥自己的优势，逐步完善自我。只有这样才能有效地利用自身优势，挑战外来威胁，制订符合自身实际的职业生涯规划。

4) 克服劣势，回避威胁(W—T 战略)

在当前就业市场供过于求，用人单位普遍存在人才高消费的情况下，张三同学的自我认知不足、工作经验缺乏的劣势就显得更加明显。在职业生涯规划过程中，张三同学首先应充分重视自身的缺点与不足，多阅读，多参加社团活动，多听取别人的意见与建议，完善自我认知，了解自我；其次，积极参加校内外实习实训，积累工作经验，充实自己；最后，调整心态、摆正位置，尽力回避人才高消费现象对自己的影响与威胁。

综上，在张三同学职业生涯规划过程中采用 SWOT 分析法可以帮助他正确认识自己的优势与劣势，在职业技能培养过程中充分发挥自己的优势，克服劣势，弥补自身的不足，进而有效应对外界的挑战与威胁，最终实现自己的个人价值与社会价值。

【学贯二十大】

从中国共产党第二十次全国代表大会的重要精神中，我们看到了对于我国国内外环境的深刻思考和引导，对年轻一代来说，具有重要的指导意义。

在外部环境方面，要保持敏锐的观察力和适应能力。社会经济的发展、科技的创新、国际关系的演变等，都对国家发展产生了直接的影响。年轻人需要不断学习和掌握新知识、新技能，以抓住机遇并应对挑战。同时，积极参与社会实践和创新创业，为社会发展贡献自己的力量。

在内部环境方面，要从自身出发，不断提升自身综合素质和能力。年轻人应培养良好的学习习惯和思维方式，拓宽视野和知识面，增强自身的创新能力和团队合作精神。同时，注重自我反思和成长，不断调整自己的发展方向和目标，保持积极向上的心态，勇敢面对挑战和困难。

在这个快速变化的时代，年轻人应该以奋斗和努力为座右铭，不断追求个人的成长与进步，但同时也要关注国家和社会的发展。我们的努力奋斗不仅仅是为了自己，更是为了实现国家的繁荣和富强，推动社会的进步和发展。

练 习 与 实 训

	1	2	3	4	5	6	7	8	9	10
一、单选题										
二、多选题										
三、判断题										

客观题

四、思考题

1. 什么是组织环境？组织环境的构成是否可以从其他维度考量？

2. 举例说明哪些组织受外部环境的影响较大。

3. 常见的组织外部环境因素有哪些？它们是怎样影响组织环境的？

4. 以小米手机为例，简要说明波特的五力模型。

五、分析题

美团该如何面对挑战？

2022年，互联网巨头中最割裂的一份成绩单，来自美团。连续数年的巨额亏损后，公司终于靠主营业务实现了盈利。

在用户规模增长见顶的前提下，美团是如何实现盈利的呢？

一方面，得益于业务水平的提升。公司在传统业务的基础上，不断开发新业务，让老用户在新业务中为公司实现更大的价值。比如，在餐饮外卖业务的范畴内，拓宽下午茶、宵夜等消费场景。这些举措，让美团在用户增长放缓的基础上，仍然实现了相对较高的成交量增长与营业收入增长。

另一方面，美团对商家涨价了。以配送服务为例：2022年3月，即时配送交易50.25亿笔，公司配送服务板块实现收入201.07亿元，平均每单向商家收取4元，而上年同期为3.56元。与配送服务平行的佣金及在线营销服务板块，均有所增长。

美团早已认识到了传统业务的天花板，公司无法通过对商家的"压榨"来实现业绩增长。同时，反垄断的重击，也让美团CEO王兴意识到，不可能无限制突破业务范围去寻找新的增长动能。于是，美团提前开启了战略转向。2021年，公司战略从Food＋Platform升级为零售＋科技，产品和服务进一步拓展至更广泛的零售领域。美团优选、美团买菜、美团闪购便是零售战略的三大业务项目。其中，美团优选主打社区团购；美团买菜为直营买菜平台；美团闪购为全品类的即时电商平台。美团与深陷危机的苏宁易购达成战略合作，就是看重苏宁数千家线下门店和家电体系的供应链能力，用以补足自己在电器零售上的服务短板。早年，互联网巨头们都是在各自的领域"内卷"，大卷小、快卷慢。现在，则是大厂之间互相挑战。

抖音和快手的直播电商业务，压过传统电商一头，同时，因其视频呈现的丰富性和本地消费场景的接近性，还顺理成章地做起了团购；美团本地生活的核心是向用户售卖生活方式，即时电商是其中重要一环。在互联网巨头们的全面战争中，美团正处在这个战场的中间地带。所以，在目前这一批消费型的互联网平台中，最具冲劲的其实是抖音和快手，压力最大的是阿里巴巴、京东和拼多多——所以，仍然处在成长期的拼多多，才要大力出海。

美团本来暂时将自己放在了一个进可攻、退可守的有利位置上，但是腾讯的清仓式减持，可能正在打破这个平衡。

问题：

（1）美团面临哪些环境因素的变化？

（2）美团该如何应对环境因素的变化，提升与饿了么的竞争优势？

六、实训题

1. 以小组为单位，采访一至两名现实生活中的企业管理者（可寻求老师帮助），回答下列问题：

（1）如何理解"组织内外部环境"对组织成员的影响？

（2）组织内外部环境分析是否重要？如果重要，应该如何分析？

2. 尝试利用SWOT分析方法规划自己未来十年的职业生涯。

项目四　运筹帷幄——决策

认知目标

（1）了解决策的作用、基本类型及特征。

（2）理解决策的概念、基本准则及影响决策的主要因素。

（3）理解决策的基本程序及其要领。

技能目标

能结合实际灵活运用决策的常用技术方法。

素质目标

（1）培养学生探索与创新的精神和意识。

（2）强化价值引领，增强学生的道路自信、理论自信、制度自信、文化自信。

（3）培养学生的职业道德责任感。

动画导入

选择

任务一　决策概述

决策贯穿了整个管理过程的始终，是管理者最重要的活动，同时也是最艰难和最冒风险的活动。有调查显示，大多数管理者认为，他们履行职责过程中感到最困难、最花费时间的是决策。

一、决策的基本内涵

1. 决策的含义

从狭义上来说，决策是在几种行动方案之间进行选择。从广义上来说，决策还包括在作出选择之前进行的一切活动。决策是人们为了达到一定的目标，在掌握的有限的信息资料的基础上，通过对有关情况进行分析，用科学的方法拟订并评估方案，从中选出合理方案的过程。

本书采用广义的含义，因为它更能反映决策活动的本质；对最后的"拍板定案"来说，决策之前的分析过程是必不可少且异常重要的。因此，将决策的分析过程和选择过程割裂开来是不妥当的。

2. 决策的特征

决策具有以下几个方面的特征：

（1）超前性。任何决策都是针对未来行动的，都是为了解决现在面临的、待解决的新问题以及将来可能会出现的问题，所以决策是行动的基础。这就要求决策者具有超前意识，能够很好地预见到事物的发展变化，适时地作出正确的决策。所以说，决策是建立在科学预测的基础上的。

（2）目标性。任何决策都是为了解决一定的问题，从而达到特定目标的。无目标的决策没有必要，而目标不明确往往会导致决策无效甚至失误。

（3）选择性。决策必须具有两个以上的备选方案，通过比较评定来进行选择。如果只有一个方案，决策就失去了意义。另外，各个备选方案还必须是能够互相替代的，即任何一个方案都可以独立地解决决策问题。

【拓展阅读】

霍布森选择效应

1631 年，英国剑桥商人霍布森从事马匹生意，他说，你们买我的马、租我的马，随你的便，价格都便宜。霍布森的马圈大、马匹多，然而马圈只有一个小门，高头大马出不去，能出来的都是瘦马、赖马、小马，显然，加上这个条件之后，实际上就等于不让他人按自己的意愿挑选。来买马的人左挑右选，不是瘦的，就是赖的。霍布森只允许人们在马圈的出口处选。大家挑来挑去，自以为完成了满意的选择，实际上，最后的结果可想而知——只是一个低级的决策结果，其实质是小选择、假选择、形式主义的选择。人们自以为作了选择，而实际上思维和选择的空间是很小的。

所以"霍布森选择效应"是指一种无选择余地的所谓的选择。

（4）过程性。决策活动是一个多阶段、多步骤的分析判断过程，不同的决策在重要程度、所费时间的长短、过程的复杂性等方面可能有区别，但都必然具有过程性的特征。

（5）可行性。决策所作的若干备选方案应是可行的，这样才能保证决策方案切实可行。"可行"是指：① 能解决预期问题，实现预定目标；② 方案本身具有可行的条件，比如在技术上、经济上是可行的；③ 方案的影响因素及效果可进行定性或者定量的分析。

（6）科学性。决策者要能够认识事物发展变化的规律，作出符合客观规律的决策。科学性并不是否认决策有失误、有风险，而是要从失误中总结经验教训，尽量减少风险，这是决策科学性的重要内涵。

3．决策的地位和作用

著名的管理学家赫伯特·西蒙认为：管理就是决策。决策贯穿管理的全过程，决策程序就是全部的管理过程，组织则是由作为决策者的个人所组成的系统。全部决策过程是从确定组织的目标开始，随后寻找为达到该项目标可供选择的各种方案，比较并评价这些方案，进行选择并作出决定，然后执行选定的方案，进行检查和控制，以保证实现预定的目标。

事实上，管理过程中每一个阶段的每一个管理行为，如计划、组织等，其中都有一个可分解的决策过程（见表 4-1）。

表 4-1　管理职能中的决策问题

职能	决 策 问 题	职能	决 策 问 题
计划	组织的长远目标是什么？ 什么战略能够最好地实现这些目标？ 各部门的短期目标应该是什么？	组织	按照什么原则进行分工？ 各部门之间如何进行协调？ 组织的集权程度有多大？ 职务应如何设计？
领导	用哪种手段激励雇员？ 哪种领导方式最为有效？ 怎样对待冲突？	控制	组织中哪些活动需要控制？ 采用何种管理信息系统？

【拓展阅读】

决策小故事

《梦溪笔谈》记载：

海州知府孙冕很有经济头脑，他听说发运司准备在海州设置三个盐场，便坚决反对，并提出了许多理由。后来发运使亲自来海州谈盐场设置之事，还是被孙冕顶了回去。当地百姓拦住孙冕的轿子，向他诉说设置盐场的好处，孙冕解释道："你们不懂得做长远打算，官家买盐虽然能获得眼前的利益，但如果盐太多卖不出去，三十年后就会自食恶果。"然而，孙冕的警告并没有引起人们的重视。

他离任后，海州很快就建起了三个盐场，几十年后，当地刑事案件上升，流寇盗贼、徭役赋税等都比过去大大增多，由于运输、销售不通畅，囤积的盐日益增加，盐场亏损负债很多，许多人都破产了。这时，百姓才开始明白，在这里建盐场确实是个祸患。

一时的利益显而易见，人们往往趋利而不考虑后果。这种现象，古今皆然。看到什么行当赚钱，就一窝蜂而上，结果捷足先登者也许能获利，步入后尘者则往往自食恶果。这样的例子可以说是数不胜数。

作为一个企业的经营者，在制订一个经营决策的时候，一定要综合考虑各方面的因素，而不能被一时的利益蒙蔽了眼睛；一个团队的领导一定要学会发挥集体的力量，特别是作事关企业命运的决策的时候，万万不可因一时头脑发热，拍脑袋作出一个错误决策而毁掉自己经营一生的成果。

决策时拍脑袋，指挥时拍胸脯，失误时拍大腿，追查时拍屁股，这种"四拍"型领导需要反思。

二、决策的类型

根据不同的分类方法，决策可以划分为不同的类型，每种类型的决策在方法和要求上具有不同的特征。为了正确进行决策，必须对决策进行科学的分类。

（一）按照决策主体的性质进行划分

决策主体即决策者。按照决策者是个人还是群体，决策可以划分为个人决策和集体决策两种类型：前者是指一个人独立作出选择的过程，后者则是由两个或两个以上的人共同作出某一选择的过程。两类决策在现实生活中均非常普遍，拥有各自的优点和缺点，因而具有不同的适用范围。下面主要介绍集体决策。

1. 集体决策的优点和缺点

集体决策与个人决策是对立统一的两个方面，也就是说，集体决策的优点和缺点正好与个人决策的缺点和优点相对应。集体决策的优点和缺点如表4-2所示。

表4-2　集体决策的优点与缺点

优　点	缺　点
（1）提供更完整的信息：两人智慧胜一人。	（1）消耗时间：议而不决，效率低下。
（2）产生更多的方案：特别是成员来自不同的专业领域时，更多的方案有利于提高选择的质量。	（2）少数人统治：因经验、知识、语言技巧、自信心等方面的差异，群体成员在决策过程中的地位是不平等的。
（3）增加对某个方案的接受性：参与决策制定过程的人更易于接受决策方案，从而有利于减轻方案执行过程中的阻力。	（3）屈从压力：群体中大多数人表现出某种倾向性时，会使得持不同意见的少数人感到巨大的压力从而选择简单服从，这种群体思维削弱了批判精神，也降低了决策质量。
（4）提高合法性：集体决策往往给人以民主的印象，而个人决策会让人感到独裁武断	（4）责任不清：任何一位成员都不会对最终的结果承担完全的责任，责任意识被冲淡，从而缺乏理性决策的动机

2. 集体决策与个人决策的适用范围

一般而言，集体决策趋向于更加精确，个人决策则更有效率，因此实际中可根据需要选择。

【素质培养】

决策中要规避个人决策的专制和武断，也要防止集体决策的责任委外，要充分利用两种决策各自的优点，灵活选择。

（二）按照决策问题的性质进行划分

决策者进行决策思考的出发点，是正确判明问题的性质。问题性质不同，决策的性质和方法也将不同。因此，按照决策问题的性质，决策可分为程序化决策与非程序化决策。

程序化决策又称"结构良好"决策，是指决策可以程序化到呈现出重复和例行的状态，可以程序化到制订出一套处理这些决策的固定程序，每当它们出现时不需要再重复处理它们。非程序化决策又称"结构不良"决策，针对的是那些新颖的、无结构的问题。非程序化决策往往依赖于创新。

对于程序化决策与非程序化决策，有几个问题需要说明：

（1）程序化和非程序化是相对而言的，几乎没有一个决策是属于完全程序化的或者完全非程序化的。

（2）决策者应该尽可能地将非程序化决策转化为程序化决策。程序化决策在信息、决策者的经验、智能水平等方面的要求均较非程序化决策低，且效率更高。因此，将非程序化决策转化为程序化决策有利于节省组织的决策成本。

（3）决策类型与组织层次的关系。组织中的高层管理人员面临的问题大多是例外的、偶发的、结构不良的，其所作的决策倾向于非程序化。相反，中下层的管理人员面对的问题大多是例行的、常规的、结构良好的，他们所作的决策更倾向于程序化（如图4-1所示）。

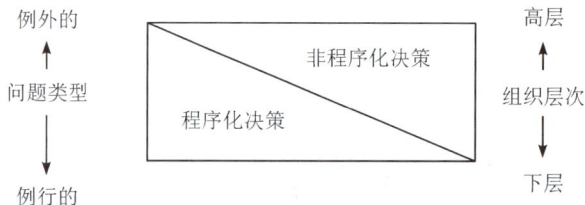

图4-1　决策类型与组织层次

图4-1中，从下往上也就是从组织层次的下层向上，面临的例外的问题在不断增加，非程序化的决策也在不断增加，从上往下则正好相反。

（三）按照决策调整的对象和涉及的时限划分

战略决策决定组织的活动内容和方向，事关组织的兴衰成败，一旦作出决策，将在较长的时间和组织整体范围内产生影响。因此按照决策调整的对象、涉及的时限和影响，决策可分为战略决策和战术决策。战略决策属于根本性决策，往往由组织的最高管理层作出，比如企业方针、目标、发展规划、技术发展方向、组织变革等。战术决策是组织为了实现战略目标而作出的局部性的具体决策。二者区别可以概括为以下几点：

（1）从调整对象看，战略决策调整组织的活动方向和内容，解决"干什么"的问题，是根本性决策；战术决策调整在既定方向和内容下的活动方式，解决"如何干"的问题，是执行性决策。

（2）从涉及的时间范围来看，战略决策面对未来较长一段时期内的活动，战术决策则是具体部门在未来较短时期内的行动方案。战略决策是战术决策的依据，战术决策是在其指导下制订的，是战略决策的落实。

（3）从影响上看，战略决策的实施效果影响组织的效益和发展，战术决策的实施效果则主要影响组织的效率与生存期。

（四）按照决策可靠程度划分

按照决策可靠程度，决策可划分为确定型决策、风险型决策和不确定型决策。

确定型决策是指各种可行方案的条件都是已知的，并能较准确地预见到它们各自的后果，易于分析、比较和抉择的决策。

风险型决策是指各种可行方案的条件大部分是已知的，但每个方案的执行都有可能出现几种不同的结果，各种结果的出现有一定的概率，决策结果按概率来确定、存在风险的决策。

不确定型决策与风险型决策类似，是指每个方案的执行都有可能出现几种不同的结果，但各种结果出现的概率是未知的，完全凭决策者的经验、感觉和估计作出的决策。

三、决策的流程

1. 决策的基本程序

赫伯特·西蒙认为，决策过程由四个阶段构成：第一阶段是搜集情报阶段，搜集组织所处环境中有关经济、技术、社会等方面的情报并加以分析，同时对组织内部的情报也加以收集和分析，以便为拟订和选择计划提供依据，可以称之为"情报活动"；第二阶段是拟订计划阶段，以组织所需解决的问题为目标，根据第一阶段搜集到的情报，拟订出各种可能的备选方案，可以称之为"设计活动"；第三阶段是选定方案阶段，根据当时的情况和对未来发展的预测，从各个备选方案中选定一个，可以称之为"抉择活动"；第四阶段是对选定并付诸实施之后方案的情况进行评价，可以称之为"审查活动"。

从西蒙所确定的决策四阶段中可以看出，决策实际上是一个"决策—实施—再决策—再实施"的连续不断的循环过程，贯穿于全部管理活动的始终，也贯穿于管理的各项职能之中。

2. 决策的具体步骤

以上决策的基本程序，在实际的操作过程中，可以进一步细分为八个步骤（如图 4-2 所示）。

图 4-2　决策的具体步骤

（1）识别问题。所谓问题，是指现实状况和期望状况之间的差异，意味着矛盾和不平衡。任何决策都是为了解决特定的问题，解决问题是决策的目标，但同时问题又是决策的起点。决策者必须对问题进行充分的调查研究，判明其性质，并据此提出计划方案，以解决问题，达到期望的状况。

首先，要确定哪些问题进入决策程序。组织可能面临着大量的问题，决策者不可能在同一时间解决所有的问题，所以必须有所取舍。有些问题无足轻重，而另外一些则相当困难，解决的条件和时机均不成熟，这是决策者应该避免选择的方向。其次，要认真分析问题产生的根源，找出相关的影响因素，确定问题的性质，为制订解决方案打下基础。

假设某企业的一位高级经理需要去国外进行一次商务旅行，这样就出现了一个显而易见的问题：他需要一家宾馆。

（2）确定决策标准。决策标准是对方案进行取舍的依据。前面提到的宾馆决策的案例中，经理可能会考虑这样一些因素：房间的价格、便利性（是否容易到达）、服务设施的舒适性、环境以及宾馆的声誉等。

每一位决策者都有指引他进行决策的标准，不管他有没有明确地表达出来。有些因素也许对决策问题很重要，但如果它不在决策者考虑的范围之内，那么它将对决策问题不起作用。

（3）给标准分配权重分值。指引决策者进行方案选择的标准往往不止一个，而是一套标准体系。这些标准对决策者而言并不是同等重要的，对它们一视同仁是不符合实际情况的，也是不科学的，因此必须合理地分配各标准的权重，以表明其重要程度。

衡量标准重要性的一个常用办法是，给最重要的标准打最高分（可以是 10 分，也可以是 100 分），然后依次给余下的标准打分，这样就能表明各个标准的相对权重。表 4-3 列出了经理选择宾馆的决策标准和权重（此例中标准权重的最高分为 10 分）。在他考虑的因素中，便利性是最重要的，而周边环境则最不重要。

表 4-3　宾馆选择的标准及权重

标　准	权重（重要性）/分
便利性	10
舒适性	8
声誉	5
房间价格	4
周边环境	1

（4）拟订方案。决策者列出能成功地解决问题的可行方案即可。假设旅行社提供了 A、B、C、D 四家宾馆作为可行方案供经理参考。

（5）分析方案。方案一旦拟订，决策者就必须对其逐一地进行分析、评价，从而确定每个方案的优缺点。在宾馆选择的例子中，具体的做法是：经理实地考察每一家宾馆，用事先确定下来的标准对它们进行衡量，并给出评价分值（如表 4-4 所示）。

表 4-4　宾馆选择的标准及评价

方案	标　准				
	便利性/分	舒适性/分	声誉/分	房间价格/分	周边环境/分
A	5	6	10	10	7
B	7	8	5	6	4
C	5	8	4	5	8
D	10	7	3	4	3

（6）选择方案。在确定了与决策有关的所有因素和它们的重要性，并用于衡量每一可行方案之后，就可以用方案的每个标准的评价分值和权重相乘，再相加，计算出每一方案的综合得分（如表 4-5 所示），综合得分最高的方案就是最终的选择。在宾馆选择的例子中，决策者会选择 A 宾馆。

表 4-5　宾馆方案的综合评价

方案	标准					总分/分
	便利性/分	舒适性/分	声誉/分	房间价格/分	周边环境/分	
A	50	48	50	40	7	195
B	70	64	25	24	4	187
C	50	64	20	20	8	162
D	100	56	15	16	3	190

（7）实施方案。如果方案得不到有效实施，决策仍可能是失败的。此步骤就是将选择的方案付诸行动。

（8）评价决策效果。决策制订过程的最后一步是评价决策效果，确认问题是否已经解决。如果发现问题依然存在，就应该分析是哪一个步骤出现了问题，因为这很可能导致决策的重新开始。

四、决策的基本准则

决策的基本准则是决策者在决策全过程中应该遵循的原则，其中包括决策的思维方式、决策组织、拟订备选方案等方面的要求。

1. 满意准则

按照"经济人"的模式，人们在对各种可行方案进行评价和选择时，总是采用最优化的原则，即人是绝对理性的，人们总是希望通过对各种可行方案进行比较，从中选择一个最好的方案作为可行方案。对于这种决策准则，西蒙认为，它需要满足以下几个条件：

（1）在决策之前，全面寻找备选方案；

（2）考察每一可能抉择所导致的全部复杂后果；

（3）具备一套价值体系，作为从全部备选行为中选定其一的准则。

贯彻最优化原则的三个条件在现实生活中却是经常不能具备的。由于知识、经验、认识、能力的限制，人们不可能找出所有可能的决策方案。即使人们有充分的能力来寻找，由此所花费的时间和费用也会使人们感到这样做是得不偿失的。既然各种各样的原因使得人们不可能找出所有可行的备选方案，而"最优"的方案可能恰恰就在这些被遗漏的方案中，这就使得人们不可能真正贯彻最优化原则。假设第一个条件有可能成立，即人们有可能在决策之前找到所有可能的决策方案，第二个条件也是经常不能成立的，即人们很难对各种备选方案的实施结果给予准确的预计。这涉及两个方面的因素：一是未来变化的不确定性使得人们很难对各种方案的实施结果进行预先的估计；二是人们的认识能力的有限性也使得其很难对各种方案的结果进行预先的估计。即使第一个条件与第二个条件能成立，贯彻最优化原则的第三个条件也是经常不能成立的，即人们要对各种方案的结果的优劣进行连续而一贯的排序是很困难的。这是因为各个决策方案执行后所实现的结果往往是多目标的，而在这多个目标之间有时又是相互矛盾的，所以决策者就很难以一个统一的价值准则对各个方案的优劣进行排序，很难从各个方案中选择一个所谓的最优的方案。

由于贯彻最优化原则的三个条件经常不能具备，决策者在进行决策时贯彻所谓的最优原则就失去了其现实性。所以决策理论学派的学者提出用"满意的原则"代替"最优化原则"。所谓满意的原则，就是寻找能使决策者感到满意的决策方案的原则，即对于各种决策方案，决策者不是去探索能实现最优效果的决策方案，而是一旦有能满足实现目标要求的方案就要确定下来，不再继续进行其他探索活动。西蒙和马奇指出："无论是个人还是组织，大部分的决策都同探索和选择满足化的手段有关，只是在例外的场合才探索和选择最佳的手段。"决策学派的学者认为，"满意化原则"是比"最优化原则"更为现实合理的决策原则。

【素质培养】

盲目追求最优决策会增加决策成本，许多人在选择时难以避免地会有"最优情节"，要克服决策中的慕强心理，平衡利弊，遵循满意原则。

2. 整体协同准则

管理系统本质上是开放的系统，它的各要素是相互联系、相互作用的。组织必须从整体的角度，对各部门、各类型的决策进行协调，以达到整体最佳。

3. 目标准则

目标是确定方案是否可行的依据。确定目标既是决策的内容，又是决策的前提。没有目标，决策就失去了方向。因此，目标必须明确、详细，并且便于衡量。

4. 权变准则

决策是动态进行的，当客观环境发生变化时，决策也要随时作出调整，以保证其适应性。

【课堂讨论】

狼　与　鹿

20世纪80年代后期，美国某州有一家自然动物园，园里生活着一群鹿和少量的狼。当局为了让鹿有一个好的生长环境，把园中的狼全部迁走了。原以为鹿会大量繁殖，然而事与愿违，鹿群变得毫无生机，数量逐渐减少。一年后，当局不得不又将狼迁了回来。

讨论：这反映了决策的什么原则？

五、决策的影响因素

组织的决策制订过程受到以下具体因素的影响。

1. 环境

环境是能够对组织产生影响的一切外部因素的综合。环境对组织决策的影响是不言而喻的，其具体表现在以下几个方面：

（1）环境的特点影响组织决策的频率和内容。比如，就企业而言，当市场环境稳定时，今天的决策主要是昨天的延续；当市场环境急剧变化时，则需要对经营方向和内容进行调整。再如，处在垄断市场的企业，其决策重点集中于企业内部效率的提高、成本的降低等；处在竞争市场的企业，则需密切注视竞争对手的动向，决策大多着眼于外部。

（2）环境中的其他行动者及其决策也会对组织决策产生影响。现代企业是一个开放的动态系统，与环境中其他的行为主体存在着各种各样的相互作用关系，其决策也就必然会受到其他行动者及其决策的影响。

（3）对环境的反应模式也影响组织的决策活动。在与环境的长期互动中，组织会对环境变化形成特定的反应模式，这种调整组织与环境之间关系的模式一旦形成，就会固定下来，并在较长的时间内制约着人们的选择活动。

2. 组织过去的决策

今天是昨天的继续，明天是今天的延伸。过去总是会以这种或那种方式影响着未来。在大多数情况下，组织决策都是"非零起点"的追踪决策，是对过去决策的完善、调整和改革。伴随过去决策方案实施所形成的资源配置状况和水平，构成了决策的现实基础。

过去的决策对当前决策的制约程度，主要受其与现任决策者关系的影响。如果过去的决策是由现任决策者制订的，而决策者通常要对自己的选择及其后果负管理上的责任，因此会不愿意对组织活动进行大的调整，而倾向于仍把大量的资源投入到过去方案的执行中，以证明自己过去决策的英明。相反，如果现任决策者与过去的重要决策没有太多的关系，则比较易于接受重大的改变。

3. 决策者的风险态度

决策是对未来行动方案的选择，因为未来活动总是不确定的，再加上人们的认识能力有限，因此任何决策都有一定程度的风险。

组织及其决策者对风险的态度会影响对决策方案的选择。敢于承担风险的组织，通常会在被迫对环境作出反应前就已经采取了进攻性的行动；而不愿意冒险的组织通常只对环境的变化作被动的应对。愿冒风险的组织常常会进行新的探索，而不愿意承担风险的组织，其活动则受到过去决策的严重限制。

4. 组织的文化氛围

组织文化是构成组织内部环境的主要因素，它制约着包括决策者在内的所有组织成员的思想和行为，并对决策起影响和限制作用。

任何决策的制订都是对过去某种程度上的否定，任何决策的实施都会给组织带来某种程度上的变化。组织成员对这种变化有抵抗或欢迎两种截然不同的态度。在偏向保守、怀旧、维持的组织中，人们总是根据过去的标准来判断现有的决策，总是担心在变化中失去什么，从而对将要发生的变化产生怀疑、害怕和抵抗的心理和行为；相反，在具有开拓、创新精神的组织中，人们会以发展的眼光来看待决策，希望从变化中得到些什么，因此欢迎变化、支持变化。显然，在后一种组织中有利于新决策的实施；而在前一种组织中，要实行新的决策，首先必须通过大量的工作来改变组织成员的态度，建立起一种有利于环境变化的文化氛围。

5. 决策的时间要求

根据对决策效果影响的重要性程度，决策可划分为时间敏感型决策和知识敏感型决策。时间敏感型决策是指那些必须迅速作出且尽量准确的决策，这类决策的质量更多取决于速度而不是质量。比如，当一个人站在马路中央，突然发现一辆汽车向他飞驰而来时，关键是他要迅速跑开，至于马路的左边近些还是右边近些则相对比较次要。知识敏感型决策与时间敏感型决策相反，对时间的要求不是十分严格，这类决策的效果主要取决于其质量，而不是速度。制订知识敏感型决策时要求人们充分利用知识，作出尽可能正确的选择。

关于组织活动方向与内容的战略性决策，基本上属于知识敏感型决策，而执行性的战术决策，往往主要着眼于决策的速度，更多的是属于时间敏感型决策。

【学贯二十大】

习近平总书记在党的二十大报告中指出，"深入推进能源革命"。能源是工业的粮食、国民经济的命脉、民生改善的保障，是人类文明进步的物质基础和动力源泉，也是推进碳达峰碳中和的主战场。深入推进能源革命，为我国在高质量发展中确保能源安全指明了前进方向，提出了一系列新要求。

随着我国经济社会的快速发展和不断融入国际经济体系，我国的能源供需环境和能源安全环境发生了重大变化。面对能源供需格局新变化、国际能源发展新趋势，要保障国家能源安全，必须深入推进能源革命。这是一项长期战略，是我国能源发展的国策，也是保障能源安全、促进人与自然和谐共生的治本之策。要坚持立足国内、补齐短板、多元保障、强化储备，加快规划建设新型能源体系，统筹水电开发和生态保护，积极安全有序发展核电，加强能源产供储销体系建设，增强能源持续稳定供应和风险管控能力。同时，必须加强煤炭清洁高效利用，加大油气资源勘探开发和增储上产力度，依靠煤炭等化石能源清洁利用实现安全兜底，确保能源供应稳定、可靠、安全。

第一，推动能源消费革命，抑制不合理能源消费。

第二，推动能源供给革命，建立多元供应体系。

第三，推动能源技术革命，带动产业转型升级。

第四，推动能源体制革命，打通能源发展快车道。

第五，加强全方位国际合作，实现开放条件下的能源安全。

（资料来源：《党的二十大报告学习辅导百问》）

任务二　决策的方法

为了保证影响组织未来生存和发展的管理决策尽可能正确，必须采用科学的决策方法。在实践的基础上，现代决策理论已经创造出许多科学可行的决策方法，但没有一种方法是万能的，关键在于根据具体决策问题的性质和特点灵活运用。一般来说，决策方法分为两大类：定性决策法和定量决策法。

一、定性决策法

定性决策法又称主观决策法，是指用心理学、社会学的成就，采用有效的组织形式，在决策过程中，直接利用专家们的知识和经验，根据已掌握的情况和资料，提出决策目标以及实现目标的方法，并作出评价和选择。

定性决策法的优点是方法灵活，通用性强，容易被接受，而且特别适用于非程序性决策。但是定性决策法也有其局限性，即它是建立在专家直观基础上的，缺乏严格的论证，容易产生主观性；另外，参与决策的专家人选是由决策组织者挑选决定的，因此专家的意见容易受到决策组织者个人倾向的影响。常用的定性决策法有头脑风暴法、德尔菲法等。

（一）头脑风暴法

在群体决策中，由于群体成员心理相互影响，易屈于权威或大多数人意见，形成所谓的群体思维。群体思维削弱了群体的批判精神和创造力，损害了决策的质量。为了保证群体决策的创造性，提高决策质量，管理学上发展了一系列改善群体决策的方法，头脑风暴法是其中较为典型的一个。

头脑风暴法是一种激发、培养创造力的方法。它首先组织一些具有科研能力和知识修养的专门人才，组成一个小组进行集体讨论，相互启发，相互激励，相互弥补知识缺陷，引起创造性设想的连锁反应，产生尽可能多的设想，然后对提出的设想、方案逐一通过客观、连续的分析，找到一组切实可行的"黄金"方案。

头脑风暴法可分为直接头脑风暴法（通常简称为头脑风暴法）和质疑头脑风暴法（也称反头脑风暴法）。直接头脑风暴法是专家群体决策尽可能激发创造性，产生尽可能多的设想的方法，质疑头脑风暴法则是对前者提出的设想、方案逐一质疑，分析其现实可行性的方法。

采用头脑风暴法组织群体决策时，要集中有关专家召开专题会议，主持者应以明确的方式向所有参与者阐明问题，说明会议的规则，尽力创造融洽、轻松、自由的会议气氛。主持者一般不发表意见，由专家们"自由"提出尽可能多的方案。

采用头脑风暴法组织群体决策时，应遵循如下原则：

（1）延迟评判原则。对各种意见、方案的评判必须放到最后阶段，此前不能对其他的意见、方案提出批评和评价。认真对待任何一种设想，而不管其是否适当和可行。

（2）各抒己见，自由鸣放。创造一种自由的气氛，激发参加者提出各种荒诞的想法。

（3）追求数量。意见越多，产生好意见的可能性越大。

（4）探索取长补短和改进的办法。除提出自己的意见外，鼓励参加者对他人已经提出的设想进行补充、改进和综合。

为提供一个良好的创造性思维环境，应该确定专家会议的最佳人数和会议进行的时间。经验证明，专家小组规模以 10～15 人为宜，会议时间一般以 20～60 分钟效果最佳。专家的人选应严格限制，便于参加者把注意力集中于所涉及的问题，具体应遵循下述三个原则：

（1）如果参加者相互认识，要从同一职位（职称或级别）的人员中选取。领导人员不应参加,否则可能对参加者造成某种压力。

(2) 如果参加者互不认识,可从不同职位(职称或级别)的人员中选取。这时不应宣布参加人员情况,不论成员的职称或级别的高低,都应同等对待。

(3) 参加者的专业应力求与所论及的决策问题相一致,但这并不是选取专家组成员的必要条件。专家组成员最好包括一些学识渊博、对所论及问题有较深理解的其他领域的专家。

头脑风暴法的所有参加者,都应具备较高的联想思维能力。在进行"头脑风暴"(即思维共振)时,应尽可能提供一个有助于把注意力高度集中于所讨论问题的环境。有时某个人提出的设想,可能正是其他准备发言的人已经思考过的设想。其中一些最有价值的设想,往往是在已提出设想的基础之上,经过"思维共振"的"头脑风暴",迅速发展起来的设想,以及对两个或多个设想的综合设想。因此,头脑风暴法产生的结果,应当被认为是专家小组成员集体创造的成果,是专家小组这个宏观智能结构互相感染的总体效应。

头脑风暴法的主持工作,最好由对决策问题的背景比较了解并熟悉头脑风暴法的处理程序和方法的人担任。主持者的发言应能激起参加者的思维"灵感",促使参加者回答会议提出的问题。通常在"头脑风暴"开始时,主持者需要先询问,因为主持者很少有可能在会议开始5~10分钟内创造出一个自由交换意见的氛围,并激起参加者踊跃发言。主持者的主动活动也只局限于会议开始之时,一旦参加者被激励起来,新的设想就会源源不断地涌现出来。这时,主持者只需根据"头脑风暴"的原则进行适当引导即可。应当指出的是,发言量越大,意见越多种多样,所讨论的问题越广、越深,出现有价值设想的概率就越大。

会议提出的设想应由专人简要记载下来或录在磁带上,以便由分析组对会议产生的设想进行系统化处理,供下一阶段(质疑)使用。

在决策过程中,对上述直接头脑风暴法提出的系统化的方案和设想,还经常采用质疑头脑风暴法进行质疑和完善。这是头脑风暴法中对设想或方案的现实可行性进行评估的一个专门程序。在这一程序中,第一个阶段要求参加者对提出的每一个设想提出质疑,并进行全面评论。评论的重点是研究有碍设想实现的所有限制性因素。在质疑的过程中,可能会产生一些可行的新设想,这些新设想包括对已提出的设想无法实现的原因的论证、存在的限制因素,以及排除限制因素的建议。其结构通常是:"XX设想是不可行的,因为……如要使其可行,必须……"

质疑头脑风暴法的第二个阶段是对每一组或每一个设想编制一个评论意见一览表和可行设想一览表。

质疑头脑风暴法应遵循的原则与直接头脑风暴法一样,只是禁止对已有的设想提出肯定意见,而鼓励提出批评和新的可行设想。

在进行质疑头脑风暴法时,主持者应首先简明介绍所讨论问题的内容,扼要介绍各种系统化的设想和方案,以便把参加者的注意力集中在对所论问题的全面评价上。质疑过程一直进行到没有问题可以质疑为止。质疑过程中抽出的所有评价意见和可行设想,应专门记录。

质疑头脑风暴法的第三个阶段是对质疑过程中抽出的评价意见进行评估,以便形成一个对解决所讨论问题实际可行的最终设想一览表。对于评价意见的评估，与对所讨论设想质疑一样重要。因为在质疑阶段，重点是研究有碍设想实施的所有限制因素，而这些限制因素即使在设想产生阶段也是放在重要地位予以考虑的。

分析组负责对质疑结果进行处理和分析。分析组要吸纳一些有能力对设想实施作出较准确判断的专家参加。如果需在很短时间内就重大问题作出决策，这些专家的参加就显得尤为重要。

实践经验表明，头脑风暴法可以排除折中方案，对所讨论问题通过客观、连续的分析，找到一组切实可行的方案，因而头脑风暴法在军事决策和民用决策中得到了较广泛的应用。例如，美国国防部在制订长远科技规划时，曾邀请50名专家采取头脑风暴法召开会议。参加者的任务是对事先提出的长远规划提出异议，然后通过讨论，得到一个使原规划文件协调一致的报告。在原规划文件中，只有25%～30%的意见得到保留。由此可以看出头脑风暴法的价值。

当然，头脑风暴法实施的成本（时间、费用等）是很高的。另外，头脑风暴法要求参与者有较高的素质。

【课堂讨论】

利用头脑风暴法解决班级管理中的一些实际问题，如构思一项拓展活动，解决一些同学上课爱看手机的问题等。

（二）德尔菲法

德尔菲法是在20世纪40年代由赫尔姆和达尔克首创，经过T.J.戈尔登和兰德公司进一步发展而成的。德尔菲这一名称起源于古希腊有关太阳神阿波罗的神话。传说中阿波罗具有预见未来的能力。因此，这种预测方法被命名为德尔菲法。1946年，兰德公司首次用这种方法进行预测，后来该方法被迅速广泛采用。

德尔菲法依据系统的程序，采用匿名发表意见的方式，即专家之间不得互相讨论，不发生横向联系，只能与调查人员进行沟通，经过反复征询、归纳、修改，最后汇总成专家基本一致的看法，作为预测的结果。这种方法具有广泛的代表性，较为可靠。

德尔菲法的具体实施步骤如下：

（1）组成专家小组。按照课题所需要的知识范围，确定专家。专家人数的多少，可根据预测课题的大小和涉及面的宽窄而定，一般不超过20人。

（2）向所有专家提出所要预测的问题及有关要求，并附上有关这个问题的所有背景材料，同时请专家提出还需要什么材料，然后由专家进行书面答复。

（3）各位专家根据他们所收到的材料，提出自己的预测意见，同时说明自己是怎样利用这些材料并提出预测值的。

（4）将各位专家第一次的判断意见汇总，列成图表，进行对比，再分发给各位专家，让专家比较自己与他人的不同意见，修改自己的意见和判断。也可以把各位专家的意见加以整理，或请身份更高的其他专家加以评论，然后把这些意见再分送给各位专家，以便他们参考后修改自己的意见。

（5）将所有专家的修改意见收集起来汇总，再次分发给各位专家，以便做第二次修改。逐轮收集意见并向专家反馈信息是德尔菲法的主要环节。收集意见和信息反馈一般要经过三四轮。在向专家进行反馈的时候，只给出各种意见，但并不说明发表各种意见的专家的具体姓名。这一过程重复进行，直到每一个专家不再改变自己的意见为止。

（6）对专家的意见进行综合处理。

例如，某书刊经销商采用德尔菲法对某一专著销售量进行预测。该经销商首先选择若干书店经理、书评家、读者、编审、销售代表和海外公司经理组成专家小组。将该专著和一些相应的背景材料发给各位专家，要求大家给出该专著最低销售量、最可能销售量和最高销售量三个数字，同时说明自己作出判断的主要理由。之后，将专家们的意见收集起来，归纳整理后返回给各位专家，要求专家们参考他人的意见，然后对自己的预测重新进行考虑。专家们完成第一次预测并得到第一次预测的汇总结果以后，除书店经理外，其他专家在第二次预测中都作出了不同程度的修正。重复进行，在第三次预测中，大多数专家又一次修改了自己的看法。第四次预测时，所有专家都不再修改自己的意见。因此，专家意见收集过程在第四次以后停止。最终预测结果为最低销售量为 26 万册，最高销售量为 60 万册，最可能销售量为 46 万册。

德尔菲法作为一种主观、定性的决策方法，不仅可以用于预测领域，而且可以广泛应用于各种评价指标体系的建立和具体指标的确定过程。

例如，当管理者在考虑一项投资项目时，需要对该项目的市场吸引力作出评价。他可以列出同市场吸引力有关的若干因素，包括整体市场规模、年市场增长率、历史毛利率、竞争强度、对技术的要求、对能源的要求、对环境的影响等。市场吸引力的这一综合指标就等于上述因素加权求和。每一个因素的重要性即权重和该因素的得分，需要由管理者的主观判断来确定。这时，同样可以采用德尔菲法。

德尔菲法同常见的召集专家开会，通过集体讨论，最终得出一致决策意见的专家会议法既有联系又有区别。德尔菲法能发挥专家会议法的优点，即能充分发挥各位专家的作用，集思广益，准确性高；能把各位专家意见的分歧点表达出来，取各家之长，避各家之短。同时，德尔菲法又能避免专家会议法的缺点：① 权威人士的意见会影响他人的意见；② 有些专家碍于情面，不愿意发表与其他人不同的意见；③ 专家可能会出于自尊心而不愿意修改自己原来不全面的意见。德尔菲法的主要缺点是过程比较复杂，花费时间较长。

目前，传统的德尔菲法逐步改为借助现代化信息手段的新型德尔菲法，利用网络、计算机终端等新媒体手段完善交流方式。

（三）名义小组技术

随着决策理论和实践的不断发展，人们在决策中所采用的方法也不断得到充实和完善。名义小组技术又称名义群体法、名目团体技术、名义群体技术等，是管理决策中的一种定性分析方法。

名义小组技术在决策过程中会限制群体成员的讨论或人际沟通。例如，召开传统会议时，群体成员都出席，但在会议正式开始前，群体成员应先进行个体决策。

在计算机被广泛应用的时代，名义群体法等管理决策中的定性分析方法仍然被广泛使用的主要原因有：

（1）当决策者面对信息不完全的决策问题时，难以使用对数据依赖程度很高的定量方法。

（2）当决策问题与决策者的主观意愿关系密切时，特别是当多个决策者意见有分歧时，需要采用定性分析或以定性分析为主的决策方法。

（3）当决策问题十分复杂，现有的定量分析方法和计算工具难以胜任时，决策者不得不进行粗略的估计和采用定性分析方法。

名义小组技术的流程：管理者先选择一些对要解决的问题有研究或者有经验的人作为小组成员，并向他们提供与决策问题相关的信息，小组成员各自独立思考，每个人应尽可能把自己的备选方案和意见写下来，然后再按次序一个接一个地陈述自己的方案和意见。

在此基础上，由小组成员对提出的全部备选方案进行投票，根据投票结果，赞成人数最多的备选方案即为最终方案，当然，管理者最后仍有权决定是接受还是拒绝这一方案。

（四）电子会议法

电子会议法是群体预测与计算机技术相结合的预测方法。在使用这种方法时，先将群体成员集中起来，在每人面前有一个与中心计算机相连接的终端，群体成员将自己有关解决问题的方案输入计算机终端，然后再将它投影到大屏幕上。

专家们认为，电子会议法比传统的面对面会议的效率高55％。例如，佛尔普斯·道奇采矿公司运用这种方法，使其开展年度计划会议的时间从几天缩短到12小时。

虽然这种方法正处于萌芽阶段，但未来的群体决策很可能会广泛地采用电子会议法，这主要是由电子会议法的特点决定的。其特点如下：

（1）匿名。参与决策咨询的专家采取匿名的方式将自己的政策方案提出来，只需把个人的想法输入计算机即可。

（2）可靠。每个人给出的有关解决问题的建议都能如实地、不会被改动地反映在大屏幕上。

（3）快速。在使用计算机进行咨询时，不仅没有闲聊，而且人们可以在同一时间互不干扰地交换意见，比传统面对面的决策咨询的效率高很多。

但电子会议法也有其局限性：

（1）对那些善于口头表达而运用计算机的技能却相对较差的专家来说，会影响他们的决策思维。

（2）由于是匿名，因而无法对提出好的政策建议的人进行奖励。

（3）人们是通过计算机来进行决策咨询的，因而是"人—机对话"，其沟通程度不如"人—人对话"深刻，且内容也不丰富。

二、定量决策法

定量决策法是建立在数学、统计学等基础上的决策方法。它的核心是把决策的相关变量之间以及变量与决策目标之间的关系用数学式表达出来，建立模型，然后通过对模型的计算求得答案，这种方法适用于决策过程的任何步骤，特别是对方案进行比较和评价。根据数学模型涉及的决策问题的性质(或者说根据所选方案结果的可靠性)的不同,定量决策方法一般分为确定型决策、风险型决策和不确定型决策三类。

(一)确定型决策

确定型决策的特点是方案的条件是已知的,并且能够准确地预见方案实施后产生的结果。属于确定型决策的方法很多,以下重点介绍盈亏平衡分析法。

1. 盈亏平衡分析法的基本原理

盈亏平衡分析也称保本分析或量本利分析,是通过分析产品成本、销售量和销售利润三个变量之间的关系,掌握盈亏变化的临界点(即保本点)和盈亏变化的规律,指导企业选择能够以最小的生产成本生产最多产品并可使企业获得最大利润的经营方案。

根据成本特性(成本与产销量之间的依存关系),总成本可分为固定成本和总可变成本,总可变成本是单位可变成本和产量的乘积,用公式表示为

$$C = F + V = F + v \times Q_c$$

式中:C——总成本;

　　　F——固定成本;

　　　V——总可变成本;

　　　v——单位可变成本;

　　　Q_c——产量。

企业的总收益即产品销售收入,是产品单价和销售量的乘积,用公式表示为

$$Y = p \times Q_s$$

式中:Y——总收益;

　　　p——产品单价;

　　　Q_s——产品销售量。

企业的营业利润(用S表示)是总成本和总收益的差额,即

$$S = Y - C = (p \times Q_s) - (F + V) = (p \times Q_s) - (F + v \times Q_c)$$

假设企业的产量等于销量,即

$$Q_c = Q_s = Q$$

则有

$$S = (p \times Q) - (F + v \times Q) = (p - v) \times Q - F$$

令

$$S = 0$$

则有

$$(p - v) \times Q - F = 0$$

推导出

$$Q = \frac{F}{p - v}$$

也就是说,当企业的产销量 $Q = F/(p-v)$ 时,企业的利润为零,保持盈亏平衡,此时的产销量被称为保本产量,用 Q_0 表示,即

$$Q_0 = \frac{F}{p-v} \qquad ①$$

公式①中有四个变量，给定其中任意三个变量的值，便可以求出另外一个变量的值。例如，某公司生产某产品的固定成本是 50 万元，单位可变成本是 10 元，产品单价是 15 元，则其盈亏平衡点的产量为

$$Q_0 = \frac{F}{p-v} = \frac{500\,000}{15-10} = 10 \text{ 万件}$$

又如，某公司生产的某产品的固定成本是 50 万元，产品单价是 80 元，本年度产品订单为 1 万件，问：单位可变成本降至什么水平才不至于亏损？

根据题意有

$$10\,000 = \frac{500\,000}{80-v}$$

解得

$$v = 30 \text{ 元/件}$$

以上推导过程还可以画图表示，如图 4-3 所示。

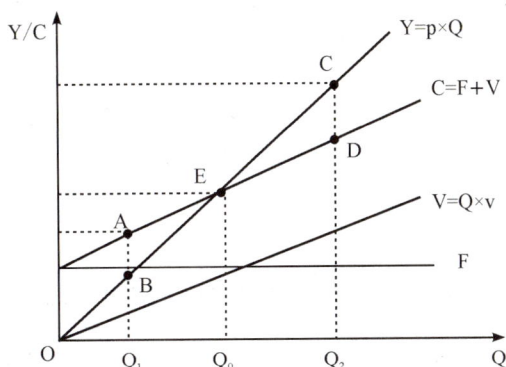

图 4-3　盈亏平衡分析示意图

图 4-3 中：纵坐标表示总收益（Y）、总成本（C）、固定成本（F）以及总可变成本 V（Q×v）；横坐标表示产销量（Q）。总收益（Y）是产品单价（p）和产销量（Q）的乘积；总成本（C）等于固定成本（F）加上总可变成本（Q×v）；总收益线 Y 与总成本线 C 的交点 E 所对应的产量 Q_0 是总收益等于总成本（即盈亏平衡）时的产量，E 点是盈亏平衡点；在 E 点的左边，即 $Q < Q_0$，总成本线位于总收益线之上，即亏损区域，其中总成本线 C 与总收益线 Y 之间的纵坐标距离是相应产量下的亏损额，如 Q_1 处的亏损额为 AB。在 E 点的右边，即 $Q > Q_0$，总收益线 Y 位于总成本线 C 之上，即盈利区域，Y 与 C 的垂直距离是相应产量下的盈利额，如 Q_2 对应的盈利额为 CD。

用盈亏平衡法进行产量决策时，应以 Q_0 为最低点，因为低于该产量就会产生亏损。但对于现有的生产能力是否在 $Q < Q_0$ 时就一定要停产呢？由图 4-3 可知，停产时的亏损额为 F，即固定成本支出，而在 OQ_0 区间内任一点的亏损额（Y−C）都低于 F。所以企业生产能力形成后，如果不能转产或出租，只要售价高于单位变动成本，即使受市场销量的约束进入亏损区也不应该作出停产决策。

2. 盈亏平衡法的拓展应用

（1）盈亏平衡分析模型除了用于保本量、成本决策外，若增加一个利润变量，便可拓展为任意产量决策模型。设利润为 S，根据定义有

$$S=(p\times Q)-(F+v\times Q)$$

即

$$Q=\frac{F+S}{p-v} \qquad\qquad ②$$

公式②中共有五个变量，给定其中任意四个变量的值，便可以求出另外一个变量的值。例如，某企业生产某产品的固定成本为 50 万元，产品单价是 80 元，单位可变成本是 40 元，若企业的利润目标是 30 万元，问：企业应该完成多少销售量？

由公式②可得

$$Q=\frac{F+S}{p-v}=\frac{500\,000+300\,000}{80-40}$$
$$=20\,000 \text{ 件}$$

（2）盈亏平衡分析法除了用公式① 、② 进行所含变量的决策外，还可以用于判断企业经营安全状况。经营安全率是反映企业经营安全状况的一个指标，用公式表示为

$$\Phi=\frac{Q-Q_0}{Q}$$

式中：Φ 表示经营安全率，Φ 的值越大，说明企业对市场的适应能力越强，企业经营状况越好；Q 为实际产量；Q_0 为盈亏平衡点产量。企业经营安全状况可对照表 4-6 所提供的经验数据来判断。

表 4-6　经营安全率和经营安全状况表

经营安全率 Φ	＞30%	25%～30%	15%～25%	10%～15%	＜10%
经营安全状况	安全	较安全	不太好	要警惕	危险

经营安全率是反映企业经营安全状况的指标，增加现实产量 Q 或者降低盈亏平衡点的产量 Q_0 都可以提高企业经营安全率。

（二）风险型决策

若一个决策方案对应两个或两个以上互相排斥的可能状态，每种状态都以一定的可能性出现，并对应特定的结果，那么对这种已知方案的决策就是风险型决策。数学上用概率量化某一随机事件发生的可能性，即决策方案对应的某种状态的可能性大小可用概率来描述。

风险型决策的标准是期望值。期望值实际上是各种状态下加权性质的平均值。当决策指标为收益时，应取期望值最大的方案；当决策指标为成本时，应取期望值最小的方案。一个方案的期望值是该方案各种可能状态下的损益值与其对应概率的乘积之和。期望值决策可用表格表示，也可用树状图表示，后者称为决策树。下面主要介绍决策树在风险型决策中的应用。

决策树由决策结点、方案分枝、状态结点和概率分枝四个要素组成。它以决策结点为起点，引出若干方案分枝；每个方案分枝的末端是一个状态结点，状态结点后引出若干概率分枝，每一概率分枝代表一种状态。这样从左向右展开形成树状的决策树，如图4-4所示。

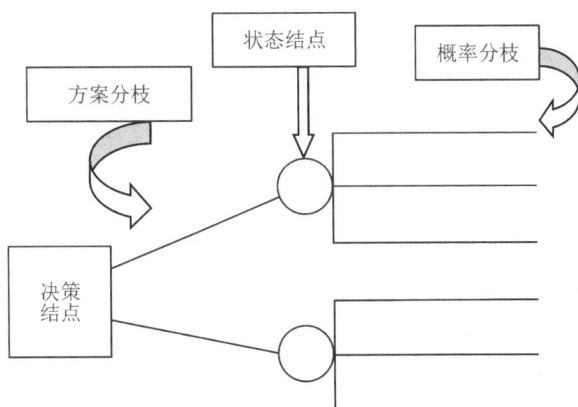

图4-4 决策树

决策树法的决策程序如下：

（1）绘制树形图。图形自左而右层层展开，根据已知条件排列出各方案和每个方案的各种自然状态。

（2）标注各自然状态的概率和损益值。

（3）计算各方案的期望值，并将其标于各方案对应的状态结点上。

（4）剪枝。比较各方案的损益值，将期望值小的（劣等方案）剪掉，用\\标于方案分枝上。

（5）剪枝后所剩的方案即为最佳方案。

例如，某企业在下年度有甲、乙两种产品方案可供选择，其初始投资额分别为10万元和20万元。每种方案都面临滞销、一般和畅销三种市场状况，各种自然状态的概率和损益值如表4-7所示。

表4-7 各方案损益值表 单位：万元

概率 损益值 市场状况 方案	滞销	一般	畅销
	0.2	0.5	0.3
甲	10	20	80
乙	0	40	100

根据所给条件绘制决策树，并将表4-7中的数据填入决策树中，如图4-5所示。

甲方案的期望利润

$$(10×0.2+20×0.5+80×0.3)-10=26\ 万元$$

乙方案的期望利润

$$(0×0.2+40×0.5+100×0.3)-20=30\ 万元$$

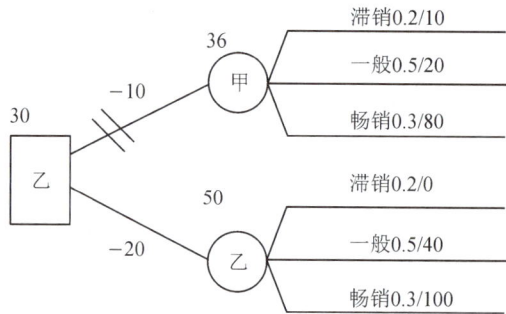

图 4 - 5   甲、乙两种产品方案的决策树

综上，应该剪掉甲方案，选择预期利润更高的乙方案。

(三)不确定型决策

在风险型决策中，决策者因为知道事物发生的客观概率，因而可以通过计算期望值而对方案进行取舍。但现实生活中往往很难知道某种状态发生的客观概率，当然也就无法根据期望值标准进行选择。这种既不属于确定性情况也无法估计概率的情况，被称为不确定性状态，此时的决策主要受决策者主观心理的影响。根据决策者主观心理倾向的不同，有乐观法、悲观法、折中系数法、最小后悔值法以及莱普勒斯法，下面结合案例逐一介绍。

例如，市场上有两家互相竞争的企业，分别是英美公司和友邦公司。现英美公司为推广一种新的产品制订了四种可行的方案，而它的竞争对手友邦公司为了推销相类似的产品也制订了三种策略。在这种情况下，假设英美公司没有经验能够确定每种方案成功的概率，于是，英美公司列出了一个友邦公司各种可能应对下的收益矩阵表(见表4-8)。

表 4 - 8   收益矩阵表   单位：百万元

英美公司的战略方案	友邦公司的应对策略		
	E_1	E_2	E_3
S_1	18	14	28
S_2	24	21	15
S_3	9	15	18
S_4	13	14	11

收益矩阵表中的每一数据代表在相应策略组合下英美公司的收益。例如，表中的数据"18"表明，当英美公司采用战略方案 S_1，而友邦恰好采用应对策略 E_1 时，英美公司可以获得1800万元的收益。

1. 乐观法

乐观法又称大中取大法。如果决策者基于良好的预期，认为每一种方案都会出现最好的、最有利的自然状态，那么决策就是选择各方案的最大收益值中的最大者所对应的方案，即大中取大。

上例中，如果英美公司的决策者是一位乐观主义者，那么他将选择的方案是 S_1。因为四种方案所对应的最大收益值分别是28、24、18和14，其中最大者是28，它所对应的方案

是 S_1。

2. 悲观法

悲观法又称小中取大法。这是基于决策者不良的、悲观的预期，认为每一种方案都会面临最坏的结果，决策者要做的就是在这些糟糕的结果中选择一个较好的方案。

上例中，如果英美公司的决策者是一位悲观主义者，他认为每一种方案都会面临最坏的结果，那么他将选择的方案是 S_2。因为四种方案中所对应的最小收益值分别为 14、15、9 和 11；在最坏的结果中选择收益值最大的一个 15，它所对应的方案是 S_2。

3. 折中系数法

乐观法和悲观法是以各方案不同自然状态下的最大或最小极端值为标准的，但大多数决策者既不是完全乐观也不是完全悲观的，而是介于二者之间进行选择，这就是折中系数法。其具体步骤如下：

（1）找出各方案所有状态中的最大值和最小值。

（2）决策者根据自己的风险偏好，给定乐观系数 λ，则相应的悲观系数为 $1-\lambda$。λ 的大小表明决策者对最大值出现可能性大小的主观判断，λ 值越大，表明决策者认为最大值出现的可能性越大；反之，认为最大值出现的可能性越小。λ 值可以取 0 和 1 之间的任一数字。

（3）用给定的折中系数和对应的各方案的最大值和最小值计算各方案的加权平均值。

（4）取最大的加权平均收益值所对应的方案为所选方案。

上例中，假设英美公司的决策者给出的乐观系数 $\lambda=0.6$，则悲观系数为 $1-0.6=0.4$，各方案加权平均收益值的计算如表 4-9 所示。

表 4-9 加权平均收益值比较表　　　　　　　单位：百万元

战略方案	最大收益值	最小收益值	加权平均收益值
	①	②	③＝①×λ＋②×$(1-\lambda)$
S_1	28	14	22.4
S_2	24	15	20.4
S_3	18	9	14.4
S_4	14	11	12.8

根据表 4-9，加权平均收益值最大的是 22.4，其对应的方案是 S_1，所以英美公司采用折中系数法决策时，应该选择方案 S_1。

4. 最小后悔值法

决策者在选择某一方案后，该方案不一定能够产生最大的收益，也就是说，相对于可能获得的最大收益而言，存在着机会损失，即决策者会后悔。可以用应对竞争对手每一种行动的四种战略方案的最大可能收益，减去相应的可能收益所得的值来衡量后悔程度。上例中，对英美公司的决策者而言，与友邦公司应对策略 E_1、E_2 和 E_3 相对应的最大收益分别为 2400 万元、2100 万元和 2800 万元（即表 4-8 中每一列的最大值），用这几个值减去表

4-8中相应列的各个收益值，即得出英美公司的后悔值矩阵(见表4-10)。

表 4-10　后悔值矩阵　　　　　　　　单位：百万元

英美公司的战略方案	友邦的应对策略		
	E_1	E_2	E_3
S_1	6	7	0
S_2	0	0	13
S_3	15	6	10
S_4	11	7	17

由表4-10可知，英美公司选择各方案的最大后悔值分别是 $S_1=7$，$S_2=13$，$S_3=15$，$S_4=17$。由于最小后悔值法是极小极大选择，也就是最小化最大遗憾(后悔值)，所以英美公司应该选择方案 S_1。作出此选择后，英美公司无须担心机会损失会大于700万元，因为相比之下，如果英美公司选择了 S_4，而友邦公司采取应对策略 E_3，那么英美公司将少获得1700万元的收益。

5. 莱普勒斯法

莱普勒斯法又称等概率法，当无法确定某种自然状态发生的概率大小及其顺序时，可以假定每一种自然状态具有相等的概率，并依此计算各方案的期望值，进行方案选择，这就是莱普勒斯法。它的实质就是简单的算术平均。

上例中，英美公司的每种方案都有三种不同的自然状态(即友邦公司的三种应对策略)，因此每种状态的概率为1/3，各方案的收益平均值为

S_1：$18\times1/3+14\times1/3+28\times1/3=60/3$

S_2：$24\times1/3+21\times1/3+15\times1/3=60/3$

S_3：$9\times1/3+15\times1/3+18\times1/3=42/3$

S_4：$13\times1/3+14\times1/3+11\times1/3=38/3$

由此可知，各方案中收益值最大的是 $S_1=S_2=60/3$，所以英美公司用莱普勒斯法进行决策时，可以选择方案 S_1 和 S_2 中的任意一个，即 S_1 和 S_2 等效。

练习与实训

	1	2	3	4	5	6	7	8	9	10
一、单选题										
二、多选题										
三、判断题										

客观题

四、思考题

1. 若某企业生产某产品的固定成本是 20 万元，产品的市场价格是 40 元/件，单位可变成本是 20 元/件，预计本年度企业可以获得 5 万件的订单。问：该企业会盈利还是亏损？具体数额是多少？

2. 某企业决定扩大生产能力以满足市场需求的增加，现有甲、乙两种方案选择。甲方案是投资 1000 万新建一家工厂，乙方案是投资 200 万对现有的生产线进行改造，两个方案的使用寿命均为 10 年。每一方案都面临三种自然状态，即销路好、销路一般和销路差，预计甲方案在三种不同的自然状态下可获得的收益分别为 120 万元/年、80 万元/年和亏损 20 万元/年；乙方案的收益则分别为 80 万元/年、40 万元/年和 10 万元/年。每种自然状态出现的概率分别为 0.3、0.5 和 0.2，用决策树法帮助企业在两个方案中作出选择。

五、分析题

刘经理的决策

刘经理是某制药厂的厂长，8 年的创业历程真可谓是艰苦奋斗、勇于探索的过程。全厂上下齐心合力、共献计策，为制药厂的发展立下了不可磨灭的汗马功劳。但最令全厂上下佩服的还数几年前刘经理决定购买二手设备的举措，制药厂也因此挤入国内同行业强手之林，令同类企业刮目相看。今天，刘经理又通知各部门主管及负责人早上 8 点在厂部会议室开会。部门领导们都清楚地记得，几年前在同一时间、同一地点召开过会议。在他们看来，今天又会有一项新举措即将出台。

8 点会议准时召开，刘经理庄重地讲道："我有一个新的想法，我将大家召集到这里是想听听大家的意见或看法。我们厂比起几年前已经发展了很多，可是，与国外同类行业的生产技术、生产设备相比，我们还差得很远。我们不能满足于现状，应该力争世界一流水平。当然，我们的技术、人员等诸多条件还差得很远，但是我想为了达到这一目标，必须从硬件条件入手，即引进世界一流的先进设备，这样一来，就会带动我们的人员、技术等一起前进。我认为这也并非不可能，几年前我们不就是这样做的吗？现在厂的规模扩大了，厂内外事务也相应地增多了，大家都是各部门的领导及主要负责人，我想听听大家的意见，然后再作决定。"

会场一片肃静，大家都清楚地记得，几年前刘经理宣布他引进二手设备的决定时，有近七成人员反对，即使后来刘经理谈了他近三个月对市场、政策、全厂技术人员、工厂资金等等厂内外环境的一系列调查研究结果，仍有半数以上人持反对意见，10% 的人持保留态度。因为当时很多厂家引进设备后，由于不配套和技术难以达到等因素，均使高价引进设备成了一堆闲置的废铁。但是刘经理在这种情况下仍采取了引进二手设备的做法。事实表明这一举措使制药厂摆脱了企业由于当时设备落后、资金短缺所陷入的困境。因此，制药厂也由此走上了发展的道路。

刘经理见大家心有余悸的样子，便说道："大家不必顾虑，今天这一项决定完全由大家决定，我想这也是民主决策的体现，如果大部分人同意，我们就宣布实施这一决定；如果大部分人反对的话，我们就取消这一决定。现在大家举手表决吧。"最终会场上有近70%的人投了赞成票。

问题：

（1）刘经理的两次决策过程合理吗？为什么？

（2）如果你是刘经理，在两次决策过程中应做哪些工作？

（3）影响决策的主要因素是什么？

六、实训题

博弈决策实训

买卖双方签订合同，卖方公司一年给买方公司供货六次，每两个月供货一次，每一次货款两清。如果双方都信守合同，则各自获利30万元；如果双方都违反合同（假货和假钞），则双方都亏损20万元；如果一方信守合同而另一方违反合同；则信守合同方亏损50万元，违反合同方获利50万元。第三轮和第六轮数量加倍，则损益值也加倍。双方同时出牌，做完一笔再做下一笔。

将班级学生分成双数小组，两两小组分别扮演买方和卖方进行博弈；小组中大家集体决策，要考虑整个班级的情况，目标是本小组所作决策的效益最大。（注意：可以随意沟通）

项目五 未雨绸缪、检查纠偏——计划与控制

认知目标

（1）了解计划的含义及作用。
（2）了解计划的性质。
（3）了解计划的类型和内容。
（4）熟悉计划的制订原则。
（5）掌握计划的编制步骤。
（6）掌握控制的过程。

技能目标

（1）能熟练编制计划。
（2）能科学管理时间。
（3）能运用科学的方法进行控制。

素质目标

（1）培养学生探索与创新的精神和意识。
（2）强化价值引领，增强学生的道路自信、理论自信、制度自信、文化自信。
（3）培养学生的职业道德责任感。

动画导入

四只毛毛虫的故事

任务一 认识计划

一、计划的含义与作用

计划，管理学术语，其中，"计"的表意是计算，"划"的表意是分割，"计划"的表意是分

析计算如何达成目标并将目标分解成子目标的过程。

（一）计划的含义

在管理学中，计划具有两重含义。其一是计划工作，是指根据对组织外部环境与内部条件的分析，提出在未来一定时期内要达到的组织目标以及实现目标的方案途径。其二是计划形式，是指用文字和指标等形式所表述的组织以及组织内不同部门和不同成员，在未来一定时期内关于行动方向、内容和方式安排的管理文件。

（二）计划的作用

计划是对未来活动所作的事前预测、安排和应变处理。每一项计划都是针对某一个特定目标的，因此，制订一项计划首先要明确该项计划所针对的目标。明确目标以后，在计划中还必须说明如何做、谁来做、何时做、在何地做、需投入多少资源等基本问题。计划的作用主要体现在以下四个方面。

1）计划是组织生存与发展的纲领

目前，人们正处在政治、经济、技术、社会变革与发展的时代，这既带来了机遇，也带来了风险，特别是在争夺市场、资源、势力范围的竞争中更是如此。如果计划不周，或根本没计划，那就会遭遇严重的后果。

2）计划是组织协调的前提

现代社会各行各业的组织以及其内部的各个组成部分之间，分工越来越精细，过程越来越复杂，关系更趋紧密。要把这些繁杂的有机体科学地组织起来，就必须要有一个严密的计划。

3）计划是指挥实施的准则

计划的实质是确定目标以及规定达到目标的途径和方法。它指导不同空间、不同时间、不同岗位上的人们，围绕一个总目标，秩序井然地去实现各自的分目标。

4）计划是控制活动的依据

计划不仅是组织、指挥、协调的前提和准则，而且与管理控制活动紧密相连。计划为各种复杂的管理活动确定了数据、尺度和标准，它不仅能够为控制指明方向，而且还为控制活动提供了依据。

二、计划的性质

与其他管理职能相比，计划的根本目的在于保证管理目标的实现。从事计划工作并使之有效地发挥作用，就必须把握计划的性质（如图 5-1 所示）。

1. 首位性

计划是进行其他管理职能的基础或前提条件，所以计划具备首位性。常言道，计划在前，行动在后。组织的管理过程首先应当明确管理目标、筹划实现目标的方式和途径，而这些恰恰是计划工作的任务，因此计划位

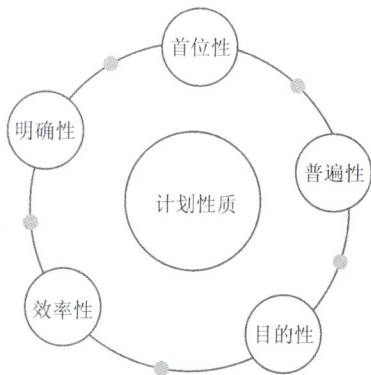

图 5-1　计划的性质

于其他管理职能的首位。例如，在制订控制的标准时，必须以计划为主要依据，因为控制是为了更好地实现计划的目标，所以没有计划就谈不上控制。组织职能、领导职能也都与计划职能相关联。组织结构的设计和组织权责的划分以实现组织目标为目的，由计划制订的组织目标往往会导致组织结构的调整和组织权责的重新划分。各级管理者在行使领导职能时，对员工进行的引导、激励、约束（如进行绩效评价、实施奖惩）也都是为了实现计划制订的组织目标，因此计划具有首位性。

2. 普遍性

普遍性是指在任何组织中，计划是全体管理人员的一项职能。各级管理人员都有制订计划的权利和责任，只是其计划的范围和重点有所不同而已。从组织的最高管理者到组织的基层管理者，都要按照组织总目标的要求，计划自己的活动及要达到的目标。常见的情况是高层管理者制订组织活动和执行战略性的计划，而那些具体计划的制订和执行一般由中层和基层管理者完成。

3. 目的性

孔茨以为，虽然计划不能完全准确地预测未来，但是如果没有计划，组织的工作往往会陷于盲目，或者碰运气。显然，计划具有较强的目的性。各种有组织的活动，如果要使它有意义，就应该具有目的或使命。计划作为组织管理的一项基础活动，主要通过为组织确定目标，将组织的目标层层分解并落实到组织内的各个部门、各个单位，对实施目标进行具体指导与监督，以促使组织目标的实现。

4. 效率性

计划工作不仅要正确地确定组织的目标，而且要保证实现组织目标的途径或方案是有效率的。所谓计划的效率，是指实现目标所获得的利益与执行计划过程中所有消耗的比率，也就是说，它是制订计划与执行计划所有产出与所有投入之比。管理者既要"做正确的事"，又要"正确地做事"，要保证各种资源的配置、使用是正确的和最有效的。如果一个计划能够达到目标，但需要付出的代价太大，那么这个计划的效率就很低，因此它不是一个好的计划。在制订计划时，不但要考虑经济方面的利益和所达到的目标，还要考虑非经济方面的利益和损耗。

5. 明确性

计划包括实施的指令、规则、程序与方法，能直接指引行动。所以，它不仅需要明确地进行定性解释，而且应具有定量的标准和时间的界限。具体地讲，计划应明确表达出组织的目标与任务，实现目标所需用的资源（包括人力、物力、财力和信息等）与所采取行动的程序、方法和手段，以及各级管理人员在执行计划过程中的权力和职责。

三、计划的类型

根据划分标准的不同，计划可以分为如图 5-2 所示的类别。

计划的分类

1. 战略计划和战术计划

根据对企业经营影响范围和影响程度的不同，计划可划分为战略计划

和战术计划。战略计划是关于企业活动总体目标和战略方案的计划。战术计划是有关组织活动具体如何运作的计划。

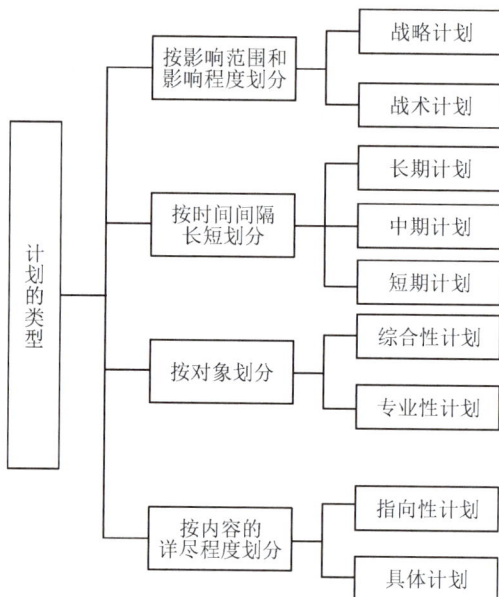

图5-2　计划的类型

战略计划的主要特点是计划所包含的时间跨度长，涉及范围广；计划内容抽象、概括，不要求直接的可操作性；不具有既定的目标框架作为计划的着眼点和依据，因而设立目标本身成为计划工作的一项主要任务；计划方案往往是一次性的，很少能在将来得到再次或重复的使用；计划的前提条件多是不确定的，计划执行结果也往往带有高度的不确定性。战略计划的制订者必须有较高的风险意识，能在不确定的环境中选定企业未来的行动目标和经营方向。

战术计划的主要特点是计划所涉及的时间跨度比较短，覆盖的范围也较窄；计划内容具体、明确，并通常要求具有可操作性；计划的任务主要是规定如何在已知条件下实现根据企业总体目标分解并提出的具体行动目标，计划制订的依据比较明确；其风险程度也远低于战略计划。

【学贯二十大】

深刻认识我国发展面临的形势，始终保持战略清醒。正确判断形势，是谋划未来、科学决策的重要前提。新时代新征程，我国发展面临新的战略机遇、新的战略任务、新的战略阶段、新的战略要求、新的战略环境。

（资料来源：《习近平：为实现党的二十大确定的目标任务而团结奋斗》原文节选）

2.长期计划和短期计划

根据跨越的时间间隔，计划可划分为长期计划、中期计划和短期计划。

长期计划描绘了组织在一段较长时期（通常为三年或五年以上）的发展蓝图，它规定在这段较长时间内组织以及组织的各部分从事活动应该达到什么样的状态和目标。

中期计划的期限一般为五年左右，它来自组织的长期计划并按照长期计划的执行情况和预测到的具体条件变化而进行编制。中期计划具有衔接长期计划和短期计划的作用。

短期计划具体规定组织总体和各部分在目前到未来的各个时间间隔相对较短的时段（如一年、半年以至更短的时间），特别是最近的时段内所应该从事的各种活动及从事该种活动所应达到的水平。

长期计划、中期计划和短期计划在时间上的要求是相对的，它们之间是相比较而存在的。其相互关系是：前一计划是后一计划制定的原则和框架，后一计划是前一计划的具体化和实施。

【课堂讨论】

讨论：一项计划宜覆盖多长的时间间隔，应该从哪些方面去考虑？

3. 综合性计划和专业性计划

根据对象计划，可划分为综合性计划和专业性计划。

综合性计划是对业务经营过程各方面所作的全面的规划和安排。专业性计划是对某一专业领域职能工作所作的计划，它通常是对综合性计划某一方面内容的分解和落实，如销售计划、财务计划和人事计划等。

4. 指向性计划和具体计划

根据内容的详尽程度，计划可划分为指向性计划和具体计划。

指导性计划又分为指导性计划与指令性计划。指导性计划是粗线条、有弹性的，具有导向性，一般由高层管理者作出。指令性计划是指具有明确的目标，不存在模棱两可，没有容易引起误解的问题的计划。具体计划是指具有非常明确的目标和措施的计划，有很强的可操作性，一般由基层管理者制订。

某种计划的形式的有效性不会是固定不变的；相对不变的可能只有管理中的"权变"原则。这一原则是指，管理工作包括计划工作在内，都必须随机应变、因地制宜，而不能够僵化、教条。

【素质培养】

有志者立长志

志向，是对生活和工作的一个美好的憧憬，是一个人的奋斗目标。

立长志，是树立长远的人生奋斗目标。这个目标与当前的情况肯定是有一个跨度的，它就如同一个指向性计划。在这个跨度中，人们为了达到既定的目标而积极努力地争取，哪怕在这个过程当中历经坎坷，困难重重，也会义无反顾地努力前行，克服困难和障碍。这期间虽然会付出很多，但只要能距离树立的目标更进一步，人们都应尽全力去做，而这就需要具体计划。树立远大志向的同时，又有阶段性成果，这样会激励人们并增强人们前进的动力，保持一种积极向上，不达目的不罢休的精神。

四、计划的内容

计划工作的任务和内容可以概括为六个方面，即做什么（What to do）、为何做（Why to do）、何地做（Where to do）、何时做（When to do）、谁去做（Who to do）和怎么做（How to do），简称为"5W1H"。这六个方面的具体含义如下：

（1）做什么：明确计划工作的具体任务和要求，明确每一个时期的中心任务和工作重点。例如，企业生产计划的任务主要是确定生产哪些产品，生产多少，合理安排产品投入和产出的数量和进度，在保证按期、按质和按量完成订货合同的前提下，使得生产能力得到尽可能充分的利用。

（2）为何做：明确计划工作的宗旨、目标和战略，并论证其可行性。实践表明，工作人员对组织和企业的宗旨、目标和战略了解得越清楚，认识得越深刻，就越有助于工作人员在计划工作中发挥主动性和创造性。

（3）何地做：规定计划的实施地点或场所，了解计划实施的环境条件和限制，以便合理安排计划实施的空间组织和布局。

（4）何时做：规定计划中各项工作的开始和完成的进度，以便进行有效的控制和对能力及资源进行平衡。

（5）谁去做：计划不仅要明确规定目标、任务、地点和进度，还应规定由哪个部门负责。例如，开发一种新产品，要经过产品设计、样品试制、小批试制和正式投产等几个阶段。在计划中要明确规定每个阶段由哪个部门负主要责任，哪些部门协助，各阶段交接时由哪些部门和哪些人员参加鉴定和审核等。

（6）怎么做：制订实现计划的措施以及相应的政策和规则。例如，对资源进行合理分配和集中使用，对人力、生产能力进行平衡，对各种派生计划进行综合平衡等。

【课堂讨论】

关于打扫图书馆自习室卫生的"5W1H"计划

在图书馆自习室学习的同学往往会带很多吃的、喝的东西，然而在离开后却经常忘记带走产生的垃圾，包括一些草稿用的纸张也任意丢在桌上，给清洁人员带来了很大的麻烦，因此怎样快速合理地打扫好自习室成为一大难题。对此，请按照"5W1H"的思路就图书馆自习室卫生打扫计划进行深入讨论。

五、计划制订的原则

计划是全部管理职能中最基本的职能，计划工作既包括选定组织和部门的目标，又包括确定实现这些目标的途径。美国管理大师彼得·德鲁克认为，并不是有了工作才有目标，而是相反，有了目标才能确定每个人的工作。为使组织中各种活动能够有序地进行，必须严密地统一计划。

1. 目标制订原则

目标是对活动预期结果的主观设想，是在人脑中形成的一种主观意识形态，也是活动的预期目的，为活动指明方向，具有维系组织各方面关系并构成系统组织方向的核心作用。为了更加科学合理、公平公正地进行管理，在制订目标时应该遵循 SMART 原则(见表 5-1)。

表 5-1　SMART 原则

缩　写	原　则	内　　容
S（Specific）	具体性	目标要清晰明确
M（Measurable）	可衡量性	目标应该是量化或者质化的
A（Attainable）	可实现性	目标在付出努力的情况下是可以完成的
R（Relevant）	相关性	此目标实现过程中与其他目标的关联情况
T（Time-bounding）	时限性	目标达成是有时间限制的

1) 具体性

具体性是指目标要清晰明确，不能是笼统的。很多组织不成功的原因之一就是目标设定得模棱两可，或者没有将目标有效地传递给相关成员。比如，加大招聘力度这个目标就很不明确。明确的目标应该是重新修改职位描述，提升招聘效果；扩展论坛和博客渠道，提高简历数量；完善招聘协同机制，确保筛选的简历能够在 2 小时内得到需求方确认；已确认的简历当天完成邀约。

2) 可衡量性

可衡量性是指目标应该是量化或者质化的，应该有一组明确的数据作为衡量是否达成目标的依据。比如，"截至 12 月底，各部门基本完成销售计划"，其中"基本完成"是很难衡量的概念，应当修改为"截至 12 月底，各部门销售计划达成率≥90％"。

3) 可实现性

可实现性是指制订目标要基于现实，在付出努力的情况下是可以达成的，能够被执行人所接受。比如，一个不识字的人想要出版一本书，这是不现实的。所以，目标的制订要基于现实，避免出现不切实际的目标。

4) 相关性

相关性是指目标与其他目标的关联情况。如果制订的目标与企业整体目标完全不相关，或者相关度很低，那么这个目标就没有意义。比如，对于一个库存岗位，掌握软件系统操作对其工作效能提升有直接关系，但如果建议其学习编程，对其工作效能提升就没有多大效果，而且耗时耗力。

5) 时限性

时限性是指目标达成是需要时间的。比如，"我将尽快完成这件事"这个目标没有明确的时间限制，而应该改成"我将在本月月底前完成这件事"，在有了具体的时间限制下，才会有计划、有动力地完成目标。

SMART 原则的应用是有一定难度的，尤其对于软性目标来说，如企业文化、团队建设等。但是坚持实施这一原则，则有利于员工更加明确高效地工作，也可为管理者对员工实施绩效考核提供考核目标和考核标准，从而使考核更加科学化、规范化，保证考核的公正、公开与公平。

【拓展阅读】

哈佛的调查——目标对人生的影响

哈佛大学有一个非常著名的关于目标对人生影响的跟踪调查。调查对象是一群智力、学历和环境等条件都差不多的年轻人。调查发现，25 年后：

3％的人有清晰、长期的目标。他们几乎都不曾更改过自己的人生目标。他们都朝着同一个方向不懈地努力，现在几乎都成了社会各界的顶尖人物。他们中不乏白手创业者、行业领袖和社会精英。

10％的人有清晰、短期的目标。他们大都处于社会的中上层，共同特点是：短期目标不断被达成，生活状态上升，成为各行各业不可或缺的专业人士，如医生、律师、工程师和高级主管等等。

60％的人有模糊的目标。他们几乎都处于社会的中下层，安稳地生活与工作，但都没有什么特别的成绩。

27％的人没有目标。他们几乎都处于社会的最底层，生活过得很不如意，常常失业，靠社会救济，并且常常都在抱怨他人，抱怨社会，抱怨世界。

2. 计划编制原则

1）统筹原则

在编制计划时，一定要全面考虑到规划对象系统中所有的各个构成部分及其相互关系，同时还要考虑到规划对象和相关系统的关系，进行统一筹划。因为计划的目的是通过系统的整体优化来实现目标，而系统整体优化的关键在于系统内部结构的有序和合理，以及规划对象内部关系和外部关系的协调。

2）重点原则

在编制计划时，不仅要全面考虑有关部门的情况，认清其地位和作用，同时也要分清主次轻重，抓住关键和要害环节，着力解决好影响全局的问题。

3）连锁原则

在编制计划时，要注意规划对象系统中内部结构各因素之间，以及本系统与其他相关系统之间的相互作用的因果连锁关系。因为一种因素的变化会影响本系统整体的发展，而且这种连锁反应是复杂的，所以要考虑到各因素之间的相互作用，使计划内容更加符合实际。

4）发展原则

在编制计划时，必须有远见，必须能够预见未来的发展，把未来可能产生的不确定性因素充分考虑在计划当中，在遭遇不确定性因素而致使情况改变时，要有相应的实施计划的方案。任何计划都需要随着内外因素和条件的发展作出必要的调整。

5）控制原则

在编制计划时，应当尽量使编制的计划明确而具体，使管理者对下属的绩效易于考察，从而便于有效地控制。

6）经济原则

任何管理活动都要考虑经济性问题，计划也是如此。计划的编制过程应是最经济的，计划执行的结果应能获得最大的经济和社会效益。

六、计划的编制步骤

任何计划的编制都要遵循一定的程序或步骤。虽然小型计划比较简单，大型计划复杂些，但是计划编制的步骤都是相似的，如图5-3所示。

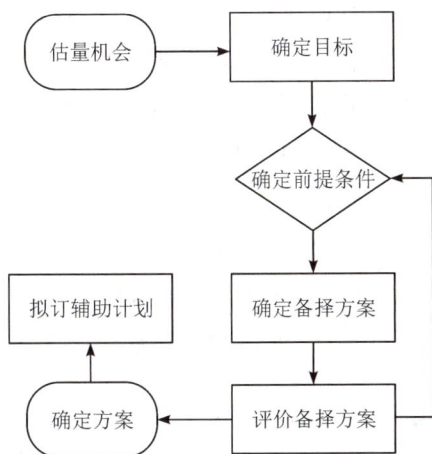

图5-3　计划的编制步骤

1. 估量机会

对机会的估量要在实际的计划工作开始之前做，它是计划工作的真正起点。计划工作需要对机会各个方面的情况作出现实的判断。

2. 确定目标

确定目标是在估量机会的基础上为整个组织及其所属的下级单位确定计划工作的目标。确定目标的过程中，既要说明预期成果，还应指明要做的工作、工作的重点，以及用战略、政策、程序、规则、预算和规划所形成的网络完成的任务。

3. 确定前提条件

计划工作的第三步是确定一些关键性的前提。计划工作的前提条件是计划工作的假设条件，即计划执行时的预期环境。由于计划的未来环境非常复杂，所以要想对它的每一个细节都提出假设是不现实的，也是不经济的。因此，所要确定的计划前提实际上只能限于对计划来说是关键性的、有战略意义的前提，也就是对计划的贯彻实施影响最大的前提。

4. 确定备择方案

计划工作的第四步是探索和考察可供选择的行动方案，对于那些不是一眼就能看清的行动方案要给予特别的注意。制订一个计划而没有几个合适的方案的情况是少有的。也常有这样的情况，即一个不太显眼的方案，结果却是最好的。

5．评价备择方案

在找出各种备择方案并考察它们各自的优缺点后，应按前提和目标来权衡各种因素，并以此对各个备择方案进行评价。计划工作的特点是充满不确定性，而在大多数情况下，可供选择的方案很多，同时又有大量的可变因素和限定条件，所以评价备择方案的工作可能是非常复杂的。为此，有必要将现代计算科学和计算技术的各种成果与计划人员在工作中积累的经验和直观判断能力结合起来。

6．确定方案

确定方案是作出决策的实质性一步。首先应核算方案预算。组织的综合预算表明其收入、支出和盈余的预算总额。其所属的每一个部门或所制订的每一个方案都有各自的预算，这些预算又汇总为综合预算。在选择最佳方案时应考虑这样两个方面：一是应选出可行性、满意性和可能带来的结果三者结合得最好的方案；二是从方案的投入产出比率的角度考虑，应选出投入产出比率尽可能小的方案。此外，管理者在选择方案时，还必须多选出一或两个方案，甚至若干个方案，作为备用。

7．拟订辅助计划

在作出决策之后，计划工作还没有完成，一般总是要有辅助计划来扶持这个基本的计划。如在工业企业中，除了制订产销计划，还必须制订工艺装备计划、设备维修计划等。

任务二　计 划 的 编 制

计划工作效率的高低和质量的好坏在很大程度上取决于所采用的计划编制方法，这里主要介绍三种常用的方法，即 PDCA 循环法、DOAM 目标分解法和网络计划技术。

一、PDCA 循环法

1．PDCA 循环的含义

PDCA 循环又称戴明环，是管理学中的一个通用模型，最早由沃特·阿曼德·休哈特于 1930 年构想出来，后来被美国质量管理专家爱德华兹·戴明博士在 1950 年再度挖掘出来，并加以广泛宣传和运用于持续改善产品质量的过程中，它是全面质量管理所应遵循的科学程序。全面质量管理活动的全部过程，是质量计划的制订和组织实现的过程，这个过程就是按照 PDCA 循环周而复始地运转的。PDCA 循环是能使任何一项活动有效进行的一种合乎逻辑的工作程序，特别是在质量管理中得到了广泛的应用。P、D、C、A 四个英文字母所代表的意义如下：

（1）P（Plan）：计划，包括方针和目标的确定以及活动计划的制订。

（2）D(Do)：执行，按照计划去做，实现计划中的内容。

（3）C(Check)：检查，总结计划执行的结果，明确效果，找出问题。

（4）A(Action)：行动（或处理），对所总结的检查结果进行处理，对成功的经验加以肯定，并予以标准化，或制作成作业指导书，便于以后工作时遵循；对于失败的教训也要总结，以免重现。对于没有解决的问题，将其转入下一个 PDCA 循环中解决，如图 5-4 所示。

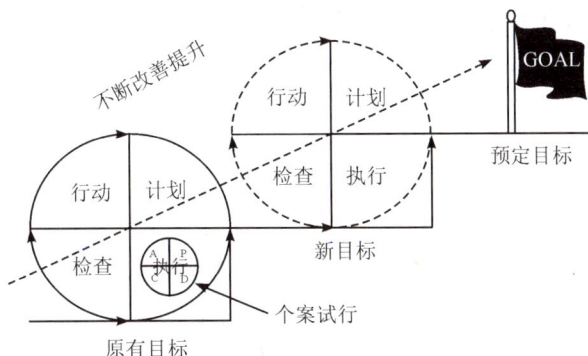

图 5-4　PDCA 循环

2. PDCA 循环的实施步骤

PDCA 循环的实施步骤是 P、D、C、A 四个阶段的具体化，共分为八步，如图 5-5 所示。

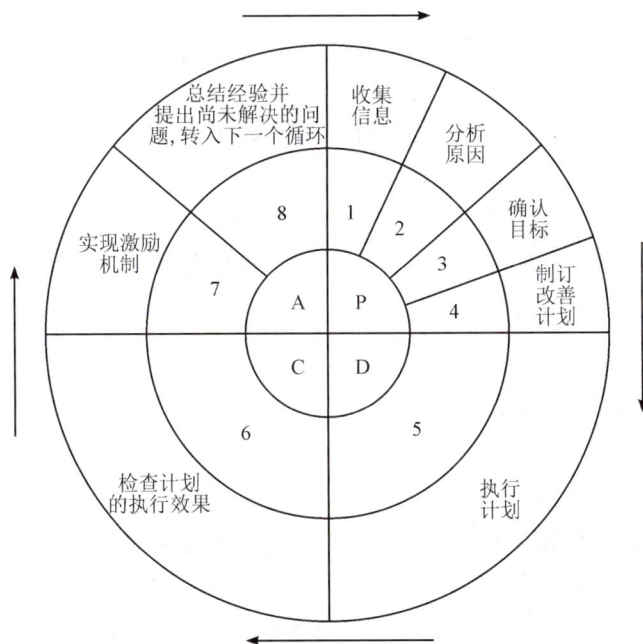

图 5-5　PDCA 循环的实施步骤

1）计划（P）阶段

计划是第一阶段。计划即确定方针、目标，以及实现该方针和目标的行动方案和措施。计划阶段包括以下四个步骤：第一步，收集信息，找出存在的问题；第二步，分析原因，针对找出的问题,分析问题产生的原因和影响因素;第三步,确认目标,找出主要的影响因素;第四步,制订改善计划,提出行动计划,并预计效果。在这一阶段,需要反复考虑并明确回答以下问题:

(1) 为什么要制订这些措施(Why)?

(2) 制订这些措施要达到什么目的(What)?

(3) 这些措施在何处即在哪个工序、哪个环节或哪个部门执行(Where)?

(4) 什么时候执行(When)?

(5) 由谁负责执行(Who)?

(6) 用什么方法完成(How)?

(7) 预算是多少(How Much)?

以上七个问题,归纳起来就是原因、目的、地点、时间、执行人、方法和预算,亦称5W2H 七项分析法。使用该分析法可以制订出较为完善的行动计划方案。

2) 实施(D)阶段

该阶段只有一个步骤,即第五步,执行计划。

3) 检查(C)阶段

该阶段也只包括一个步骤,即第六步,检查计划的执行效果。通过做好自检、互检、工序交接检、专职检查等工作,将执行结果与预定目标进行对比,认真检查计划的执行结果。

4) 处理(A)阶段

该阶段包括两个具体步骤,即第七步,实现激励机制,对检查出来的各种问题进行处理,将正确的经验加以肯定,总结成文,制订标准;第八步,总结经验并提出尚未解决的问题。通过检查,对效果还不显著或者效果还不符合要求的一些措施,以及没有得到解决的问题,不回避,本着实事求是的精神,把其列为遗留问题,转入下一个循环中。

处理阶段是 PDCA 循环的关键。处理阶段是解决存在问题、总结经验和吸取教训的阶段。该阶段的重点在于修订标准,包括技术标准和管理制度。若没有标准化和制度化的计划,PDCA 循环就不可能向前进行。

3. PDCA 循环的特点

PDCA 循环可以使管理者的思想方法和工作步骤更加条理化、系统化、图像化和科学化。它具有如下特点。

1) 大环套小环,小环保大环

PDCA 循环作为质量管理的基本方法,不仅适用于整个工程项目,也适用于整个企业和企业内的科室、工段、班组以至个人。根据企业的方针目标,各级部门都有自己的 PDCA 循环,层层循环,形成大环套小环,小环里面又套更小的环。大环是小环的母体和依据,小环是大环的分解和保证。各级部门的小环都围绕着企业的总目标而朝着同一方向转动。通过PDCA 循环,企业能够将上下或工程项目的各项工作有机地联系起来,彼此协同,互相促进。

2) 持续性提升

PDCA 循环就像爬楼梯一样,一个循环结束,生产的质量就会提高一步,然后进行下一个循环,再运转、再提高,不断前进、提高。

3）形象化

PDCA 循环是一个科学管理方法的形象化表述。全面质量管理活动的运转，离不开PDCA 循环的进行。改进与解决质量问题，整改和提高各项管理工作水平，都应运用PDCA循环这一科学程序。企业不论是计划提高产品质量，还是减少不合格品，都要先提出目标，如质量提高到什么程度，实现怎样的业绩等，还包括实现这个目标需要采取的措施；在计划制订之后，按照计划进行检查，评估是否实现了预期效果，有没有达到预期的目标，若未实现目标，则通过检查找出问题和原因；然后进行处理，将经验和教训制定成标准并形成制度。

【素质培养】

打造工匠精神

工匠精神是一种职业精神，它是职业道德、职业能力、职业品质的体现，是从业者的一种职业价值取向和行为表现。"工匠精神"的基本内涵包括敬业、精益、专注、创新等方面的内容，每一个人在工作中都应该修炼出工匠精神，追求卓越。在修炼工匠精神的路上，可以通过输出倒逼输入的学习模式，以 PDCA 循环的方式来不断练习，以求精进。

二、DOAM 目标分解法

计划编制成功的关键要素是目标的制订，管理大师彼得·德鲁克于 1954 年在其名著《管理的实践》中最先提出了"目标管理"的概念，其后又提出了"目标管理和自我控制"的主张。德鲁克认为，并不是有了工作才有目标，而是相反，有了目标才能确定每个人的工作，所以企业的使命和任务必须转化为目标。如果一个领域没有目标，这个领域的工作必然被忽视，因此管理者应该通过目标对下级进行管理。当组织最高层管理者确定了组织目标后，必须对该目标进行有效分解，将其转变成各个部门以及各个人的分目标；管理者可根据分目标的完成情况对下级进行考核、评价和奖惩。

1. DOAM 目标分解法的具体实施步骤

DOAM 目标分解法的具体实施步骤包括明确行动方向、对应目标、制订行动计划、制订衡量标准四个步骤，如图 5-6 所示。

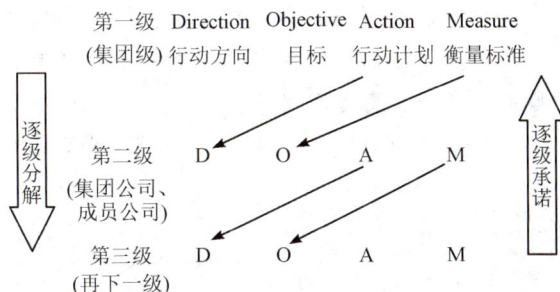

图 5-6　DOAM 目标分解法

（1）明确行动方向（Direction）。清晰刻画战略意图或战略任务；上一级的行动计划是下一级的行动方向。

（2）对应目标（Objective）。下一级的对应目标是上一级考核周期期望成功状态的表述；上一级对应行动计划的衡量标准就是下一级的目标。

（3）制订行动计划（Action）。对实现目标的行动进行分解，要具体；各行动计划之间不重叠、不交叉；行动计划有所侧重，有所忽略；明确责任部门与负责人员。

（4）制订衡量标准（Measure）。针对每项行动的具体衡量标准，必须可量化、可考核。

2. DOAM 目标分解法的基本思想

1）上级任务标准转化为下级目标

各级管理者必须明确上级任务标准，将其作为目标，对下级进行领导并以此来保证组织总目标的实现。

2）目标管理是一种程序

目标管理是一种程序或过程，通过该过程，组织中的上级和下级一起协商，根据组织的使命确定一定时期内组织的总目标，并决定上、下级的责任和分目标，把这些目标作为组织经营、评估和奖励每个单位和个人贡献的标准。

3）目标即要求

每位员工的分目标就是组织总目标对他的要求，同时也是这位员工对组织总目标的贡献。

4）员工靠目标来自我管理

每位员工应以所要达到的目标为依据，进行自我管理、自我控制，而不是由员工的上级来指挥和控制。

5）目标是考核依据

各级管理者依据各项分目标对下级进行考核和奖惩。例如，部门业务目标是部门长期发展的规划；绩效考核目标应能反映员工对部门业务目标的贡献，还应考虑员工个人的发展需要。

【学贯二十大】

在全面建成小康社会、实现第一个百年奋斗目标的基础上，党的二十大报告对全面建成社会主义现代化强国两步走战略安排进行宏观展望，细化了实现第二个百年奋斗目标的步骤和路径。回顾我国现代化建设的历程，我们党坚持一张蓝图绘到底，对建设社会主义现代化国家战略目标，在认识上不断深化，在内涵上不断丰富拓展，在战略安排上层层递进，推动现代化建设的蓝图一步一步变为现实。

（资料来源：《黄守宏：全面建成社会主义现代化强国的战略安排和目标任务》人民日报节选）

三、网络计划技术

1. 网络计划技术的概念

网络计划技术是用于工程项目的计划与控制的一项管理技术。其基本原理是应用网络图描述一项计划中各个工作（任务、活动、过程和工序）的先后顺序和相互关系，估计每个工作的持续时间和资源需要量，通过计算找出计划中的关键工作和关键线路，再通过不断改变各项工作所依据的数据和参数，选择出最合理的方案并付诸实施，然后在计划执行过程中进行有效的监督和控制，保证最合理地使用人力、物力、财力和时间，顺利完成规定的任务。这种技术在工业、农业、国防、科学研究和管理中都得到了应用，在土木建筑工程中，该技术主要用于编制工程项目的进度计划，提出相应的各项资源使用计划并有效地组织、监督和指导施工。

2. 网络计划技术的应用步骤

网络计划技术的应用主要有以下几个步骤。

1）确定目标

确定目标是指决定将网络计划技术应用于哪一个工程项目，并提出对此工程项目和有关技术经济指标的具体要求，如在工期、成本费用等方面要达到什么要求。依据企业现有的管理基础，掌握各方面的信息和情况，利用网络计划技术为实现工程项目寻求最合适的方案。

2）分解工程项目，列出作业时间明细表

一个工程项目是由许多项作业组成的，在绘制网络图前，要将工程项目分解成各项作业。作业划分的粗细程度视工程内容以及不同单位的要求而定。通常情况下，作业所包含的内容多，则范围可大一些；反之，则小一些。作业分得细，网络图的结点和箭头线就多。对于上级领导机关，网络图可绘制得粗略些，主要是通观全局、分析矛盾、掌握关键、协调工作、进行决策；对于基层单位，网络图就可绘制得细致些，以便具体组织和指导工作。

在将工程项目分解成作业的基础上，还要进行作业分析，以便明确先行作业（紧前作业）、平行作业和后续作业（紧后作业），即在该作业开始前，哪些作业必须先期完成，哪些作业可以同时平行地进行，哪些作业必须后期完成；或者在该作业进行的过程中，哪些作业可以与之交叉进行。在划分作业项目后，便可计算和确定作业时间。一般采用单点估计法或三点估计法，然后一并填入作业时间明细表中。某印刷品印装作业时间明细表如表5-2所示。

表5-2 某印刷品印装作业时间明细表

作业名称	作业代号	作业时间/h	紧后作业
A	正文印刷	4	C
B	封面、插图印刷	5	D、E
C	折页、压页	5	F、H
D	封面、插图干燥、裁切	8	F、H
E	制精装封面	5	I
F	套贴	5	G
G	配、订、包、切	5	
H	精装书芯加工	7	I
I	上精装封面、压书	4	

3）绘制网络图，进行结点编号

根据作业时间明细表，可绘制网络图。网络图的绘制方法有顺推法和逆推法。顺推法即从始点事项开始，根据每项作业的紧后作业，按顺序依次绘出各项作业的箭头线，直至终点事项为止；逆推法即从终点事项开始，根据每项作业的紧前作业，逐一绘出各项作业的箭头线，直至始点事项为止。同一项任务，用上述两种方法画出的网络图是相同的。如机器制造企业，采用逆推法较方便；而建筑安装等企业，则大多采用顺推法。按照各项作业之间的关系绘制网络图后，要进行结点编号。

网络图的绘制规则有以下五点。

（1）有向性：各项工序都用箭头线表示，且箭头线方向要从左向右。

（2）无回路：箭头线不能从一个事项出发，又回到原来的事项上，即不能出现循环回路。

（3）二点一线：两个结点之间，只允许画一条箭头线，当出现平行工序或交叉工序时，应引入虚工序来表示前后逻辑关系。

（4）源汇各一：网络图中只有一个始点事项，一个终点事项。

（5）事项编号从小到大，从左到右，不能重复：保证箭尾事项号小于箭头事项号。

对表 5 - 2 所示的某印刷品印装计划项目绘制网络图，得到如图 5 - 7 所示的网络图。

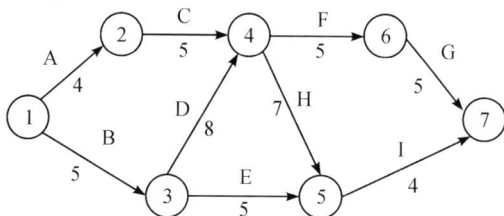

图 5 - 7　某印刷品印装计划项目网络图

该网络图结构说明如下。

（1）"→"：工序，是完成一项工作的过程，投入一定的人力、物力，经过一段时间才能完成。图中箭头线下的数字便是完成该项工作所需的时间。

（2）"①"：事项，是两个工序间的连接点。事项既不消耗资源，也不占用时间，只表示前道工序结束、后道工序开始的瞬间。一个网络图只有一个始点事项，一个终点事项。

（3）路线：网络图中从始点事项出发，沿着箭头线方向前进，连续不断地到达终点事项为止的一条通道。一个网络图中往往存在多条路线，比较各路线的路长，可以找出一条或几条最长的路线，这种路线被称为关键路线。

4）计算网络时间，确定关键路线

根据网络图和各项活动的作业时间，可以计算出全部网络时间和时差，并确定关键路线。关键路线上的工序被称为关键工序。关键路线的路长决定了整个计划任务所需的时间。关键路线上各工序完工时间提前或推迟都直接影响着整个活动能否按时完工。确定关键路线，据此合理地安排各种资源，对各工序活动进行进度控制，是利用网络计划技术的主要目的。

计算网络时间并不太难，但比较烦琐。在实际工作中，影响计划的因素很多，要耗费很多的人力和时间。因此，只有运用计算机才能对计划进行局部或全部调整，这也为推广应用网络计划技术提出了新内容和新要求。

5）进行网络计划方案的优化

找出关键路线，也就能够初步确定完成整个计划任务所需要的工期。工期是否符合合同或计划规定的时间要求，是否与计划期的劳动力、物资供应、成本费用等计划指标相适应，需要进一步综合平衡，通过优化择取最优方案，然后正式绘制网络图，编制各种进度表及工程预算等各种计划文件。

6）网络计划的贯彻执行

编制网络计划仅仅是计划工作的开始。计划工作不仅要正确地编制计划，更重要的是组织计划的实施。可以利用计算机对网络计划的执行进行监督、控制和调整，只要将网络计划及执行情况输入计算机，它就能自动运算、调整并输出结果。

3．网络计划技术的优点

网络计划技术虽然需要大量而烦琐的计算，但在计算机广泛运用的时代，这些计算大都已程序化。这种技术之所以被广泛地运用是因为它有一系列的优点，具体如下：

（1）该技术能清晰地表明整个工程的各个项目的时间顺序和相互关系，并指出完成任务的关键环节和路线。因此，管理者在制订计划时可以统筹安排，全面考虑，又不失重点。在实施过程中，管理者可以进行重点管理。

（2）可对工程的时间进度与资源利用实施优化。在计划实施过程中，管理者能够调动非关键路线上的人力、物力和财力从事关键作业，进行综合平衡，这样既能节省资源，又能加快工程进度。

（3）可事先评价达到目标的可能性。该技术指出了计划实施过程中可能发生的困难点，以及这些困难点对整个任务产生的影响。管理者应事先准备好应急措施，从而降低完不成任务的风险。

（4）便于组织与控制。管理者可以将工程(特别是复杂的大项目)分成许多支持系统分别组织实施与控制，这种既化整为零又聚零为整的管理方法，可以达到局部和整体的协调一致。

（5）易于操作，并具有广泛的应用范围，适用于各行各业以及各种任务。

任务三　时间管理

时间是计划中的关键要素之一，任何一项计划都有时效性。时间管理是指通过事先规划和运用一定的技巧、方法与工具实现对时间灵活以及有效的运用，从而更高效地实现个人或组织的既定目标的过程。通过有效地运用时间，可降低计划的变动性，决定什么事该做，什么事不该做，而且事先的规划还可以作为一种提醒与指引。以下是常用的四种时间管理的方法。

一、GTD 法

时间对于每个人都是公平的，有些人工作效率高。有些人工作效率低。如何才能提高工作效率、提高单位时间的产能是每一个"效率控"最关心的问题，GTD 法则提供了一个完美的解决思路。

1. GTD 的含义

GTD 是 Getting Things Done 的英文缩写，中文意思是"把事情做完"。GTD 法源自 David Allen(戴维·艾伦)的畅销书《搞定》，在时间管理领域拥有极高的影响力，是一整套方法工具的集合，属于时间管理的高级工具。

GTD 法的核心理念首先是把所有要做的事情进行分类，其次是把任务和项目具体化为行动。不管是什么任务项目，人们始终要问的问题是下一个动作是什么？只有这样才能把计划具体化、任务行动化，人们就可以把所有的注意力专注于行动，从而快速完成任务。GTD 流程图如图 5-8 所示。

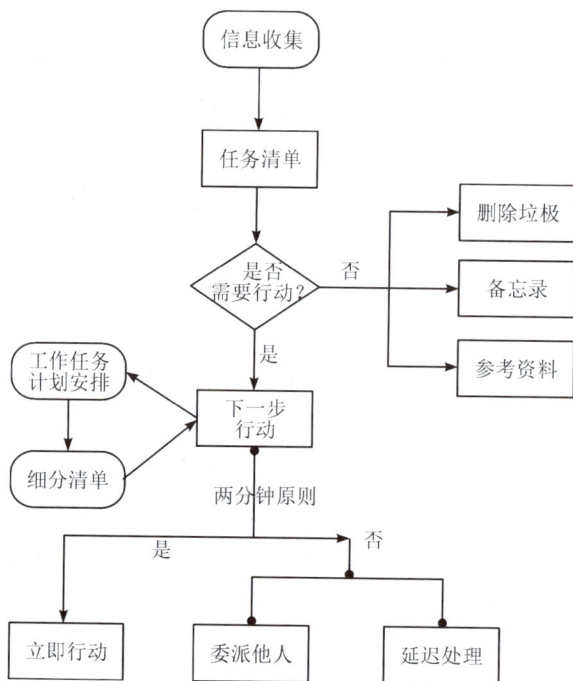

图 5-8　GTD 流程图

2. GTD 法的实施步骤

GTD 时间管理工具可以帮助人们整理工作和生活中的各种任务，通过收集—处理—管理—检查—行动五个阶段，一个总清单、四张分清单和多项原则把各种大小事件整理成一套高效的可执行的行动，这样有利于大大提升工作效率。

1）收集阶段

在收集阶段，将所有的工作量全部列出来，让人们清楚地认识到自身任务负载的情况。任务清单能够帮助人们清空大脑，把所有的注意力专注于当下的事情，从而高效地工作。

此阶段的操作要点如下：

（1）所有信息完全记录。

（2）对信息进行分类。

（3）定期清空。

2）处理阶段

收集完所有的工作任务之后，接下来就要"清空"，"清空"并不是要把事情全部做完，而是确定每一项工作的内容和实质，即给每个任务打上标签，并判断出下一步的具体措施，判断出哪些任务需要马上去做，哪些任务需要延后处理，哪些任务需要委托他人处理。只有对所有的任务打上标签，才能有条不紊地处理。

此阶段的操作要点如下：

（1）从最上面的一项任务开始处理，不回避、不逃避。

（2）一次只处理一项任务。

（3）所有任务不再被放回任务清单。

（4）遵循两分钟原则，即任何事情如果花的时间少于两分钟，那么马上就去做。

3）管理阶段

在处理阶段，对各项任务进行了判断，也就是打了标签，之后就要将各项任务放入不同的清单系统。一般细分有四种清单：愿望清单、等待清单、项目清单和执行清单。在填写执行清单时，要遵循要事第一原则。

（1）愿望清单：想做但不是现在，也未安排何时做，总觉得有朝一日会做的任务。

（2）等待清单：交给别人做的任务，要放到等待清单。

（3）项目清单：项目跨越周期较长的任务放入此类别，如学历提升、英语考级等。

（4）执行清单：需要自己完成的任务放入执行清单。

4）检查阶段

检查阶段非常重要，要经常回过头看看，哪些任务完成了，哪些任务遇到困难了，任务进行到什么程度了，哪些任务需要调整。检查可以优化时间管理系统，进而提升工作效率。

此阶段的操作要点如下。

（1）检查时间：检查一般分为日检查和周检查。每日抽出 10 分钟时间，对一天的工作进行检查和回顾，了解任务的完成情况。

（2）检查内容：检查各清单是否有已完成、作废的条目，若有，立刻删除。检查各清单任务是否需要调整和优化。

5）行动阶段

行动即按照执行清单和日历进行任务的处理，每日按部就班地执行。由于多方面的原因和突发事件，不一定完全按照执行清单的顺序完成，有些事情可能需要先做，有些事情可能需要后做，所以要选择下一步行动计划的关键因素，具体包括：

（1）环境因素。根据所处环境的不同，选择不同的行动。

（2）时间因素。有些项目需要整块的时间去完成，有些行动需要零碎的时间就可以完成。

（3）精力因素。精力充沛的时候可以去做一些复杂性高、难度大的行动。

（4）重要性因素。根据目标的重要性和紧急性，确定事情处理的先后顺序。

二、二八定律

二八定律由 19 世纪意大利经济学家帕累托提出，具体是指约 80％的社会财富集中在 20％的人手里，而 80％的人只拥有 20％的社会财富。这种不平衡性在社会、经济及生活中无处不在，例如 80％的结果（产出、酬劳等）往往源于 20％的原因（投入、努力等）。

将二八定律运用在时间管理上，是指先分清事情的轻重缓急，然后再分配时间，20％的重要、紧急的事情，需要用 80％的时间来完成，80％的不重要、不紧急的事情，用 20％的时间来完成，把精力放在最主要的事情上，这样才能保证工作的高效率。比如作为一名销售人员，客户购买产品后，其重点要做的是确定客户购买产品的型号、数量和单价，其他的工作交给商务、仓库和物流等部门去完成，销售人员只需跟踪订单及货运信息，不需要关注仓库如何挑选货物和分配快递，因为这是仓管的事情。

从另一个角度来说，二八定律还告诉人们 80％的收获来自 20％的时间。那么应该如何从工作时间表里找出那最有价值的 20％的时间，并将它扩大至更大的份额呢？一般按照先找出时间，再找出重要事情的原则进行，二八定律的实施步骤如图 5-9 所示。

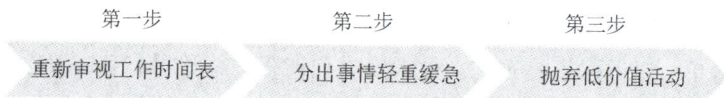

第一步　　　　　　　第二步　　　　　　　第三步

重新审视工作时间表　　分出事情轻重缓急　　抛弃低价值活动

图 5-9　二八定律的实施步骤

在具体的实施过程中，要把握二八定律时间管理的核心理念，即永远先做最重要的事情，同时应准确把握要事第一、关键人物第一、核心环节第一的准则。

【素质培养】

"岁月不居，时节如流。"习近平主席在 2019 年新年贺词的开篇引用了这句古语，在表达时光飞逝的同时，鼓励全国人民以只争朝夕的劲头、坚韧不拔的毅力，继续把中华民族伟大复兴中国梦推向前进。

岁月不居，时节如流，这一客观冷酷的法则谁也无法改变，但人们在冰冷的时间自然法则面前并不是无所作为的。如何作为？毛泽东说要"争"，邓小平说要"抓"，这就是人的积极能动性。列夫·托尔斯泰曾说过："记住吧：只有一个时间是重要的，那就是现在！它所以重要，就是因为它是我们有所作为的时间。"

今日中国，正在走近世界舞台的中心，正在努力实现中华民族伟大复兴的梦想。这就是我们当代人的现在，它包含在一步一步的行程之中。过往的成就是辉煌的、耀眼的，正如习近平主席指出的，那是"撸起袖子干出来的"，甚至是"拼出来的"；"我们都在努力奔跑，我们都是追梦人""世界看到了改革开放的中国加速度"。新时代要我们不断进行自我革命与社会革命，才能即便在"面临百年未有之大变局"的情形下，亦能坚定地完成伟大复兴的使命。

"珍惜时间的秘诀在于，少说空话，多做工作"。若以此态度做事，则功业可就。1919年，毛泽东在《湘江评论》中写道："天下者，我们的天下；国家者，我们的国家；社会者，我们的社会。我们不说，谁说？我们不干，谁干？"百年过后，此话犹惊雷在耳。我们应以主人翁的担当意识与精神，"一起拼搏、一起奋斗""咬定目标使劲干"。

三、时间"四象限"法

每一个人在同一时间内可能会面对好几件事情，应该怎样合理安排时间呢？时间"四象限"法是管理学家科维提出的一个时间管理理论，它把工作按照重要性和紧急性两个不同的维度进行了划分，基本上可以分为四个"象限"：重要且紧急（如客户投诉、即将到期的任务、财务危机等）、重要不紧急（如建立人际关系、人员培训、制订防范措施等）、紧急不重要（如电话铃声、不速之客、部门会议等）、不紧急不重要（如上网、闲谈、写博客等），如图 5-10 所示。

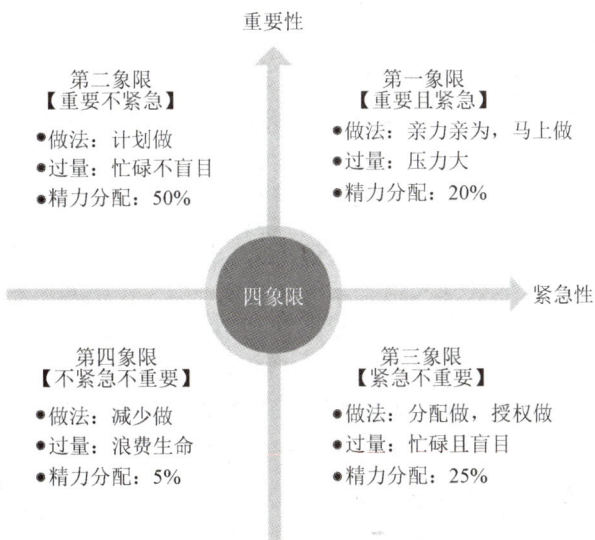

图 5-10　时间"四象限"法

按照时间"四象限"法，工作的处理顺序是先处理重要且紧急的，接着是重要不紧急的，再到紧急不重要的，最后才是不紧急不重要的。时间"四象限"法的关键在于第二和第三类工作，即重要不紧急和紧急不重要的，必须非常小心区分。另外，也要注意划分好第一和第三类工作，即重要且紧急和紧急不重要的，都是紧急的，区别就在于前者能带来价值，实现某种重要目标，而后者不能。

时间"四象限"法的应用原则如下：

（1）第一象限的事情马上做。此类工作具有一定的紧迫性，要求要集中一切力量，解决主要矛盾。

（2）第二象限的事情计划做。此项工作重要不紧急，需要将其放在一定重要的位置，按照时间计划逐项、逐点落实，确保为后续的工作提供充足时间。

（3）第三象限的事情授权做。此项工作不重要但紧急，可以授权他人去做，减少自身压力。

（4）第四象限的事情减少做。此项工作消磨时间且无太大产出，可以在这种状态中适当休息一下，但不能过度沉迷其中。

【课堂讨论】

你将如何安排下周日程？（使用时间"四象限"法）

假如现在是周日的晚上，下面是你下周要做的事情（今晚不安排事项）：

（1）你从昨天早晨开始牙疼，想去看医生。

（2）下星期六是一个好朋友的生日，但你还没有买生日礼物和生日卡。

（3）你有好几个月没有回家，也没有给家人打电话或发微信。

（4）有一份夜间兼职不错，但你必须在周二或周三晚上去面试（19:00以前），估计需1个小时。

（5）明天晚上有一个1小时长的电视节目，与你的工作有密切关系。

（6）明晚有一场演唱会。

（7）你在图书馆借的书明天到期。

（8）一位外地朋友邀请你下周末去他那儿玩，你需要整理行李。

（9）你要在周五提交计划书前把它复印一份。

（10）明天下午2:00—4:00有一个会议。

（11）你的上级留下一张便条，要你尽快与他见面。

（12）你有一大堆脏衣服没有洗。

（13）你负责的项目小组将在明天下午6:00开会，预计需1个小时。

（14）大家明晚聚餐。

（15）你错过了这周五的例会，要在下周五前复印一份会议记录。

（16）这个星期有些材料没有整理完，要在下周三前整理好，约需2个小时。

（17）收到一个朋友下个月结婚的请柬一个星期了，没有回微信，也没有打电话送上祝福。

（18）下下周一早晨要出一份简报，预计要花费15个小时准备而且只能用业余时间。

（19）你邀请朋友后天晚上来你家用餐，但家里什么吃的也没有。

（20）下周二你要参加一个业务考试。

讨论：

（1）对上述事件按照重要紧急程度进行分类。

（2）请为你未来一周的工作制作一个计划表。A代表重要且紧急；B代表重要不紧急；C代表紧急不重要；D代表不重要不紧急。

时　间		A	B	C	D
周一	上午				
	下午				
	晚上				
周二	上午				
	下午				
	晚上				
周三	上午				
	下午				
	晚上				
周四	上午				
	下午				
	晚上				
周五	上午				
	下午				
	晚上				
周六	上午				
	下午				
周日	上午				
	下午				

（3）为了更好地进行时间管理，你可能会提前做些什么？

四、番茄工作法

1. 番茄工作法的由来

意大利人弗朗西斯科于 1992 年创立了番茄工作法。为了解决自己的拖延症，他找来形状像番茄的厨房定时器，用来督促自己专心学习。后来，他把这个方法加以改进，形成了番茄工作法。

番茄工作法是一种简单易行的时间管理方法，即选择一个待完成的任务，将番茄钟设为 25 min，专注于工作，中途不允许做任何与该任务无关的事，直到番茄钟响起，然后进行短暂休息，再开始下一个番茄钟。结束一天的工作后，根据记录对当日的工作学习情况进行回顾，同时对第二天的时间进行规划。番茄工作法的使用能够极大地提高工作的效率，还会有意想不到的成就感。

2. 番茄工作法遵循的原则

番茄工作法遵循的原则如下：

（1）一个番茄钟（25 min）不可分割，不存在半个或一个半番茄钟。

（2）一个番茄钟内如果做与任务无关的事情，则该番茄钟作废。

（3）永远不要在非工作时间内使用番茄工作法。

（4）不要拿自己的番茄数据与他人的番茄数据进行比较。

（5）番茄的数量不可能决定任务最终的成败。

（6）必须有一份适合自己的作息时间表。

3. 番茄工作法的流程

番茄工作法流程图如图 5-11 所示。

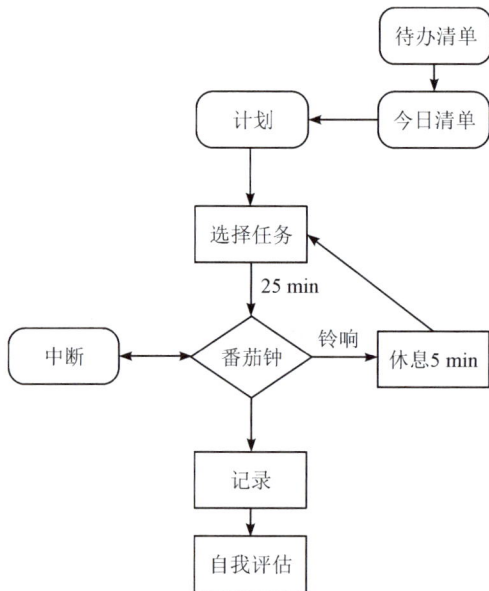

图 5-11　番茄工作法流程图

番茄工作法的流程如下：

（1）每天开始的时候规划今天要完成的任务，将任务逐项写在今日清单里。

（2）设定番茄钟（定时器、软件、闹钟等），时间是 25 min。

（3）开始完成第一项任务，直到番茄钟响铃或提醒。

（4）停止工作，并在列表里该项任务后画个"×"。

（5）休息 3～5 min，可以活动、喝水等等。

（6）开始下一个番茄钟，继续该任务。一直循环下去，直到完成该任务，并在列表里将该任务划掉。

（7）每四个番茄钟后，休息 25 min。

（8）在某个番茄钟的过程里，如果中断，标注计划外事务，重新开始番茄钟。

（9）将实际番茄钟和预估的工作时长进行对比，找出差距的原因，把经验和总结应用到下一次的番茄工作法中，持续改进。

任务四　控　　制

天降大雨，可以灌溉农田、蓄水发电，也可以造成洪涝灾害；一棵果树，可以结出甘甜的果子，也可以结出酸涩的果子；大数据、人工智能，可以造福于人，也可以祸害于人。事物的发展与变化呈现多样性，发展结果可能是人们预先期望的，也可能与预期的目标不相符，甚至是不希望得到的。如果人们想达到某一特定目的，就必须借助适当的手段来实现。

一、控制及其分类

控制是管理的基本职能之一。从企业管理的角度出发，控制是要确保组织的所有活动与组织的目标和战略相一致，从而使管理活动更为有效。

（一）控制的含义

所谓控制，是按照计划标准衡量计划的完成情况和纠正计划执行中的偏差，以确保计划目标的实现，或适当修改计划，使计划更加适合于实际情况。控制是监视各项活动，保证组织计划与实际运行状况动态适应的管理职能。

在现代管理活动中，控制工作的目标主要有两个：限制偏差的累积和适应环境的变化。

一般来说，工作中出现偏差是不可避免的。但小的偏差和失误在较长时间里会积累放大并最终对计划的正常实施造成威胁。因此控制应当能够及时地获取偏差信息。

从制订目标到目标实现前，总是需要相当长的一段时间。在这段时间，组织内部的条件和外部环境可能会发生一些变化，需要构建有效的控制系统帮助管理者预测和把握这些变化，并对由此带来的机会和威胁作出反应。

（二）控制的分类

根据获取时间的不同，控制可划分为前馈控制、现场控制和反馈控制三类，如图5-12所示。

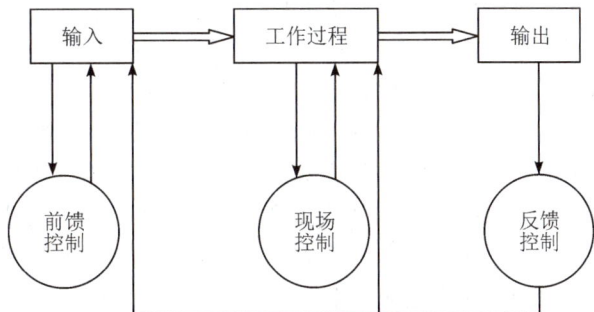

图 5-12　控制的分类

（1）前馈控制是在工作正式开始前，对工作中可能产生的偏差进行预测和估计并采取防范措施，将可能的偏差消除于产生之前。其优点包括可防患于未然；适用于一切领域的所有工作；是针对条件的控制，不对人，易于被接受并实施。其缺点有：需要大量准确的信息和对过程的了解，并能及时了解新情况及问题。

（2）现场控制是在工作进行中所实施的控制，也称同步控制或同期控制。它有监督和指导两项职能。监督是指按照预定的标准检查进行中的工作，以保证目标的实现。指导是指管理者针对工作中出现的问题，根据自己的经验指导下属改进工作，或与下属共同商讨矫正偏差的措施，以便工作人员能够正确地完成所规定的任务。其优点包括有指导职能，可提高工作能力及自我控制能力。其缺点有：受管理者时间、精力、业务水平的制约；应用范围较小；控制者与被控制者之间易形成心理上的对立。该方法不可能成为日常性的控制方法，只能是其他方法的补充。

（3）反馈控制是在工作结束或行为发生之后进行的控制，故常被称为事后控制（传统的控制方法多属于事后控制）。其优点是有利于总结规律，为进一步实施控制创造条件，实现良性循环，提高效率；缺点是在实施措施前，偏差已产生。

二、控制的原理

1. 反映计划要求原理

反映计划要求原理可表述为：控制的目的是实现计划，因此计划越是明确、全面、完整，所设计的控制系统越能反映计划的要求，则控制工作也就越有效。

扁鹊医术

每一项计划、每一种工作都各有其特点。所以，为实现每一项计划和完成每一种工作所设计的控制系统和所进行的控制工作，尽管基本过程是一样的，但是在确定什么标准，控制哪些关键点和主要参数，收集什么信息，如何收集信息，采用何种方法评定成效，以及由谁来控制和采取纠正措施等方面，都必须按不同计划的特殊要求和具体情况来设计。例如，质量控制系统和成本控制系统尽管都在同一个生产系统中，但二者之间的设计要求是完全不同的。

2. 组织适应性原理

控制必须反映组织结构的类型。组织结构既然是对组织内各个成员所担任的职务的一种规划，又是明确执行计划和纠正偏差职责的依据。因此，组织适应性原理可表述为：若一个组织结构的设计是明确的和完善的，所设计的控制系统越是符合组织结构中的职责和职务要求，就越有助于纠正脱离计划的偏差。

组织适应性原理的另一层含义是控制系统必须符合每位管理者的特点。也就是说，在设计控制系统时，不仅要考虑具体的职务要求，还应考虑到担当该项职务的管理者的个性。在设计控制系统信息的格式时，这一点特别重要。例如，报送给每位管理者的信息所采用的形式，必须分别设计。报送给上层管理者的信息要经过筛选，要特别表示出与同期相比的结果以及重要的例外情况。为了突出比较的效果，应把比较的数字按纵行排列，而不是按横行排列，因为从纵向看数字要比从横向更容易得到一个比较的概念。此外，还应把互相比较的数字均采用统一的、足够大的单位来表示（如万元、万吨等），甚至可以将非零数字限制在两位数或三位数。

3. 控制关键点原理

控制关键点原理是控制工作的一条重要原理。这条原理可表述为：为了进行有效的控制，需要特别注意衡量工作成效时有关键意义的那些因素。对管理者来说，随时注意计划执行情况中的每一个细节，通常是浪费时间、精力和没有必要的。他们应当也只能够将注意力集中于计划执行中的一些主要影响因素上。事实上，控制住了关键点，也就控制住了全局。

对控制工作效率的要求，从另一个方面强调了控制关键点原理的重要性。控制工作效率是指控制方法如果能够以最低的费用或其他代价来探查和阐明实际偏离或可能偏离计划的偏差及其原因，那么它就是有效的。对控制效率的要求是控制系统的一个限定因素，在很大程度上决定管理者只能在他们认为是重要的问题上选择一些关键因素来进行控制。

4. 控制趋势原理

控制趋势原理可表述为：对控制全局的管理者来说，重要的是现状所预示的趋势，而不是现状本身。控制变化的趋势比仅仅改善现状重要得多，也困难得多。一般来说，趋势是多种复杂因素综合作用的结果，是在一段较长的时期内逐渐形成的，并对管理工作成效起着长期的制约作用。趋势往往容易被现象所掩盖，它不易察觉，也不易控制和扭转。

5. 例外原理

例外原理可表述为：管理者越是只注意一些重要的例外偏差，也就是说，越是把控制的注意力集中于那些超出一般情况的特别好或特别坏的情况，控制工作的效能和效率就越高。如质量控制中广泛地运用例外原理来控制工序质量。工序质量控制的目的是检查生产过程是否稳定。如果影响产品质量的主要因素，如原材料、工具、设备、操作工人等无显著变化，那么产品质量也就不会存在很大差异，这时人们可以认为生产过程是稳定的，或者说工序质量处于控制状态中。反之，如果生产过程出现违反规律性的异常状态，应立即查明原因，采取措施使之恢复稳定。

6. 直接控制原理

直接控制是相对于间接控制而言的。一个人，无论他是管理者还是非管理者，在工作过程中都常常会犯错误，或者往往不能觉察到即将出现的问题。因此，只能在其工作出现偏差后，通过分析偏差产生的原因，然后追究其个人责任，并在今后的工作中加以改正。这种控制方式称为"间接控制"。显而易见，这种控制方式的缺陷是在出现偏差后才进行纠正。针对这个缺陷，直接控制原理可表述为：管理者及其下属的工作质量越高，就越不需要进行间接控制。这是因为管理者对他所负担的职务越能胜任，也就越能在事先觉察出偏离计划的误差，并及时采取措施预防发生。这意味着任何一种控制的最直接方式，就是采取措施来尽可能地保证管理者的工作质量。

三、控制的过程

控制的过程一般划分为三步，如图5-13所示。

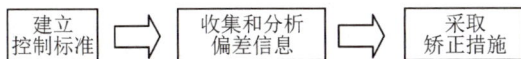

建立控制标准 ⇒ 收集和分析偏差信息 ⇒ 采取矫正措施

图5-13　控制的过程

1. 建立控制标准

标准是衡量工作绩效的前提、依据和尺度。对照标准，管理人员可以判断其工作绩效和成果。标准是控制的基础，离开了标准，控制就无从谈起。标准从计划中产生，计划必须先于控制。计划是管理者设计工作和进行控制工作的准绳，所以控制工作的第一步是制订计划。但由于计划的详细程度不同，它的标准不一定适合控制工作的要求，而且控制工作需要的不是计划中的全部指标和标准，而是其中的关键点。所以管理者实施控制的第一步是以计划为基础，制订控制工作的标准。

2. 收集和分析偏差信息

偏差信息是通过分析衡量绩效结果获得的，衡量绩效也是控制当中信息反馈的过程。管理者首先需要收集信息，考虑衡量内容和衡量方法，以及衡量时的注意事项。

1）衡量方法

在实际工作中常用的衡量方法有个人观察、统计报告、口头报告、书面报告和抽样调查等。

2）衡量内容

衡量内容是比衡量方法更关键的一个问题。如果错误地选择了标准，将会导致严重的不良后果。衡量内容还将在很大程度上决定组织中的员工的追求。

在获得实际工作绩效的结果之后，接下来的工作是将衡量结果与标准进行比较，并对比较结果进行分析。比较的结果无非有两种可能，一种是存在偏差；另一种是不存在偏差。需要注意的是，只有实际工作与标准之间的差异超过了一定的范围，才认为存在偏差。偏差有两种情况：一种是正偏差，即实际工作绩效优于控制标准；另一种是负偏差，即实际工作绩效低于控制标准。出现正偏差，表明实际工作取得了良好的绩效，应及时总结经验，肯定成绩。但正偏差如果太大也应引起注意，这可能是因为控制标准制订得太低，这时应对其进行认真分析。出现负偏差，表明实际工作绩效不理想，应迅速准确地分析其中的原因，为纠正偏差提供依据。

3. 采取矫正措施

控制的最后一个步骤是根据衡量和分析的结果采取适当的控制方案。管理者应该在下面三种控制方案中选择一个：维持现状；纠正偏差；修订标准。当衡量绩效令人满意时，可采取第一种方案，即维持现状；如果发现偏差，就要根据对结果的分析，采取不同的更正措施，即纠正偏差或修订标准，以保证计划顺利进行。

从逻辑关系上来讲，制订计划本身实际上构成控制过程的第一步，但由于计划相对来说都是一个概括性的描述，不可能对组织运行的各方面都制订出非常具体的工作标准，所以一般情况下，计划目标并不可能直接地用作控制的标准。因此，需要将制订专门的控制标准作为管理控制过程的开始。

四、控制方法

（一）预算控制

预算是一种以货币和数量表示的计划，是关于完成组织目标和计划所需资金的来源和用途的一项书面说明。组织内的任何活动都离不开资金的流动，预算可以使计划具体化，从而更富有控制性。预算的种类很多，不同的组织，其预算也各有特色。一般的预算可分为收支预算（营业预算）、实物预算、现金预算、总预算和投资预算等。

（二）生产控制

1. 对供应商的控制

对于供应商的控制主要有两种途径。一是建立一种长期的、稳定的、合作的双赢局势。企业同供应商之间建立一种相互依赖、相互促进的新型关系，帮助供应商提高原材料质量、降低成本，使供需双方在这种协作中分享共同创造的价值。这种新型关系降低了双方的经营风险，提高了效益，做到了真正的双赢。二是持有供应商一部分或全部股份，或由本企业系统内部某个子企业供货。这常常是跨国公司为了保证货源而采取的一种做法，也是企业纵向一体化战略实施的一个例证。日本的很多大型企业就是通过这种途径来控制供应商的。

2. 对库存的控制

对库存的控制主要是为了减少库存量，降低成本，提高经济效益。管理者通过使用经济订购批量模型计算最优订购批量，使所有费用达到最低。这个模型考虑三种成本：一是订购成本，即每次订货所需要的费用（包括通信费、文件处理费、差旅费和行政管理费等）；二是保管费，即储存原材料或零部件所需的费用（包括库存费、占用资金利息、保险费和折旧费等）；三是总成本，即订购成本和保管成本之和。

3. 质量控制

质量有广义和狭义之分。狭义的质量指产品的质量；而广义的质量除了涵盖产品质量以外，还包括工作质量。产品的质量主要指产品的使用价值，即产品满足消费者需要的功能和性质。这些功能和性质可以具体化为五个方面：性能、寿命、安全性、可靠性和经济性。工作质量主要指在生产过程中围绕保障产品质量而进行的质量管理活动水平。

质量管理和控制的发展经历了三个阶段，即质量检验阶段、统计质量管理阶段和全面质量管理阶段。全面质量管理自从 20 世纪 50 年代产生以来，目前已经形成了一套完整的管理理念，风靡全球。它强调全过程、多指标、多环节、综合性以及全员参与的质量管理理念。

练 习 与 实 训

	1	2	3	4	5	6	7	8	9	10
一、单选题										
二、多选题										
三、判断题										

客观题

四、思考题

1. 在市场经济条件下，企业为什么要重视计划工作？

2. 作为企业的高层管理者，在确定企业目标时要考虑哪些因素？

3. 某航空公司对客舱保养管理员的工作十分不满意，他们在航班交替之际把客舱打扫得并不干净，而且按一般规定，他们每天要清洁 50 架次飞机，但结果只完成了 40 架次。问题：小刘是一名客舱保养管理员，她怎样才能更好地做好这项工作？

五、分析题

<h3 style="text-align:center">游客的投诉</h3>

案情介绍：一名游客于 2021 年 9 月报名参加佛山某旅行社新疆南北疆旅行团，团费为 6999 元/人，9 月 16 日出发。游客反映该旅行团存在以下问题：

（1）旅行社承诺会参观南北疆景点，出发时才告知只去北疆，不去南疆。

（2）旅行团旅行景点中包括天山天池，但因该旅行团是从广州机场出发的，景区拒绝该旅行团进入，导游表示给团友退门票 150 元，要求所有人签字确认收到退款，否则不开车去下一个地方，但团友一直没有签字，也没有收到退款。

（3）旅行团到达消费景点时，导游有强制消费的意向，要求每个人都要购买一些商品。

（4）旅行团伙食太差，9 人一桌只有 7 个菜，还有一次一桌只有 6 个菜。

游客投诉至佛山市顺德区文化广电旅游体育局，要求旅行社赔偿 1000 元/人。

佛山市顺德区文化广电旅游体育局接到投诉后，组织人员跟进调查，经与双方当事人核实，具体包括：① 由于疫情原因导致不去南疆景点，且旅行社与游客签订了行程变更协议；② 由于该旅行团是在广州乘机出发的，在该团出发后广州出现了新冠肺炎确诊病例，有部分游客的健康码变为黄码，导致在进入天山天池景区时被景区拒绝；③ 投诉人反映"导游有强制消费"的问题，未能提供相关的证据，旅行社则否认存在强制消费或变相强制消费的情况；④ 投诉人反映的"旅行团伙食太差"的问题，经查阅双方签订的合同、行程等，均未约定具体的伙食标准。

在核实事情经过后，该体育局组织双方当事人进行了现场调解。现场调解时，投诉人又反映该团全程只有一位地陪导游和一位全陪导游，全团 30 多人中只有十几个游客参观增加的景点，但两位导游都去带参加景点的游客，而仅安排一名团友带领剩余不参加景点的游客自行回酒店。经调解，本案中佛山某旅行社与投诉人达成和解，旅行社补偿游客 550 元/人。

从计划和控制职能的角度出发，本案例中的旅行团有哪些不足之处？应该如何处理？

六、实训题

1. 实训目标：

（1）培养学生的创新能力和策划能力。

（2）使学生掌握编制计划的方法。

2．实训主题：编制周末出游计划书。

3．实训过程：在调研的基础上，运用创造性思维，策划周末活动，制订计划书。

要求：策划活动要有一定的创意，要科学地规划有关要素，计划书的结构要合理、完整。

过程设计：

（1）选题确定后，以 5～6 人为一组，进行实地调研，获得第一手资料。

（2）在小组策划的基础上，运用"头脑风暴法"等方法组织深入研讨，形成小组的创意。

（3）利用课余时间进行系统的活动策划，编制活动策划书。

（4）在课堂上对每个小组的策划书进行讨论。

按照下表对每个小组的计划书进行评价，总分 100 分，同学打分占 30％，教师打分占 20％，按 50％计入个人总分，同组内同学得分相同。

序号	评分内容	分值	评分点	得分
1	计划内容完整性	20	5W2H 结构完整	
2	计划内容合理性	20	内容科学合理	
3	计划目标合理性	20	符合 SMART 原则	
4	计划可行性	20	逻辑清晰，可操作性强	
5	活动策划创新性	20	活动有创意	
得分合计				

项目六　排兵布阵——组织

认知目标

(1) 了解组织的概念与内涵。

(2) 熟悉各组织结构的类型与功能。

(3) 常握组织机构变革的方式。

(4) 熟悉组织文化的类型。

技能目标

(1) 能灵活应用组织设计的技巧与方法。

(2) 能灵活应用组织机构变革的策略与技巧。

(3) 能灵活应用组织文化重塑的技能与技巧。

素质目标

(1) 培养学生探索与创新的精神和意识。

(2) 强化价值引领，增强学生的道路自信、理论自信、制度自信、文化自信。

(3) 培养学生的职业道德责任感。

动画导入

一日厂长

任务一　组 织 概 述

一、组织的概念

从广义上讲，组织是指由诸多要素按照一定的方式相互联系起来的有序系统；从狭义上讲，组织是人们为实现一定的目标，互相协作结合而成的集体或团体，如工会组织、团组织、军事组织、企业等等。

从管理学的角度来讲，所谓组织，是这样的一个社会团体，它具有明确的目标和精心设计的结构与有意识协调的活动系统，同时又同外部环境保持密切的联系。

二、组织的特点

1．明确的目标

组织存在着明确的目标，并且以其明确的目标作为组织的共同特征；成功的组织都有明确的使命、愿景与价值观，其使命与愿景即是组织的目标，而价值观是保障组织目标实现的约束性规范。

没有目标的组织是没有灵魂的。人类历史上历朝历代的更迭，表面上是滚滚红尘的时代必然，实则是组织没有时刻坚守与践行期初组织目标所致。

【学贯二十大】

我们持之以恒正风肃纪，以钉钉子精神纠治"四风"，反对特权思想和特权现象，坚决整治群众身边的不正之风和腐败问题，刹住了一些长期没有刹住的歪风，纠治了一些多年未除的顽瘴痼疾。我们开展了史无前例的反腐败斗争，以"得罪千百人、不负十四亿"的使命担当祛疴治乱，不敢腐、不能腐、不想腐一体推进，"打虎""拍蝇""猎狐"多管齐下，反腐败斗争取得压倒性胜利并全面巩固，消除了党、国家、军队内部存在的严重隐患，确保党和人民赋予的权力始终用来为人民谋幸福。

（资料来源：《党的二十大报告》）

2．特定的架构

组织不是一个混乱无序的集合体，而是建立在一定结构上系统有序的有机整体。

3．运营规则

组织内部为保证各项工作有序开展，须建立制度、流程、文化等体系。

（1）制度：明确规定组织成员的行为与操作规范。

（2）流程：组织高效运转的标准与程序。

（3）文化：组织及组织成员的潜移默化的行为习惯。

组织运营规则是驱动组织目标得以实现的重要因素，一个不成体系、不成规则的组织是不可能承担历史大任的。组织运营规则可促进组织效率的提升和生产要素效能的发挥。

三、组织的功能

组织通过不断的变革和调整以适应外部环境的变化，同时组织也以各种方式改变人们生活的环境，正如微软公司的年度报告中表现出业绩大幅上升时会引起华尔街震荡，而华尔街又连接着整个世界经济一样。组织活动的功能绝不仅仅是简单地把个体力量集合在一起。个体的集合可以成为一盘散沙，也可以成为一个"抱团"的群体。群体的力量可以完成单独个体力量的简单总和所不能完成的任务。

在自然科学领域，以都是由碳原子构成的石墨与钻石为例，石墨的碳原子之间是"层状结构"，而钻石的碳原子之间是独特的"金刚石结构"，由于原子间结构的差异，二者的力量和价值无法相提并论。

1. 组织力量的汇聚作用

把分散的个体汇聚成为集体，用"拧成一股绳"的力量完成任务，这是组织力量汇聚作用的表现。用简单的数学公式表示就是 $1+1=2$。这种"相和"效果可以从日常生活中多位纤夫合拉一艘船、伐木工人合力搬运木材等中清晰地看到。

2. 组织力量的放大作用

比组织力量汇聚作用的"相和"效果更进一步，良好的组织还能发挥"相乘"的效果，即不是简单的 $1+1=2$，而是 $1+1>2$（协同效应）（内耗效应 $1+1<2$）。例如，对组织来说，只有借助于组织力量的放大作用，才能取得"产出"远大于"投入"的经济效益；否则，总产出等于总收入，组织只能勉强地维持下去，而不可能得到盈余（利润），更难以求得发展和壮大。

3. 个人与组织之间的交换作用

从个人的角度来看，个人之所以加入某一组织并对其投入一定的时间、精力和技能，其目的不外乎想从组织中得到某种利益或报酬，以满足个人的需求。组织之所以愿意对个人投入成本，则是希望个人能因此对组织有所贡献，以达到组织预定的目标。

从个人的立场看，个人往往会要求得自于所在组织的利益或报酬大于其对该组织的投入。从组织的立场看，它要求取自个人的贡献大于其为个人所投入的成本。这就必须借助组织活动的合成效应，使个人集合成的整体在总体力量上大于所有组成人员的个体力量的简单相加。

四、组织的类型

1. 按结构形式划分

（1）机械式组织：组织运用传统的设计原则，结构比较严谨、负责而且相当正规，运用集权的管理方式运作。

（2）有机式组织：灵活性高，适应性强，结构相对简单，具有较低的复杂度、低正规化和分权化的特点。

2. 按组织的体制划分

（1）公有制组织：组织的产权属于一定范围的社会实体公共所有的组织，包括国家所有、地方所有、集体所有等组织。

（2）私有制组织：组织的产权属社会个人所有，如民营企业组织、民营事业组织等。

（3）混合制组织：组织的产权属合资的各方所有，如股份制公司，是现代企业的主要形式，也是我国企业体制改革的方向。

3. 按组织的领域划分

（1）经济组织：主要包括生产型组织、服务型组织等。

（2）政治组织：主要包括政治党团、立法组织、行政组织、司法组织等。

（3）文化组织：主要包括公益型组织、产业型组织等。

（4）军事组织：主要包括国家武装部队、地方武装部队等。

（5）教育组织：主要包括基础教育组织、专业教育组织等。

（6）卫生组织：主要包括医疗型组织、防疫型组织等。

（7）科研组织：主要包括事业型组织、产业型组织等。

（8）体育组织：主要包括专业型组织、业余型组织等。

（9）宗教组织：主要包括合法组织、非法组织等。

4. 按组织的规模划分

按规模划分，组织一般可分为大型组织、中型组织、小型组织等。区分组织规模大小的标准可按组织的不同职能设定。一般企事业组织按其资源规模、产能规模、产出规模等划分；行政类组织按其职能的层次高低、范围大小划分。

5. 按组织的设置划分

（1）常设组织：根据社会需要依法设置长期开展专项业务的组织。

（2）临时组织：根据社会需要依法设置短期开展临时业务的组织。

6. 按组织的空间划分

（1）地方组织：国家内部按照行政区划分设的不同层次的行政区域组织。

（2）国家组织：由不同的民族在不同的区域、不同的时期，按照不同体制依法形成的、有国界区分并独立自主的社会统一组织。

（3）国际组织：在国际社会中，由一定区域的国家组合而成的区域性国际组织；由一定国家的不同行业组合而成的行业性国际组织；由众多国家组合而成协商处理国际事务的联合国组织等。

7. 按组织的关系划分

（1）独立性组织：与其他相关组织没有法定的约束性关系而相对独立的组织。

（2）隶属性组织：与其他相关组织没有法定的约束性关系而相对统一的组织。

（3）联合性组织：与其他相关组织没有确定的协作关系而相互联合的组织。

8. 按组织的机制划分

（1）垄断性组织：在社会行政权力或专业技术优势的控制下，依法进行统一运行、垄断经营的组织。虽然由于实际存在的组织利益和垄断地位，这类组织在经济运行中存在着违背公平交换的不合理性，但抑制垄断行为需要客观条件和因势而宜。

（2）竞争性组织：在行业准入规则和市场运行规律的基础上，依法进行自由竞争、自主经营的组织。虽然由于可能发生的市场失效和市场失范，这类组织在市场竞争中存在着自身难以规避的市场风险，但符合现代社会经济发展的需要和市场规律。

9. 按组织的职能划分

（1）产业性组织：以生产各类物质与文化产品，满足社会公众的物质与文化需求，实现组织的经济效益为职能目标的企业类组织。

（2）公益性组织：以提供各类生理与智力服务，满足社会公众的生理与智力需求，实现社会的公共利益为职能目标的事业类组织。

（3）管理性组织：以提供社会生产和社会生活所必需的公共管理服务，满足社会运行中的公共行为、公共事业、公共环境的管理需求，实现社会有序高效发展为职能目标的党政类组织。

10. 按组织的形成划分

（1）正式组织：按规定办理组织成立的各种法律法规手续，经法律认可取得法人资格的社会正式组织。

（2）非正式组织：自发形成的组织，指未办理组织成立的相关法律手续，未经法律认可尚无法人资格的民间群众团体。

11. 按组织的性质划分

（1）合法组织：依照法律法规而成立并依照法律法规而运行的社会组织。

（2）非法组织：未依照法律法规而成立或未依照法律法规而运行的社会组织。

任务二　组 织 设 计

组织设计是指管理者将组织内各要素进行合理组合，建立和实施一种特定组织结构的过程。中国历史上，从隋朝开始推行"三省六部"制，上千年来，历朝历代仅在此政治制度的基础上进行了些许修改，直至今日仍有当初组织设计的影子，可见中华民族在治理体系方面的历史优越性与先进性。

组织设计的实质是对管理人员的管理活动进行横向和纵向的分工。横向的设计，决定企业的内部运作流程；纵向的设计，决定组织内部的分工；横向和纵向的合理设计，最终使企业内部的职权利体系更加清晰。图6-1是一个设计后的组织架构图。

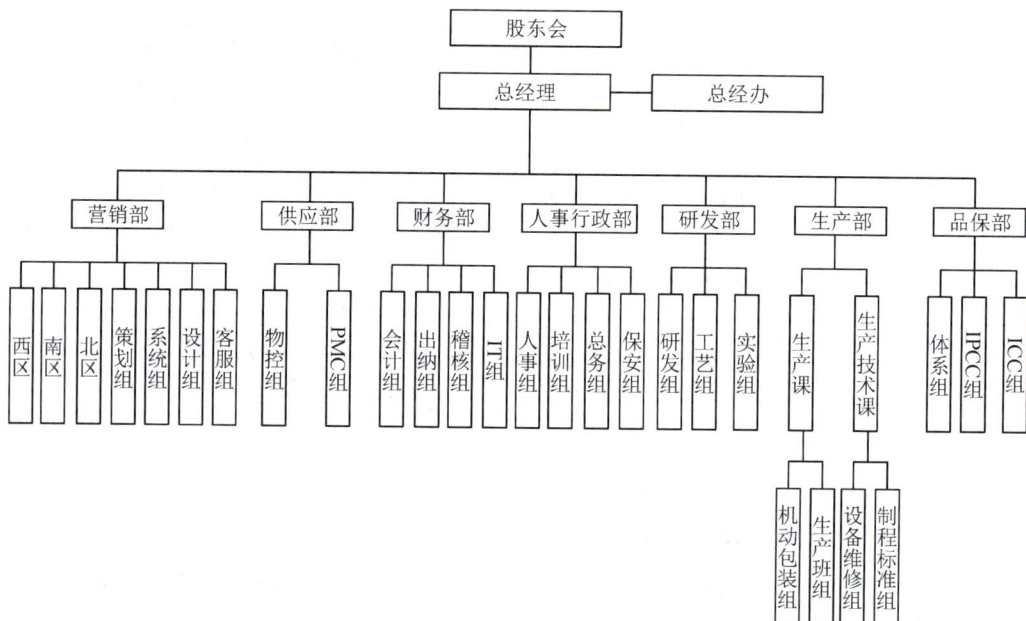

图6-1　组织架构图

　　组织设计是企业最基础的管理内容，一个企业若拥有良好的组织设计，也就意味着该企业的管理基础扎实。组织设计也是企业最基础的组织产品、设计优良的组织体系，直接决定企业的运营效率。

一、组织设计的原则

　　在长期的企业组织变革的实践活动中，西方管理学家曾提出过一些组织设计的基本原则，如管理学家厄威克曾比较系统地归纳了古典管理学派泰勒、法约尔、韦伯等人的观点，提出了八大指导原则，即目标原则、相符原则、职责原则、组织阶层原则、管理幅度原则、专业化原则、协调原则、明确性原则；美国管理学家孔茨等人，在继承古典管理学派的基础上，提出了健全组织工作的十五条基本原则，即目标一致原则、效率原则、管理幅度原则、分级原则、授权原则、职责的绝对性原则、职权和职责对等原则、统一指挥原则、职权等级原则、分工原则、职能明确性原则、检查职务与业务部门分设原则、平衡原则、灵活性原则和便于领导原则。我国企业在组织机构的变革实践中积累了丰富的经验，也相应地提出了一些设计原则，具体内容如下。

1. 任务与目标原则

　　组织设计的根本目的是实现企业的战略任务和经营目标。这是最基本的一条原则。组织机构的全部设计工作必须以此作为出发点和归宿，即企业任务、目标同组织机构之间的目的一致；衡量组织机构设计的优劣，要以是否有利于实现企业任务、目标作为最终的标准。从这一原则出发，当企业的任务、目标发生重大变化时，例如，从单纯的生产型向生产经营型转变时，企业必须作出相应的调整和变革，要适应任务、目标变化的需要。

2. 专业分工和协作原则

　　分工是指按照提高管理专业化程度和工作效率的要求，把组织的目标分成各层级、各部门以至每个人的目标和任务，使组织中的各层级、各部门、每个人都了解自己在实现组织目标中应承担的工作职责和职权。有分工就必须有协作，在合理分工的基础上，各部门只有加强协作与配合，才能保证各项工作的顺利开展，达到组织的整体目标。

3. 统一指挥原则

　　统一指挥原则是指每一位下属应当而且只能向一个上级主管直接负责。法约尔曾经说过："一位下属人员不管采取什么行动，都只应接受一位上司的命令。"他认为，这是一项普遍的、永久必要的准则。现代企业中，只有统一指挥，才能使员工们的步调一致。在统一指挥原则下，每一级职能部门，都只能由一个最高行政主管统一负责本级的全部工作，每个职位都必须有人负责，每个人都应知道他的直接上级和下级是谁，并向直接上级负责，向下级传达行政命令。

4. 有效管理幅度原则

　　由于受个人精力、知识、经验等条件的限制，一名领导人能够有效领导的直属下级人数是有一定限度的。有效管理幅度是一个固定值，它受职务的性质、人员的素质、职能机构健全与否等条件的影响。这一原则要求在进行组织设计时，领导人的管理幅度应控制在一定的水平，以保证管理工作的有效性。由于管理幅度的大小同管理层次的多少成反比关系，这一原则要求在确定企业的管理层次时，必须考虑到有效管理幅度的制约。因此，有效管理幅度也是决定企业管理层次的一个基本因素。

5．集权与分权相结合原则

为保证有效的管理，必须实行集权与分权相结合的领导体制。该集中的权力集中起来，该下放的权力就分给下级，这样才能够加强组织的灵活性和适应性。如果事无巨细，把所有的权力都集中在最高管理层，会使最高层管理者淹没于烦琐的事务当中，顾此失彼，从而容易忽略组织有关的战略性、方向性的大问题。因此，高层管理者必须将与下属所承担的职责相应的职权授予他们，使下属有职、有责、有权，这样就可以使下属充分发挥其聪明才干，调动他们的积极性，以保证管理的效率，也可以减轻高层管理者的负担，以集中精力抓大事。

【课堂讨论】

刘教授受邀到一个大型企业做咨询，张总在办公室热情接待了刘教授，并向刘教授介绍了企业的总体情况。

张总讲了不到15分钟，办公室的门就开了一条缝，有人在外面叫张总出去一下。于是张总对刘教授说："对不起，我先出去一下。"10分钟后张总回来继续介绍情况。不到15分钟，办公室的门又开了，又有人叫张总出去一下，这回张总又去了10分钟。整个下午3小时，张总共出去了10次之多，对企业情况的介绍时断时续。

讨论：这说明（　　　）。

A．张总不重视管理咨询　　　B．张总的公司可能这几天正好遇到了紧急情况
C．张总可能过于集权　　　D．张总重视民主管理

6．权责一致原则

组织机构在进行设计时，既要明确规定每一管理层次和各部门的职责范围，又要赋予完成其职责所必需的管理权限。职责和职权必须协调一致，要履行一定的职责，就应该有相应职权，这就是权责一致原理的要求。只有职责，没有职权，或权限太小，则职责承担者的积极性、主动性必然会受到束缚，实际上也不可能承担起相应的责任；相反，只有职权而无任何责任，或者责任程度小于职权，将会导致滥用权力和"瞎指挥"。

7．高效原则

任何一种组织机构形式，都必须将高效原则摆在重要的位置。高效原则是指为实现组织目标所从事的业务活动，力求减少管理层级，精减管理机构和人员，充分发挥组织人员的积极性，提高管理效率，更好地实现组织目标。如果组织层次繁多，机构臃肿，人浮于事，则势必导致人力浪费、办事拖拉、效率低下。因此，组织是否高效是衡量组织机构是否合理的主要标准之一。

【拓展阅读】

高效原则往往需要技术与之匹配，在当下的互联网时代，通畅的信息基础给予了其数字化属性，管理后台"无缝、无死角"地记录了市场的各个交付过程，以往偌大且分散的组织将不得不配置大量的管理人员。例如，美团利用先进的科技手段辅助管理骑手队伍，少数的管理者即能有效地保障上万人的高效运转。

8. 稳定性与适应性相结合原则

组织机构及其形式既要有相对的稳定性，不轻易变动，又必须随组织内外部条件的相对变化，根据长远目标作出相应的调整。因此，组织机构不宜频繁调整，应保持相对稳定。但是，组织本身是在不断运动的，而且组织赖以生存的大环境也是在不断变化的，当组织机构相对呈现僵化状态、组织内部效率低下，而且无法适应外部的变化时，组织就应进行调整与变革，这样才会给组织重新带来活力。

【拓展阅读】

僵化的组织不但不会促进组织的进步与发展，还有可能因僵化的惯性给组织带来灭顶之灾，如晚清时期，僵化的封建制度下的组织机构显然已经不能适应社会发展，但它不但没有尝试变化，更是利用残忍的手段对进步人士进行杀戮与打压，最终难逃颠覆的命运。

具备活力与战斗力的组织无疑都是会随环境变化而及时调整的，特别是在数字化的当下，随着数字技术的进步与成熟，人机交互变成了现实。以往的组织进步依赖于决策者思想的变化与推动，而数字化时代抛弃或部分抛弃了人为决策过程，更多依赖于高效算力的数字化平台，毫秒级洞察环境的变化，再通过感知决策模型的运用，不但加速了社会的进步，同时对组织的进化与改善也起到了举足轻重的作用。

二、常见的组织机构模式

1. 直线型组织机构

直线型组织机构是最早、最简单的一种组织形式。它的特点是：组织中各种职务按垂直系统直线排列，各级主管人员对所属下属直接拥有一切职权，组织中的每个人只能向一个直接上级汇报，即"一个人，一个头"，如图6-2所示。其优点是结构简单、权力集中、责任分明、命令统一、联系简捷。其缺点是在组织规模较大的情况下，所有的管理职能都集中由一个人承担，往往由于个人的知识、能力有限而难于应对，顾此失彼，可能会发生较多失误。而且，每个部门关心的只是本部门的工作，因而部门间的协调性比较差。一般地，这种组织形式只适用于那些没有按职能实行专业化管理的小型组织，或者现场的作业管理。

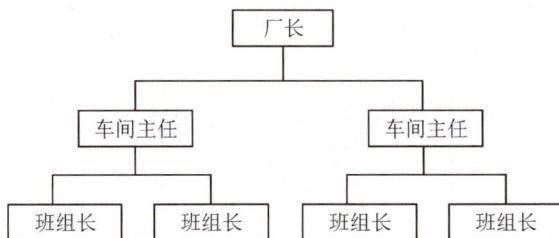

图6-2 直线型组织机构

当然，直线型组织机构也不完全一无是处，针对新创立且人员规模较小的组织，直线型组织机构会更有利于组织效率的发挥，当然，若组织领导是位空降的高管，直线型组织机构也更加有利于空降领导熟悉业务环境与组织的运作。

2. 职能型组织机构

职能型组织机构是组织内除直线主管外，还相应地设有一些机构来分担某些职能管理的业务。这些职能机构有权在自己的业务范围内，向下级单位下达命令和指示。因此，下级直线主管除了接受上级直线主管的领导外，还必须接受上级各职能机构的领导。职能型组织机构如图6-3所示。其优点是管理分工较细，能够发挥职能机构的专业管理作用，减轻上级直线主管的负担；但缺点也比较明显，即这种组织形式妨碍了组织的集中领导和统一指挥，形成了多头领导。

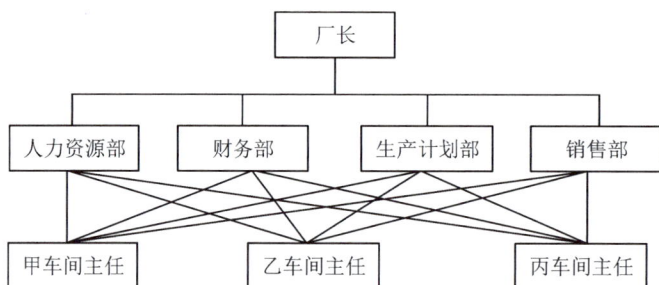

图6-3 职能型组织机构

3. 直线职能型组织机构

直线职能型组织机构实则是直线型组织机构的延伸，是直线型组织机构和职能型组织机构的有机结合，如图6-4所示。随着组织规模的扩张，组织领导不管是精力还是专业能力都难以驾驭越来越多的组织事务，为了保障组织的运转效率，组织领导开始以条块的模式将一部分事务分给相应的组织成员，代为履行自己部分的决策职权，虽有分工，但决策的风险最终仍由组织领导承担。为了降低风险概率，直线职能型的组织体系会逐步强化监督职能的建设，以保障不因决策权力的下放而产生失控的风险。

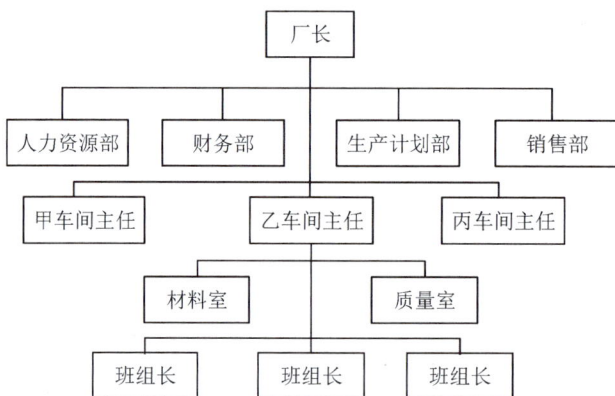

图6-4 直线职能制组织机构

这种组织形式把管理机构与人员分为两类：一类是直线指挥机构与人员，负责向下级发布指示，并对该单位的工作负全面责任；另一类为职能机构与人员，是参谋，给直接领导当业务助手，不能对下级发布命令，只能起指导作用。

直线职能型组织机构结合了直线型组织机构和职能型组织机构的优点，既能实现命令统一和指挥集中，又能发挥职能管理和职能参谋的作用，形成了有机的领导隶属、分工协作和指导监督关系。另外，这种组织机构稳定性高，在外部环境变化不大的情况下，易于发挥组织的整体效率。但在管理实践中也存在不足之处，主要是部门间缺乏横向交流，增加了上级主管的协调工作量；强调统一指挥，权力过于集中，实际上仍是典型的"集权式"管理；另外，按职能分工建立的组织机构形式通常刚性有余、弹性不足，对环境变化反应迟钝。这种组织形式一般适用于简单稳定的环境和利用标准化技术进行常规性、大批量生产的场合。目前我国大多数中小企业甚至机关、学校、医院等都采用此种组织形式，而对多品种生产和规模很大的企业及强调创新的企业来说，这种组织形式就不太适宜了。

4. 事业部制组织机构

事业部制组织机构首创于美国通用汽车公司，它是在总公司领导下设立多个事业部，每个事业部有各自独立的产品和市场，实行独立核算。事业部内部在经营管理上拥有独立的自主权。这种组织机构最突出的特点是集中决策、分散经营，即总公司集中决策、事业部独立经营，这是在组织领导方式上由集权制向分权制转化的一种改革，如图6-5、图6-6所示。它的优点是组织最高层管理者摆脱了具体的日常事务，有利于集中精力作好战略决策和长远规划，提高了管理的灵活性和适应性，有利于培养和训练管理人才。它的缺点是机构重复，造成管理人员的浪费。由于各事业部独立经营，各事业部之间要进行人员互换就比较困难，相互支持性较差，各事业部领导考虑问题往往是从本部门出发，而非整个组织的利益。

事业部制组织机构多适用于规模较大的公司，是欧美、日本大型企业所采用的典型的组织形式，它是一种分权制的组织形式。在企业的具体运作中，事业部制根据企业在构造事业部时所依据的基础的不同，可区分为地区事业部制、产品事业部制等类型。这种组织机构可以针对某个单一产品、服务、产品组合、主要工程或项目、地理分布、商务或利润中心来构造事业部。地区事业部制是以企业的市场区域为基础来构建企业内部相对具有较大自主权的事业部门；产品事业部则是依据企业所经营的产品的相似性对产品进行分类管理，并以产品大类为基础构建企业的事业部门。

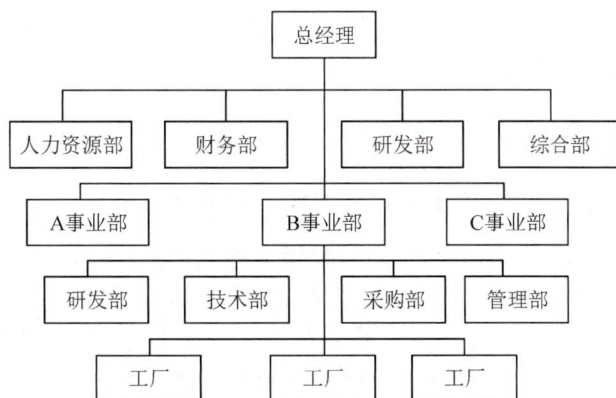

图6-5　事业部制组织机构（一）

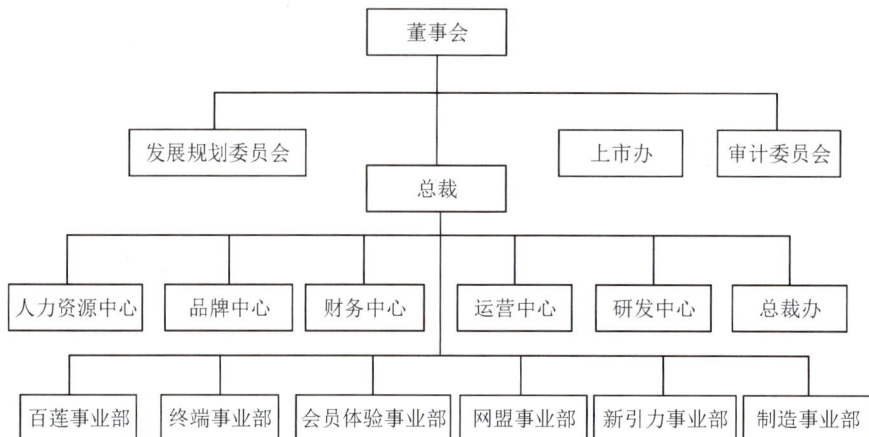

图 6-6　事业部制组织机构(二)

事业部制组织机构确实有利于经营单元的经营自主，但不利于组织合力的发挥，特别是人才、数据等关键资源的共享方面，同时也会因对经营单元控制力的下降，导致部分经营单元失控。

事业部制组织机构需要组织具备强大的组织与监督能力，而随着信息化水平的不断提升，平衡组织合力与组织效率的难题逐步得到了相应的解决。经营单元主要负责市场的开拓与运营，而产品的研发、人才的培养、干部的提升、财务的监管、信息系统的提升、组织的投资与发展、品牌的打造、社会公信力的建设等交由组织平台负责。"小前台、强中后台"的组织格局逐步成为当今成功组织的共识。前端组织需要灵活性与业务机动性，中后端则更需要服务能力与统筹协调性，这是当下事业部制组织机构需要不断进化与完善的目标与方向。

当下，为了规避事业部组织机构的弊端，组织往往采用经营单元负责人轮岗制、经营单元负责人股权激励、经营单元负责人定期述职、审计督查等相结合的管控模式。

经营单元负责人强制性轮岗制在大型组织中较为常见，轮岗固然可能因负责人员不熟悉市场、产品、人员等因素，导致阶段性的业绩受损，但按照"两害相权取其轻"的原则，如若经营负责人长期在经营单元中，很有可能演变成"针扎不进、水泼不进"的失控局面，一旦木已成舟，后果将不堪设想。

【拓展阅读】

某集团公司分部变卖的惨痛教训

某环保集团公司为了快速拓展业务，采用"坐地分封"的激励模式，即谁将市场打开，市场就划归谁管理。此激励模式确实大大刺激了组织活力，但"占山为王"的模式也给组织带来了很大隐患。某一市场的负责人长期盘踞于其开拓的市场，但因该负责人认知错位，无视企业的管理制度与标准，公然对抗公司的管理规定时有发生；公司从组织利益上考虑，不得不对该负责人采取免职的强制措施，可该负责人掌控市场、人员、供应商等全要素且市场又不依赖于公司而可以稳健运营的现状，导致免职文件犹如废纸一张，最终公司不得不将该分公司股份变卖，最终才摆脱尾大不掉的厄运。

5. 矩阵型组织机构

矩阵型组织机构将按职能划分和按产品（或项目、服务等）划分的部门结合起来组成一个矩阵形式，使同一名员工同原职能部门保持组织与业务上的联系，又参加产品或项目小组的工作。为了保证完成一定的管理目标，每个项目小组都设有负责人，在组织的最高管理者的直接领导下工作。矩阵型组织机构如图6-7所示。其优点是有利于加强各职能部门间的横向联系，实行集权与分权的结合，发挥专业人员的潜力，培养人才。其缺点是这种组织形式实行的是纵向、横向的双重领导，若处理不当，会由于意见分歧而导致出现矛盾；组织关系较复杂，对项目负责人的要求较高。

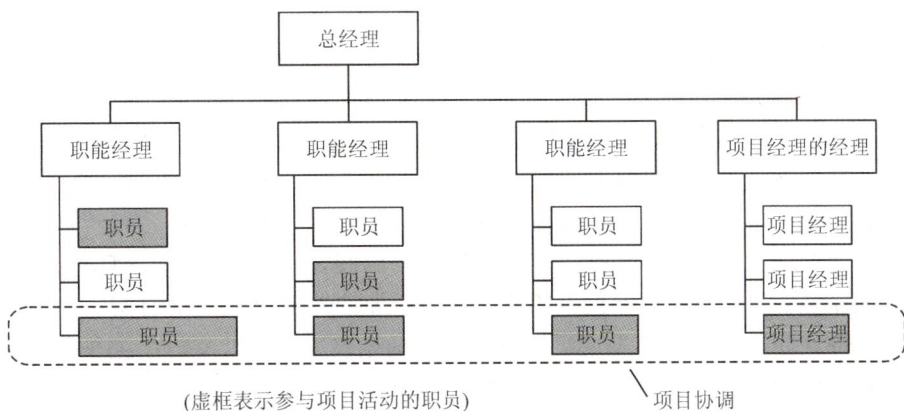

图 6-7 矩阵型组织机构

矩阵型组织机构是在直线职能型垂直形态组织系统的基础上，再增加一种横向的领导系统。矩阵型组织也称为非长期固定性组织。矩阵型组织机构模式的独特之处在于能够同时实现事业部制与职能型组织机构的特征。矩阵型组织的高级形态是全球性矩阵组织机构，目前这一组织机构模式已在全球性大企业如ABB、杜邦、雀巢、菲利普·莫里斯等组织中运作。

【拓展阅读】

ABB的前身是ASEA，是一家瑞典公司；1979年巴纳维克出任ASEA总经理时，着手对公司的组织结构进行改革。首先，他把公司扁平化，并在公司托收国际业务时将公司重组为全球性矩阵组织。ABB成功之处在于其全球性矩阵组织机构的战略与执行，这种组织机构方式可以使公司因为效率的提高而降低成本，同时，也因较好的创新与顾客回应，经营具有差异化特征。

矩阵型组织机构在创新性团队中被应用得越来越多，跨专业、跨职能的技能融合，有利于直面市场、产品、技术等问题的解决，如某家律师事务所通过此组织机构的应用大大地提升了客户价值感知。传统的律师事务所在服务客户的时候，一般都采用专属律师服务的模式，但企业所遇到问题的多样性与律师专业的单一性，往往导致客户得不到十分满意的服务。该律师事务所通过引用矩阵型组织机构，运用专属律师对接＋顾客需求服务匹配专业律师的模式，拥有了强大的核心竞争力，在市场上大获成功。

矩阵型组织机构需要匹配强大的组织能力，组织成员是否拥有统一的价值观、是否将组织使命内化于组织成员的心智模式与行为习惯之中，是矩阵型组织机构模式价值得以体现的核心变量，需要激发与唤醒组织成员的觉悟，需要组织不断地提升组织成员的精神文化的内涵与修养。

同为艺术品，为何名家的作品会价值连城，而普通匠人的作品却无人问津？不是因为普通匠人的作品在外在表现形式上与名家有何天壤之别，而是缺少艺术作品的灵魂。同样，同是矩阵型组织机构，有的组织各项经营指标遥遥领先，而有的组织却更加混乱，这不是矩阵型组织机构的问题，而是有没有匹配上与其对应的支撑文化。

6. 平台型组织机构

基于云计算、大数据、人工智能等新一代技术的应用，企业通过构建统一的协同基座即平台组织，协调和支持各业务部门的工作，并为新业务、新部门提供成长空间成为可能。

数字化技术革新带来社会的进步与商业创新，企业需要利用数字化技术，依托数字资产，围绕数字化运营模式，以客户为中心进行持续创新，促进组织机构由传统的架构模式向平台化转变，以期实现降本节费、提质增效的目的。

回顾整个商业发展史，保洁公司用了近180年的时间才使其市值达到千亿美元，通用电气公司在迈向千亿市值的道路上花了近150年的时间，而苹果、谷歌、亚马逊、阿里巴巴等纯数字化企业，实现相同目标仅仅耗费了传统企业1/3甚至更短的时间。数字化原生企业成功的原因在于其构建了与先进生产力相适应的生产关系，以及与业务快速迭代、持续创新相适应的组织机构及运行体系。这些企业都倡导内部创客化的组织文化，打造连接内外部资源的技术平台，构造快速响应市场需求能力的共享服务体制的机制，以及形成大规模社会化协作的产业生态联盟。当下，企业热衷于打造平台化组织的根本原因在于，传统的组织机构导致企业内部"部门墙"厚重，职能部门各管一段，无法形成对市场和消费者的快速响应能力。如何做好内部资源和能力的协同共享，已经成为企业现实的诉求，而平台化组织恰恰承担了这一使命。

【拓展阅读】

阿里巴巴是平台化组织的坚定推行者之一。为了在共享服务的基础上进一步将组织架构和业务机制的关系梳理清楚，拆掉部门之间的隔墙，阿里巴巴在2015年提出了"大中台、小前台"战略。经过三年多的改造，阿里巴巴中台就已经将公共业务和技术组织横向打穿，实现了业务数据数字化和数据业务化，为前台业务提供了高效运转和迭代支撑。

同年，京东宣布采用"前台＋中台＋后台"的组织架构。京东将过去十几年所积累的零售板块经验标准化、组件化、平台化、系统化，对前台赋能，并在自营、开放平台和生活服务三种不同供应链形态下，进行相应的能力建设布局，打造核心竞争壁垒。

在互联网大厂的示范作用下，传统品牌企业的平台化组织也在萌芽，组织演进大潮将难以阻挡。

三、组织机构设计

组织机构的类型虽然多，但任何一个组织机构都存在着三个相互联系的问题：① 管理层级的划分；② 部门的划分；③ 职权的划分。组织内外环境的变化会对这三个相互联系的问题造成影响，使组织机构呈现出多样性的特点。

组织设计的目的是更好地实现组织目标，打造属于组织的"非您莫属"，组织长期持续稳定、有序的运营有赖于市场对产品、服务的认可。如海底捞以服务著称，消费者选择海底捞的根本原因在于服务的附加值，海底捞在组织构建与设计中会强化服务的节点打磨与优化，而巴奴火锅的核心竞争要素是牛肚，在组织设计中则更强调食材与供应链。

围绕着对竞争要素的打造，组织在管理层级、部门、职权方面应结合组织环境、组织规模、组织战略目标、信息沟通等进行组合设计，以期满足组织快速高质量发展的需要。

1. 组织机构设计的影响因素

1）组织环境

组织面临的环境特点，对组织机构职权的划分和组织机构的稳定有较大的影响。如果组织面临的环境复杂多变、有较大的不确定性，则在划分权力时，中下层管理者拥有较多的经营决策权和随机处理权，以增强组织对环境变动的适应能力。如果企业面临的环境是稳定的、可以把握的，则可以把管理权较多地集中在高层管理者手里，设计比较稳定的企业架构，实行程序化管理。

2）组织规模

一般而言，企业规模小、管理工作量小，为管理提供服务的组织机构也相应简单；企业规模大、管理工作量大，需要设置的管理机构多，各机构间的关系也相对复杂。可以说，组织机构的规模是随着企业规模的扩大而相应增长的。

3）组织战略目标

组织战略目标与组织机构是作用与反作用的关系，有什么样的战略目标，就应有什么样的组织机构，只有对组织战略目标进行深入的了解和分析，才能正确选择组织机构的类型和特征。

4）信息沟通

信息沟通贯穿于组织管理活动的全过程，组织机构功能的大小，很大程度上取决于能否及时获得足够的信息。

组织机构的设计与调整是一个动态的过程，以上任何一个影响因素发生改变，组织机构都应随需而动，其中最为常见的是信息沟通模式的改变引起的组织机构的变化。

2. 组织机构模式的选择

组织机构模式主要有直线制、职能制、直线职能制、事业部制、矩阵制、平台型组织等。各种模式都有自身的结合原则，如以工作和任务为中心、以成果为中心、以关系为中心等。

1）以工作和任务为中心设计的组织机构

以工作和任务为中心设计的组织机构有直线制、直线职能制、矩阵制等，这种模式的优点是具有明确性和高稳定性，缺点是组织中的每个人只了解自己的工作和任务，对整体任务所知甚少。当企业规模小或外部环境变化不大时，这种组织机构模式能适应环境的要求。

2）以成果为中心设计的组织机构

以成果为中心设计的组织机构一般为事业部制。在这种模式下，一个企业由若干个自治性单位组成,每个自治单位对自己的业绩和成果负责。事业部制的机构模式一般会在大型组织中被采用,它使每个自治单位既能了解自己的任务,又能了解整个组织的任务;既有高度的稳定性,又有较强的适应性。当一个组织规模较大且产品种类复杂或者分布区域很广时,采用事业部制的机构模式能取得良好的效果,但因自治,需匹配对应的自由裁量权,如若没有强大的文化铸筑、强大的组织管理能力、标准的作业指导规范,很容易导致"诸侯割据",很难发挥组织效力,同时需设置较多的分支机构,管理费用将大幅度增加。

3)以关系为中心设计的组织机构

以关系为中心设计的组织机构通常出现在一些大型组织或项目中,它是将其他组织设计原则进行了综合运用。如小米的生态圈模式就是标准的以关系为中心设计的组织机构,小米通过米加生态网络共享客户资源,通过资本投资(参股、控股)模式参与生态圈企业客户资源的变现,在很短的时间内将小米体系做大做强了起来。

四、组织机构的变革

1. 组织机构变革的征兆

组织机构变革的征兆具体表现在以下几个方面:

(1)组织机构经营业绩下降,如市场占有率下降、产品质量下降、成本增加、顾客满意度下降、员工满意度下降等。

(2)组织机构本身的问题,如指挥不灵、决策迟缓、信息不畅、机构臃肿、人浮于事、扯皮推诿等。

(3)员工士气低落、离职率高,组织诚信度下降等。

(4)组织经营成本大幅度上升,如应收账款增加、其他应收款增加、资产闲置等。

(5)不能形成合力,员工寻租,组织发展停滞不前。

2. 组织机构变革的方式

组织机构变革的方式有如下几种:

(1)改良式变革:日常的小改小革、修修补补,这种方式是局部变革,变革的阻力较小。

(2)爆破式变革:短期内完成组织结构的重大以至根本性变革,如两家企业合并,从职能制机构改为事业部制机构。

(3)计划式变革:对改革方案经过系统研究,制订全面的规划,然后有计划、分阶段地实施,这种方式比较理想。

3. 排除组织机构变革的阻力

由于变革会冲击组织成员已习惯的工作方式与方法,对已有的业务知识及技能造成挑战,导致组织成员失去工作的安全感,组织变革常常招致他们的抵制和反对。

为保证变革的顺利进行,应事先制订相应的措施:

(1)让组织成员参与变革的调查、诊断和计划,使他们充分认识到变革的必要性并意识到责任感。

(2)大力推行与组织变革适应的培训计划,通过培训,使组织成员掌握新的业务知识和技能，适应变革后的工作岗位。

（3）大胆起用有开拓创新精神的人员，减少组织变革的阻力。在实际的工作场景中，导致组织裹足不前的原因往往来自于决策层不能形成统一意见或决策层不具备领导能力，为保障组织变革的有效性，关键人员的调整基本决定了组织机构调整的成败。

组织机构调整势必导致既得利益的重塑与调整，也会导致部分人员的强烈反对，如若改革前没有充分调研，没有做好沙盘推演，没有前置将关键节点予以布局，很有可能导致功败垂成，因此不能忽视组织不良惯性的冲击力，更不能忽视固有的思想及"顽固派"的顽强生命力。

任务三　正式组织与非正式组织

一、正式组织

正式组织是指按照一定规则，为完成某一共同的目标而正式组合起来的人群集合体。在正式组织中，成员之间保持着形式上的协作关系，以实现将组织目标作为全员行动的出发点。人们经常将"正式"与"不变""稳定"联系在一起。

1. 正式组织的特点

正式组织的特点主要有：
（1）组织目标是具体的。
（2）正式组织的权力具有强制性、服从性，以及正统性、合法性和稳定性等特点。
（3）正式组织的结构具有层级式的等级特点。
（4）正式组织的信息沟通渠道是由组织规章提供的。

2. 正式组织三要素

正式组织的三要素为协作意愿、共同目标和信息沟通。
（1）协作意愿。没有人就没有组织。构成组织的应该是人的服务、行动、行为或影响，而不是人。人们贡献和努力的意愿是协作体系所不可缺少的。
（2）共同目标。除了同他人联合的意愿以外，组织必须有一个协作的目标，这样协作意愿才能发展起来。
（3）信息沟通。实现共同目标的可能性和存在着愿意为这个共同目的作贡献的人们，是协作体系的两大基础，使这些可能性成为动态过程的是信息交流。

二、非正式组织

非正式组织是组织种类中的一种，与正式组织相对。它是以情感、兴趣、爱好和需要为基础，以满足个体的不同需要为纽带，没有正式文件规定的、自发形成的一种开放的社会组织。

非正式组织一经形成，也会产生各种行为规范，以制约非正式组织中的成员。这种规范与正式组织的目标可能一致。由于非正式组织的主要目标在于满足其成员的心理需要，所以这种组织也叫作心理—社会系统。例如，集邮组织、绘画组织、技术革新组织、业余文体活动组织等，都属于非正式组织范畴。随着信息技术的不断进步及社会价值观的多元化，各种非正式组织层出不穷，有的甚至超过正式组织的威力与社会影响力，如维基百科就是由一群知识贡献者开放性的贡献创造出的伟大杰作；各互联网大 V 通过知识与价值观的输出集聚一群铁粉实现了大规模的商业变现等。随着非正式组织的发展与壮大，非正式组织除了满足组织成员心理需求外，也开始承担起一些正式组织的相应职能，如社会上许多商会、协会等组织的设置是为了满足组织成员信息互通、专业交流的目的，随着组织影响力的提升，商会、协会成立党委或党支部，并开始以商会、协会的名义参与社会活动等。

1. 非正式组织的特点

非正式组织的特点主要有：

（1）顺其自然。非正式组织通过组织成员自愿结合而成，无人强迫，也无人故意安排、设计，完全是由人们在组织中通过彼此了解、认同，产生情感后所自然结合而成的团体。

（2）相互行为。人们在组织中彼此认识、了解，相互沟通，因而形成了非正式组织。这种互动的过程即相互行为。

（3）感情投入。组织成员间的相互行为而使组织中的成员彼此认识、了解，故非正式组织中组织成员间的情感较亲密。但因为以团体的情感作为依据，所以其行为缺乏客观的标准。

（4）社会距离短。在正式组织中，由于阶层节制或功能分工的关系，组织成员间多少存在一些社会距离；但是在非正式组织中，组织成员的结合是由于相同的背景，故彼此的关系更加亲密。

（5）民主取向。非正式组织成员是自由结合的，无法律限制，无地位高低；成员于一种平等的原则之下彼此来往；任何的行为皆为众人同意而产生的。

（6）用影响力来领导。非正式组织若有领导这件事，那就是靠影响力而实现的，全由其所发生的时机、性质而定。

（7）团体压力。非正式组织有团体公认的"行为规范"，并存在于每位组织成员的心中，即为团体压力。

（8）附着力和统合力。非正式组织的存在主要是由于组织成员间存在共同的认知，此种"认同"的力量把大家紧密地团结在一起。正如当人们在国外时会比在国内更加团结。

（9）成员的重叠性。正式组织中的非正式组织数量不止一个，成员亦表现出重叠性。

2. 非正式组织的缺点

非正式组织的缺点主要有：

（1）反对改变。组织因技术改良或法律修改而不得不改变工作程序，这种改变常会影响到组织成员工作的调整，进而改变组织成员之间的来往关系。非正式组织成员可能为了保持现状而不愿作出改变。另外，非正式组织的存在很少受到组织中传统、习惯或文化的影响，很难形成坚强的组织堡垒。

（2）角色冲突。组织成员在组织中往往扮演着多重角色。在正式组织中其地位、角色是一种，而在非正式组织中又是另一种，在这种双重角色的关系下，组织成员常会陷入僵局。

（3）传播谣言。在非正式组织中，组织成员有频繁的沟通机会，消息一旦经过辗转相传，往往会失真，产生谣言，尤其是在正式组织和非正式组织之间存在冲突时，谣言会流传得更快。

（4）徇私不公。非正式组织成员因凝聚力特别强，容易出现上司偏袒部属的行为。

正式组织的稳定性结合非正式组织的灵活性，在组织管理中起到的作用越来越重要，如社会工商业治理的主体除了政府主管部门外，形形色色的商会组织也起到了非常重要的作用。组织在正式组织与非正式组织的关系处理方面应更多地发挥彼此的积极协作的作用，充分发挥非正式组织的机动、积极、专业、灵活等优势，为组织的进步与发展，效率的提升与效益的改善，发挥更多、更大的作用。

任务四　组织文化设计

一、组织文化的概念

广义上来讲，组织文化是指企业在建设和发展中形成的物质文明和精神文明的总和。它包括组织管理中的硬件和软件、外显文化和内隐文化两部分。狭义上来讲，组织文化是指组织在长期的生存和发展中所形成的为组织所特有的，且为组织多数成员共同遵循的最高目标价值标准、基本信念和行为规范等的总和及其在组织中的反映。

组织文化

具体地说，组织文化是指组织全体成员共同接受的价值观念、行为准则、团队意识、思维方式、工作作风、心理预期和团体归属感等群体意识的总称。

二、组织文化的特征

1. 组织文化的意识性

大多数情况下，组织文化是一种抽象的意识范畴，它作为组织内部的一种资源，属于组织的无形资产之列。另外，它是组织内一种群体的意识现象，是一种意念性的行为取向和精神观念。

2. 组织文化的系统性

组织文化由共享价值观、团队精神和行为规范等一系列内容构成，各要素之间相互依存、相互联系。

3. 组织文化的凝聚性

组织文化可以展现出某种信仰与态度，它影响着组织成员的处世哲学和世界观，而且也影响着组织成员的思维方式。因此，在某一特定的组织内，组织成员总是为自己所信奉的组织文化所驱使，起到"黏合剂"的作用。良好的组织文化同时意味着良好的组织氛围，它能够激发组织成员的士气，有助于增强群体的凝聚力。

4. 组织文化的导向性

组织文化规定组织成员的行为准则与价值取向。它对组织成员行为的产生有着最持久、最深刻的影响。因此，组织文化具有导向性。它可以昭示组织内提倡什么样的行为，反对什么样的行为，使组织成员的行为与组织目标的要求相匹配。

5. 组织文化的可塑性

组织文化并不是组织建立之初就有的，而是在组织生存和发展过程中逐渐总结、培育和积累而形成的。组织文化可以通过人为的后天努力加以培育和塑造，而已形成的组织文化也并非是一成不变的，是会随组织内外环境的变化而加以调整的。

6. 组织文化的长期性

长期性指组织文化的塑造和重塑的过程需要相当长的时间，而且是一个极其复杂的过程。组织的共享价值观、共同精神取向和群体意识的形成不可能在短期内完成，在其形成过程中，涉及调节组织与其外界环境相适应的问题，也需要在组织内部的各个成员之间达成共识。

组织文化具有极强的惯性，它潜移默化地影响着组织成员的思维方式与行为习惯，一旦形成，很难改变。

三、组织文化的内容

组织文化的内容可以分为显性组织文化和隐性组织文化两大类。

1. 显性组织文化

显性组织文化是指那些以精神的物化产品和精神行为为表现形式的，通过人的直观的视听器官能感受到的，又符合组织文化实质的内容。它包括组织标志、工作环境、规章制度和经营管理行为等。

（1）组织标志。组织标志是指以标志性的外化形态来表示本组织的组织文化特色，并且和其他组织明显地区别开来的内容，包括厂牌、厂服、厂徽、厂旗、厂歌、商标、组织的标志性建筑等。如美团的黄色上衣，天猫的猫头标志，京东的京东红等，这些具有明显标志的外化物具有极强的识别度，将组织文化彰显得淋漓尽致。

（2）工作环境。工作环境是指组织成员在组织中办公、生产、休息的场所，包括办公楼、厂房、俱乐部、图书馆等。

工作环境是组织文化外化的最佳具象，如组织主张环保的价值观，办公区域却选择在有排污可能的工业区，这显然与组织文化相冲突。正因为此，很多投资机构在对投资对象进行背景调查时，一般会先到投资对象的办公场所参观。

【拓展阅读】

组织掌舵人的办公室是最能反映领导人及组织人格与文化的。如若领导人办公室挂有与名人的合影或个人的社会职务，那么这样的领导人一般较为关注个人名声，往往虚荣心较强，此组织也难免会有华而不实的企业文化。如若领导人办公室一尘不染，各种文件摆放得井井有条，虽没有华丽的家居装饰，但很有情调与品位，那么这样的领导人一般较为注重规则与规范，此组织在其带领下，产品一般会做得较为出色。如若领导人办公室物品杂乱，除了与工作相关的物品外，没有任何其他装饰，那么这样的领导人创新性较强，此组织在其领导下一般会剑走偏锋，畅游商海，但持续性与耐力会很难保持。

（3）规章制度。只有那些能够激发组织成员积极性和自觉性的规章制度，才是组织文化的内容，其中最主要的是民主管理制度，但组织文化贯穿于制度建设的全程。如若组织中强调公平、公正、公开的文化氛围，制度建设中一般会强调组织中各种数据的采集及依据数据，设定的标准与组织成员的经济价值或社会地位直接挂钩。

规章制度的设计非常重要，但规章制度的执行更加重要。很多组织，其规章制度琳琅满目，但在实际操作中却将其束之高阁，往往以决策者的意志、情感代替制度与标准，这样的组织想有大的作为往往非常难。

所谓"知行合一"。制度也好、标准也罢，但凡具有管理的职能与价值，都应保障紧扣文化的内涵设计与实施，方能在组织建设与发展中保驾护航。

（4）经营管理行为。再好的组织哲学或价值观念，如果不能有效地付诸实施，就无法被组织成员所接受，也就无法成为组织文化。如组织在生产中以"质量第一"为核心的生产活动，在销售中以"顾客至上"为宗旨的推销活动，组织内部以"建立良好的人际关系"为目标的公共关系活动等，都是组织哲学、价值观念、道德规范的直接体现。

【拓展阅读】

在组织的日常经营管理中，面临两难选择的时候最为考验组织文化的张力。如第三方检测中出现检测质量问题，作为第三方检测机构是主动联系客户为其复测并退回客户款项，还是采取隐瞒事实的行为；如果果断采取前者，"顾客至上"的宗旨才不是仅仅停留于口头上的口号，而是实实在在地内化于组织成员血液中的身体记忆。

经营行为的一举一动都是组织文化显性化的具体体现。一旦"言行不一"，组织文化必然变得混乱，甚至隐性组织文化盛行；一旦不好的隐性文化在组织中确立并扎根，对组织的破坏力将持久且顽固。

2. 隐性组织文化

隐性组织文化是组织文化的根本，也是组织文化中最重要的部分。隐性组织文化包括组织哲学、价值观念、道德规范、组织精神等方面。

（1）组织哲学。组织哲学是组织成员所共有的对世界事物的一般看法。组织哲学是组织最高层次的文化，主导、制约组织文化其他内容的发展。从组织管理史的角度来看，组织哲学经历了"以物为中心"到"以人为中心"的转变。

（2）价值观念。组织的价值观念是组织成员对客观事物和个人进行的评价活动在头脑中的反映，是对客观事物和人是否具有价值以及价值大小的总的看法和根本观点，包括组织存在的意义和目的，组织各项规章制度的价值和作用，组织成员的各种行为和组织利益的关系，等等。

价值观念是深植于内心深处最为牢固的价值准则，是外显行为的道德底线。价值观一旦形成，很难通过后天改变。组织及组织成员如若形成了统一的、正面的价值观，势必会对组织的未来产生积极的影响。

（3）道德规范。组织的道德规范是组织在长期的生产经营活动中形成的、组织成员自觉遵守的道德风气和习俗，包括是非的界限、善恶的标准和荣辱的观念，等等。

在日常工作或生活中，人们经常会对某些人或某些事有不同的看法，除受到价值观影响外，更多受制于内置于不同主体大脑的道德规范的本能判断。道德规范深置的组织，势必得到社会大众的普遍认可，赢得社会与周边更多的支持。

（4）组织精神。组织精神是指组织群体的共同心理定势和价值取向。它是组织哲学、价值观念、道德规范的综合体现和高度概括，反映组织成员的共同追求和共同认识。组织精神是组织成员在长期的生产经营活动中，在组织哲学、价值观念和道德规范的影响下形成的。

【拓展阅读】

电视剧《亮剑》中主人公李云龙的毕业论文《亮剑精神》：

同志们，我先来解释一下什么叫亮剑。古代剑客们在与对手狭路相逢时，无论对手有多么强大，就算对方是天下第一剑客，明知不敌，也要亮出自己的宝剑，即使倒在对手的剑下，也虽败犹荣，这就是亮剑精神。事实证明，一支具有优良传统的部队，往往具有培养英雄的土壤。英雄或是优秀军人，往往是以集体形式出现，而不是以个体形式出现的。理由很简单，他们受到同一传统的影响，养成了同样的性格和气质。例如，第二次世界大战时，苏联空军第16航空团P—39飞蛇战斗机大队，竟产生了二十名获得苏联英雄称号的王牌飞行员。与此同时，苏联空军某部施乌德飞行中队，产生了二十一名获得苏联英雄称号的模范飞行员。任何一支部队都有自己的传统。传统是什么？传统是一种性格，是一种气质。这种传统和性格，是由这支部队组建时，首任军事首长的性格和气质决定的，他给这支部队注入了灵魂，从此不管岁月流逝，人员更迭，这支部队灵魂永在。同志们，这是什么？这就是我们的军魂。我们进行了二十二年的武装斗争，从弱小逐渐走向强大，我们靠的是什么？我们靠的就是这种军魂，我们靠的就是我们军队广大指战员的战斗意志。纵然是敌众我寡，纵然是深陷重围，但是我们敢于亮剑，我们敢于战斗到最后一个人。一句话：狭路相逢勇者胜。亮剑精神就是我们这支军队的军魂——剑锋所指，所向披靡！

组织文化中的显性文化和隐性文化互为表里、互为因果、协同发展，显性文化是隐性文化的外显形式，隐性文化决定与制约显性文化的显现与表现形式。

文化的韧性与张力非一日、一时沉淀而成，是在有为方向的指引下，组织成员共同努力、长期打造的结果，一旦成型即深入组织成员骨髓，受用一生。

四、组织文化的类型

根据不同的标准和用途，组织文化可划分为以下几种。

1. 学院型组织文化

学院型组织是为想要全面掌握每一种新工作的人而准备的地方，他们在这里能不断地成长、进步。这种组织喜欢雇用年轻的大学毕业生，并为他们提供大量的专业培训，然后指导他们在特定的职能领域内从事各种专业化工作。桑南菲尔德认为，学院型组织的例子有

IBM 公司、可口可乐公司和宝洁公司等。

2. 俱乐部型组织文化

俱乐部型组织文化非常重视适应、忠诚感和承诺。在俱乐部型组织中，资历是关键因素，年龄和经验都至关重要。与学院型组织相反，它们会将管理人员培养成通用型人才。俱乐部型组织的例子有联合包裹服务公司、德尔塔航空公司和贝尔公司等。

3. 棒球队型组织文化

棒球队型组织文化鼓励冒险和革新。它在招聘时会从各种不同年龄和经验层次的人中寻求有才能的人。由于这种组织对工作出色的员工会给予巨额奖酬和较大的自由度，所以员工一般都会拼命工作。棒球队型组织在会计、法律、投资银行、咨询、广告、软件开发、生物研究等领域比较普遍。

4. 堡垒型组织文化

棒球队型组织文化重视创造发明，而堡垒型组织则着眼于组织的生存。这类组织以前多数是学院型、俱乐部型或棒球队型的，但因在困难时期衰落了，因此现在尽力来保证企业的生存。这类组织对于喜欢流动性、挑战的人来说，具有一定的吸引力。堡垒型组织的例子有大型零售店、林业产品公司、天然气探测公司等。

5. 家族型组织文化

家族型组织文化可能是最古老的一种文化，这是一种与人相关的文化，而不是以任务为导向的。在这种组织文化中，组织的领导者就像是组织的"父亲"，有较高的权威和权利。组织更倾向于直觉的学习而不是理性的学习，更重视组织成员的发展而不是更好地利用组织成员。属于这类组织文化的国家有日本、巴西、土耳其、巴基斯坦、西班牙、意大利和菲律宾等。

6. 保育器型组织文化

保育器型组织文化是一种既以人为导向，又强调平等的文化。其典型的代表就是硅谷。这种文化富于创造性，孕育着新的观点。由于强调平等，所以提倡这种文化的组织机构是最精简的，等级也是最少的。在这样的文化中，组织成员共同承担责任并寻求解决办法。

7. 导弹型组织文化

导弹型组织文化是一种平等的、以任务为导向的文化。在这种文化中，任务通常都是由小组或者项目团队完成的，但是这种小组都是临时性的，任务完成，小组就会解散。成员们所做的工作都不是预先设定好的，当有需要完成的任务时，才会去做。属于这类组织文化的国家有美国、英国、挪威和爱尔兰等。

8. 埃菲尔铁塔型组织文化

埃菲尔铁塔型组织文化的结构像埃菲尔铁塔，等级较多，且底层员工较多，越到高层，人数越少。每一层对于其下的一层都有清晰的责任，所以组织成员都是小心谨慎的。对组织的任何不满都要通过一定的章程和实情调查才有可能反映给高层管理者。在这种文化的组织中，组织成员都相信拥有必需的技能才能保住现在的职位，也需要更高的技能才能升迁。属于这种类型组织文化的国家有德国、法国、苏格兰、澳大利亚和加拿大等。

五、组织文化的功能

组织文化的功能是指组织文化发生作用的能力，也就是组织这一系统在组织文化导向下进行生产、经营、管理时所起到的作用。但是任何事物都有两面性，组织文化也不例外，它对于组织的功能可以分为正功能和负功能。组织文化的正功能在于提高组织承诺，影响组织成员，提高组织效能。但也不能忽视其潜在的负效应，它对于组织是有害无益的，这也可以看作是组织文化的负功能。

1. 组织文化的正功能

组织文化的正功能包括：

（1）导向功能。组织文化能对组织整体和组织成员的价值取向及行为取向起引导作用，使之符合组织所确定的目标。组织文化只是一种软性的理智约束，通过组织的共同价值观不断地向个人价值观渗透和内化，使组织自动生成一套自我调控机制，以一种适应性文化引导组织的行为和活动。

（2）约束功能。组织文化对组织成员的思想、心理和行为具有约束和规范的作用。组织文化的约束不是制度式的硬约束，而是一种软约束，这种软约束相当于组织中弥漫的组织文化氛围、群体行为准则和道德规范。

（3）凝聚功能。当一种价值观被该组织成员共同认可之后，它就会成为一种黏合剂，从各个方面把其成员团结起来，从而产生一种巨大的向心力和凝聚力。这正是组织获得成功的主要原因。人心齐，泰山移。组织成员有共同的目标和愿景，才能推动组织不断地发展。

（4）激励功能。组织文化具有使组织成员从内心产生一种高昂情绪和发奋进取精神的效应，它能够最大限度地激发员工的积极性和首创精神。组织文化强调以人为中心的管理方法。它对人的激励不是一种外在的推动而是一种内在引导，它不是被动消极地满足人们对实现自身价值的心理需求，而是通过组织文化的塑造，激发组织成员从内心深处为组织拼搏献身。

（5）辐射功能。组织文化一旦形成较为固定的模式，它不仅会在组织内发挥作用，对本组织成员产生影响，也会通过各种渠道对社会产生影响。组织文化向社会辐射的渠道很多，但主要分为利用各种宣传手段和个人交往两大类。一方面，组织文化的传播对树立组织在公众中的形象有帮助；另一方面，组织文化对社会文化的发展有很大的影响。

（6）调适功能。组织文化可以帮助新进入的成员尽快适应组织，使其价值观和组织相匹配。在组织变革的时候，组织文化也可以帮助组织成员尽快适应变革后的局面，减少因变革带来的压力和不适感。

2. 组织文化的负功能

组织文化的负功能包括：

（1）变革的障碍。如果组织的共同价值观与进一步提高组织效率的要求不相符，它就成了组织的束缚，这是在组织环境处于动态变化的情况下最有可能出现的情况。当组织环境正在经历迅速的变革时，根深蒂固的组织文化可能就不合时宜了。因此，当组织面对稳定的环境时，行为的一致性对组织而言就很有价值。但组织文化作为一种与制度相对的软约束，更加深入人心，极易形成思维定势，这样，组织有可能难以应对变化莫测的环境；当问题积累到一定程度时，这种障碍可能会对组织造成致命的打击。

【拓展阅读】

戊戌变法从 1898 年 6 月 11 日开始实施。其主要内容有改革政府机构，裁撤冗官，任用维新人士；鼓励私人兴办工矿企业；开办新式学堂，吸引人才，翻译西方书籍，传播新思想；创办报刊，开放言论；训练新式陆军海军；科举考试废除八股文，取消多余的衙门和无用的官职。但因变法损害到以慈禧太后为首的守旧派的利益，而遭到强烈抵制与反对。1898 年 9 月 21 日，慈禧太后发动戊戌政变，光绪帝被囚，康有为、梁启超分别逃往法国、日本，谭嗣同等戊戌六君子被杀，历时 103 天的变法失败。

中国近代的戊戌变法可谓是进步人士与守旧派之间的一场赤身肉搏，表面上看是利益冲突，实则是利益背后的文化对抗。积极、阳光、开放的文化会促进社会的进步与发展，而消极、保守的文化会导致社会裹足不前，甚至倒退。

（2）多样化的障碍。由于种族、性别、道德观等差异的存在，新加入的组织成员与组织中大多数成员就会产生矛盾。管理者希望新成员能够接受组织的核心价值观，否则，新成员就难以适应或被组织接受。组织决策需要成员思维和方案的多样化，但一个强势文化的组织一般会要求成员和组织的价值观一致，这就必然导致决策的单一性，抹杀了多样化带来的优势。

（3）兼并和收购的障碍。以前，管理者在进行兼并或收购时，所考虑的关键因素是融资优势或产品协同性。近几年，除了考虑产品线的协同性和融资方面的因素外，更多的则是考虑文化方面的兼容性。如果两个组织无法成功地整合，那么组织将出现大量的冲突、矛盾乃至对抗。所以，在决定兼并和收购时，很多管理者往往会分析双方文化的相容性，如果差异极大，为了降低风险，则宁可放弃兼并和收购行动。

练习与实训

	1	2	3	4	5	6	7	8	9	10
一、单选题										
二、多选题										
三、判断题										

客观题

四、思考题

1. 当组织管理者遇到棘手的内部冲突时，应如何处理？

2. 以班级为例，班组织是什么样的组织方式？班长能够像企业老板那样发号施令吗？

3. 大型组织与小型组织的主要区别有哪些？什么样的组织最适合于按大型组织的方式运营？什么样的组织按大企业与小企业混合体的方式运营会取得更好的效果？

4. 一家消费品公司的经理说：我们通过品牌经理职位培养未来的经理人员。你是否认为品牌经理是一种很好的培训方式。

五、分析题

20 世纪 50 年代初，弗考夫和中学时代的伙伴创办了科维特公司。这家公司在 10 年内把营业额从 5500 万美元提高到 75 000 万美元，一跃成为零售史上发展最快的公司之一。在 20 世纪 60 年代初，这家公司平均每 7 个星期增设一家大的商店，很快就扩充到 25 家商店。

科维特公司的管理一开始就是集权式的，总部操纵着所有的经营活动并掌握着其他各项政策的决策权，商店经理和其他管理人员只被赋予很少的权力。弗考夫经常四处巡视，直接管理相当大数量的商店，直到这一数量超出了他力所能及的范围。

科维特公司的规模越来越大，所面临的问题也变得越来越复杂。当公司的商店还没有超过 12 家时，弗考夫及其总部的高级管理人员还能够亲临现场给各商店的工作进行指导。但是，随着公司规模的扩大，面对面的管理变得越来越难。后来，科维特公司在经营上的问题日趋严重，这家公司不得不减少新店的增设，把注意力转向现有的商店。最后弗考夫仍然无法拯救公司，科维特公司被斯巴坦斯工业公司收购。

问题：

(1) 弗考夫所采用的组织结构和管理方式使他获得了成功，也导致了他的失败。为什么？

(2) 科维特公司要发展，面对面的管理变得不再可行时，为确保有效的监督管理，应当怎样进行组织设计？

六、实训题

转　　变

参与人数：集体参与

时间：30 分钟

场地：室内

材料：两个瓶子，气球

应用：解释企业管理内涵，鼓励人们踊跃进取

1. 游戏目的：变化是世间万物的常态，静止只是相对的。一个企业只有不断地转变才能适应不断变化的外部环境，做到与时俱进。

2. 游戏规则和程序：

(1) 教师拿出一个充满气的气球，再拿出一个开口很小的瓶子，然后询问大家怎样将这只气球装在瓶子里，但是不能将气球弄破。

(2) 大家想办法将气球塞到瓶子里。

（3）教师请一个人上来用这个瓶子做五个动作，什么动作都可以，但是不能重复。

（4）请另外的参与者再做五个动作，但不要与刚才做过的动作重复，如此一直重复下去。

（5）教师拿出一个开口非常大的瓶子放在台上，指着瓶子说："谁能把它放到这只新瓶子里？"

3．相关讨论：

（1）若是你没有解答出问题，是什么阻碍了你思想的进展？

（2）这个看似简单的游戏揭露了什么样的道理？

七、应用题

当前，随着经济的不断发展，市场竞争日益激烈，各行各业面临的挑战不断加剧，人力资源管理成为企业经营管理中的重要方面，企业想要完善自身发展机制，就要建立内部管理体系，提升企业管理水平，重视企业人力资源的配置与发展，创新管理机制，最终推动企业长久发展。请结合相关的组织知识，提出组织在企业人力资源管理中运用和实施的策略。

项目七 调兵遣将——人员配置

认知目标

（1）了解人力资源规划的作用和流程。

（2）了解人力资源需求预测和供给预测的方法。

（3）熟悉人力资源供需平衡的途径。

（4）了解培训需求分析的方法。

（5）了解培训效果评估的方法。

技能目标

（1）具备计算人力资源需求和供给数量的能力。

（2）具备甄选人才的能力。

（3）能应用人才测评技术。

（4）具备编制各类培训计划的能力。

素质目标

（1）培养学生探索与创新的精神和意识。

（2）强化价值引领，增强学生的道路自信、理论自信、制度自信、文化自信。

（3）培养学生的职业道德责任感。

动画导入

人才的合理配置

【学贯二十大】

教育、科技、人才是全面建设社会主义现代化国家的基础性、战略性支撑。必须坚持科技是第一生产力、人才是第一资源、创新是第一动力，深入实施科教兴国战略、人才强国战略、创新驱动发展战略，开辟发展新领域新赛道，不断塑造发展新动能新优势。

我们要坚持教育优先发展、科技自立自强、人才引领驱动，加快建设教育强国、科技强国、人才强国，坚持为党育人、为国育才，全面提高人才自主培养质量，着力造就拔尖创新人才，聚天下英才而用之。

任务一 人力资源规划

一、人力资源规划概述

为了达到企业的战略目标与战术目标，满足未来一段时期内企业的人力资源质量和数量方面的需要，企业需要根据现有人力资源状况，对人力资源的引进、保持、提高和流出进行预测和规划。

1. 人力资源规划的定义

人力资源规划是企业为实现其发展目标，对所需人力资源进行供求预测，制订人力资源政策和措施，以满足自身人力资源需求的活动。人力资源规划是一种将人力资源管理与企业宏观战略相结合，并最终实现企业目标的途径。

2. 人力资源规划的作用

人力资源规划的作用是让企业保持人力资源供给与需求的动态平衡。企业通过合理配置人力资源，可提高人力资源利用效率，增强人力资源优势，进而提高企业的市场竞争力。人力资源规划不仅能使企业有效控制人力成本，确保长期发展，将企业自身发展和需要与职工发展和需要相统一，并且能够优化企业内部人力资源组合结构，有效提高员工工作效率。

3. 人力资源规划的流程

人力资源规划主要分为以下三个阶段：

（1）预测阶段：在充分掌握信息的基础上，采用有效的预测方法，对企业在未来某一时期内的人力资源供给和需求作出预测。

（2）实施阶段：根据供给和需求预测比较的结果，通过人力资源的总体规划和业务规划，制订并实施平衡供需的措施，满足企业对人力资源的需求。

（3）评估阶段：在实施的过程中，随时根据企业内外部环境的变化来修正供给和需求的预测结果，并对平衡供需的措施作出调整；同时，对预测的结果以及制订的措施进行评估，对预测的准确性和措施的有效性作出衡量，找出其中存在的问题以及有益的经验，为以后的规划提供借鉴和帮助。

有关企业人力资源规划流程的具体内容如下。

1）预测和规划企业未来人力资源的供给

通过对企业内现有各种人力资源进行认真测算，并对照企业在某一时期内人员流动的情况，预测企业在未来某一时期内的人力资源状况。

（1）对企业内现有的各种人力资源进行测算。其具体包括员工的年龄、性别、工作经历和教育水平等方面的资料；目前企业内各个工作岗位所需要的知识和技能以及各个时期人员变动的情况；员工的潜力、个人发展目标以及工作兴趣爱好等方面的情况；有关员工技能(包括技术、知识、受教育程度、经验、发明、创造以及发表的学术论文或所获专利等)等方面的信息资料。

(2) 分析企业内人力资源流动的情况。一个企业中现有员工的流动可能有这样几种情况：① 滞留在原来的工作岗位上；② 平行岗位的流动；③ 企业内的升职或降职变动；④ 辞职或被开除出企业(流出)；⑤ 退休、工伤或病故。

2) 预测人力资源的需求

在对企业未来某一时期内人力资源供给状况的预测和规划的基础上，可以根据企业的战略目标来预测企业在未来某一时期对各种人力资源的需求。对人力资源需求的预测和规划可以根据时间的跨度而相应地采用不同的方法。

3) 进行人力资源供需方面的分析比较

将企业人力资源需求的预测数与同期企业本身仍可供给的人力资源数进行对比分析，测算出对各类人员的所需数。对企业在未来某一时期内可提供的人员和相应所需人员进行对比分析，不但可以测算出某一时期内人员的短缺或过剩情况，还可以具体地了解某一岗位员工的余缺情况，从而可以测算出需要具有哪一方面知识、哪些技术档次的人才，这样就可以有针对性地进行人才挑选或培训，并为企业制订有关人力资源的政策和措施提供依据。

4) 制订有关人力资源供需方面的政策和措施

在经过人力资源供给测算和需求预测比较的基础上，企业应制订相应的政策和措施，并将有关的政策和措施呈交最高管理层审批。

5) 评估人力资源规划的效益

人力资源规划是人力资源管理工作中的关键部分。如果规划制订得很糟糕，企业就可能缺少足够的员工，或者由于人员过多而不得不大量地裁员，总之，企业会因此遭受各种人员配置问题的困扰。

只要结果是可以衡量的，都可以作为评估人力资源规划效益的依据。显然，成功的人力资源规划的最有说服力的证据，是在一个较长时期内，企业的人力资源状况始终与经营需求基本保持一致。

4. 人力资源规划的分类

人力资源规划可以从各种不同的角度进行分类。

1) 按规划的内容分类

(1) 人力资源战略发展规划。人力资源战略发展规划是指根据企业总体发展战略的目标，对企业人力资源开发和利用的大方针、政策和策略的规定，是各种人力资源具体计划的核心，是事关全局的关键性规划。

(2) 人力资源组织人事规划。在狭义的人力资源规划中，组织人事规划是不包括人力资源供需平衡计划的。在广义的人力资源规划中，组织人事规划涵盖了组织结构设计与调整规划、劳动组织设计与调整规划和人力资源供需平衡计划。前两种规划主要包括部门化组织设计、(工作)岗位设置、劳动定员定额和科学地组织劳动生产，一旦规划调整好以后，相对来说组织会保持长期稳定的状态，而人力资源供求平衡计划则经常需要根据企业内外部环境进行适应性的调整。因此，一般将前两种规划合称为静态的组织人事规划，而把人力资源供需平衡计划称为动态的组织人事规划。

（3）人力资源管理费用预算。人力资源管理费用预算是企业在一个生产经营周期（一般为一年）内，人力资源管理活动预期的费用支出。人力资源规划的根本目的是通过分权、分责、分利的人力资源管理活动实现人力资源与其他资源的最佳配置，而企业人力资源管理费用预算则是计划期内人力资源及其各种相关的管理活动得以正常运行的资金保证。因此，组织人事规划不能脱离人力资源管理费用预算而独立进行。人力资源管理费用预算在人力资源规划中是必不可少的。

（4）人力资源管理制度建设。人力资源管理制度建设是人力资源总规划目标实现的重要保证，包括人力资源管理制度体系建设的程序、制度化管理等内容。

（5）人力资源开发规划。人力资源开发规划包括企业员工培训开发规划（包括员工职业技能的培训计划、员工职业道德的教育计划）、专门人才的培养计划、人员轮换接替计划、员工职业生涯发展规划和企业文化建设等。

（6）人力资源系统调整发展规划。规划并非一成不变的，它是一个动态的开放系统，应对其实施过程及结果进行监督、评估，并重视信息的反馈，不断调整规划，使其更切合实际，更好地促进企业目标的实现。

2）按规划的期限分类

（1）中长期规划。一般来说，五年以上的计划可以称为规划，中期计划期限在一年以上、五年以下。

（2）短期规划。短期规划期限一般为一年及以内，按照年度编制。

有的企业将短期规划的期限定为三至六个月，将中期规划的期限定为六个月至两年，长期规划的期限则定为二至五年。有的企业，即使是短期规划，其期限也都定在十年以上。显然，具体的规划期限应根据组织的性质、规模确定，没有统一的标准。

3）按规划的层次分类

人力资源规划包括两个层次，即总体规划及各项业务计划。人力资源的总体规划是指计划期内人力资源开发利用的总目标、总政策、实施步骤和总的预算安排。人力资源的各项业务计划包括配备计划、退休解聘计划、补充计划、使用计划、培训开发计划、职业计划、绩效与薪酬福利计划、劳动关系计划等。

4）按规划的全局性和长远性分类

按照规划的全局性和长远性，人力资源规划可分为战略性的长期规划、策略性的中期规划和具体作业性的短期规划，也可分为战略规划和战术规划两个方面。

（1）战略规划。人力资源规划的实质是促进企业实现其目标。因此，它必须具有战略性、前瞻性和目标性，要体现企业的发展要求。企业在制订战略规划时，要注意战略规划的稳定性和灵活性的统一。

（2）战术规划。人力资源规划是将企业经营战略和目标转化成人力需求，从企业整体的、超前的和量化的角度分析和制订人力资源管理的具体目标和实施计划。战术规划则是根据企业未来面临的外部人力资源供求的预测结果制订具体方案，包括招聘、辞退、晋升、培训、工资福利政策、梯队建设和组织变革等。

二、人力资源供给预测

人力资源预测可分为人力资源需求预测和人力资源供给预测。人力资源需求预测是指企业为实现既定目标而对未来所需员工数量和种类的估算；人力资源供给预测是确定企业是否能够保证员工具有必要能力以及员工来自何处的过程。

企业的现有人力资源情况一般掌握在人力资源管理部门不同岗位员工和管理人员的手中，为了作好整体的人力资源规划，往往需要先对员工岗位、员工素质、员工年龄结构、冗员情况和员工队伍稳定情况等进行汇总、整理和分析，然后在此基础上，再进行人力资源供给预测。

1. 人力资源供给预测的定义

人力资源供给预测包括内部供给预测和外部供给预测两个方面。内部供给预测需要考虑企业的内部条件，估计经过未来一段时间的调整后，企业的内部供给将会怎样。外部供给预测需要考虑企业外部环境的变化，预测劳动力市场满足企业需求的能力如何。供给预测需要考虑的因素更多、更不可控，只有认识到其特点，选取合适的方法，才能提高预测的准确性。

2. 人力资源供给预测的目的

供给预测的目的是预测在某一未来时期内，企业内部所能供应的（或经由培训可能补充的）以及外部劳动力市场所提供的一定数量、质量和结构的人员，以满足企业为达成目标而产生的人员需求。

3. 人力资源供给预测的类型

企业人力资源供给包括内部供给和外部供给，其预测类型也包括两种：内部供给预测和外部供给预测。

1）内部供给预测

企业人力资源内部供给是企业人力资源供给的主要部分。企业人力资源的供给，应优先考虑内部人力资源供给。企业人力资源内部供给预测必须考虑下述因素：企业员工的自然流失、伤残、退休、死亡等，内部流动（包括晋升、降职、平调等），外部调动（包括自动辞职、合同到期解聘等）。

2）外部供给预测

企业员工因各种主观原因和客观原因退出工作岗位是不可抗拒的规律，职位的空缺不可能完全通过内部供给解决，因此企业需要从外部不断补充人员。

影响企业人力资源外部供给预测的因素有以下几点：

（1）地域性。其具体包括企业附近地区的人口密度，企业所在地的人才就业水平、就业观念，企业所在地对人们的吸引力（如沿海地区对外地人的吸引力较大），企业本身对人们的吸引力，企业所在地的临时工人的供给状况，企业所在地的住房、交通、生活条件等。

（2）人口政策及人口现状。人口政策决定一定时期内劳动力的规模；人口现状则反映企业外部现有人力资源供给状况，包括人口规模、年龄和素质结构、现有劳动力参与率等。

（3）劳动力市场发育程度。劳动力市场发育得好，有利于劳动力自由进入市场，由市场工资率引导劳动力的合理流动；劳动力市场发育得不健全，则会影响人力资源的优化配置，也给企业人力资源外部供给预测带来困难。

（4）社会就业意识和择业心理偏好。例如，一些下岗人员宁愿赋闲在家，也不愿从事一些苦、脏、累、险的工作；大学毕业生普遍存在对择业期望值过高的现象。

【素质培养】

大学生就业意识

目前，很多大学生刚毕业就创业，但是却没有对市场进行充分的调研，也没有工作经验，导致创业失败。大学生在就业意识上存在很多误解。在就业单位的选择上，更加注重体制内单位，而对于非公有制企业或民办企业不太认可；更加向往大城市或者是经济发达的地区。大学生需要改变就业意识，坚信在各个工作岗位中都能发挥自己的价值；要积极去条件较为艰苦的地区就业，去锻炼自己，将自己的成长与社会的建设和祖国富强结合起来。

（5）户籍制度。严格的户籍制度制约企业外部人员的供给。按招聘原则，高层次人才应在全国范围内公开择优聘用。但目前，户籍制度在很大程度上制约了高层次经营管理人才、专业技术人才的跨地区流动。

4. 人力资源供给预测的方法

1）德尔菲法

在人力资源规划中，通常将德尔菲法用于人力资源需求预测方面。但作为一种方法而言，它同样适用于人力资源供给预测。

2）替换单法

替换单法是在对人力资源彻底调查和现有劳动力潜力评估的基础上，指出企业中每一个职位的内部供应源。具体而言，根据现有人员分布状况及绩效评估的情况，在未来理想人员分布和流失率已知的条件下，预先安排各个职位尤其是管理层的接班人，并且记录各职位的接班人预计可以晋升的时间，作为内部人力资源供给的参考。经过这一规划，由待补充职位空缺所要求的晋升量和人员补充量即可得知人力资源供给量。

3）马尔可夫预测法

马尔可夫预测法被广泛应用于企业人力资源供给预测，其基本思想是找出企业过去人力资源变动的规律，以此推测未来人力资源变动的趋势。马尔可夫预测法实际上是一种利用转换概率矩阵，使用统计技术来预测企业未来的人力资源变化的方法。这种方法常用来描述企业中员工流入、流出和内部流动的情况，可以作为预测企业内部人力资源供给的基础。这种方法最早在荷兰军队里使用，后扩展应用于企业中。

马尔可夫预测法的实施步骤如下：

（1）根据企业的历史资料，计算出每一类的每一位员工流向其他类或级别的平均概率。

（2）根据每一类的每一位员工流向其他类或级别的概率，建立人员变动矩阵表。

（3）根据企业年底的种类人数和人员变动矩阵表预测第二年企业可供给的人数。

下面以某企业的人事变动为例具体说明（见表7-1）。该企业岗位分为区域经理、分公司经理、经营部经理、业务主管和业务员五个级别,经过对该企业历史资料的分析,发现各个级别人员的流动具有一定的规律。

表7-1　某企业人员变动矩阵

岗位名称		目的时间(2022年1月)					
		区域经理	分公司经理	经营部经理	业务主管	业务员	流出
起始时间(2021年1月)	区域经理	0.750					0.250
	分公司经理	0.050	0.750	0.050			0.150
	经营部经理		0.042	0.900			0.058
	业务主管			0.027	0.730		0.243
	业务员				0.028	0.810	0.162

在表7-1中,矩阵的列代表分析的起始时间,行代表分析的目的时间。其时间间隔取决于人力资源规划者进行供给预测时的选择,可以是月度,也可以是年度,甚至可以是商业周期,一般用年度的比较多。人员变动矩阵中单元格中的数字表示相同岗位期末人数与期初人数的比率或变化概率,对角线的数字表示在期末仍然承担原来岗位的员工的比率,"流出"列中的数字描述的是各岗位的员工在分析期间离开企业的比率。

从表7-1中可以看出,业务员保留在原岗位的比率为0.810,提升到业务主管的比率为0.028,流出该企业的比率为0.162。

人员变动矩阵,有利于管理者掌握该企业员工的流动情况,而且对熟悉高等数学的管理者来说,运用人员变动矩阵进行计算特别方便。在了解人员变动矩阵后,可以根据该企业起始时间的人力资源状况,预测目的时间的人力资源供给量,见表7-2。

表7-2　某企业各类人员供应量

岗位名称	2021年期初人数	目的时间(2022年1月)					
		区域经理	分公司经理	经营部经理	业务主管	业务员	流出
区域经理	4	3					1
分公司经理	20	1	15	1			3
经营部经理	96		4	86			6
业务主管	264			7	193		64
业务员	1258				35	1019	204
预计人员内部供给		4	19	94	228	1019	
预计人员外部供给		0	1	2	36	239	

通过用这些历史数据来计算每一类人员的变动率,就可以推测出该企业未来的人员变动(供给量)情况。将计划期初各类人员数量与人员变动率相乘,然后纵向相加,就可以得

到该企业未来人员的净供给量，从而确定人员内外部供给需求量。此外，人员变动矩阵还有助于企业为计划期内人力资源管理的重要决策提供依据。例如，表7-1所示企业的业务主管每年离开企业的比率为0.243，那么这一岗位在将来可能会出现短缺的现象，据此该企业应提出以下具体的对策：

（1）查明企业业务主管离开企业的比率高的原因，采取必要的措施尽快地降低比率。

（2）加大对企业业务员的培训力度，使他们尽快晋升为业务主管。

（3）采用多种方式，广开人员补充的渠道，吸引更多的专业人才填补业务主管的岗位空缺。

三、人力资源需求预测

人力资源需求预测是指根据企业的发展规划和企业的内外部条件，选择适当的预测技术，对人力资源需求的数量、质量和结构进行预测。

（一）人力资源需求预测的流程

人力资源需求预测包括现实人力资源需求预测、未来人力资源需求预测、未来流失人力资源预测。不管是哪一种预测，都要经过数据分析、需求预测、人员需求计划编制三个阶段，下面主要介绍前两个阶段。

1．数据分析

人力资源需求预测首先要对企业现有人力资源进行调查和摸底，只有充分了解企业的现有人力资源，才能作出正确的人力资源需求预测。数据分析的内容主要包括以下几个方面。

1）人力资源数量分析

人力资源数量分析的重点在于分析现有人力资源数量是否与企业的业务量相匹配，也就是分析现有人力资源数量是否符合企业在一定业务量内的标准人力资源配置。

2）人员类别分析

人员类别分析包括以下两个方面的内容：一是工作功能的分析，企业员工划分为四种，即业务人员、技术人员、生产人员和管理人员，这四类人员的数量和配置代表企业内部劳动力市场的结构；二是工作性质的分析，按工作性质划分，企业内部工作人员又可分为两类，即直接人员和间接人员。间接人员的数量往往会不合理地膨胀，但该类人员人数的增加与企业业务量的增长并无联系。

3）员工素质分析

员工素质分析是对企业现有员工的受教育程度及所接受的培训状况进行分析。一般而言，员工受教育程度与培训状况代表着其专业知识和工作能力的状况。任何企业都希望提高员工的素质，期望他们对企业作出更大的贡献。但事实上，员工受教育程度与培训程度的高低，应以满足工作需要为前提。因而，为了达到适才适用的目的，员工素质须和企业的工作现状相匹配。管理层在提高员工素质的同时，应该积极提高员工的工作效率，员工创造工作，工作发展员工，通过员工的发展与工作的开展，促进企业的壮大。

4）职位结构分析

根据管理幅度原理，主管职位与非主管职位的数量应有适当的比例。分析职位结构中主管职位与非主管职位,可以显示企业中管理幅度的大小以及部门与层次的多少。如果一个企业中主管职位太多,可能表明存在下列问题:

(1) 企业结构不合理,管理幅度太狭窄,而且部门与层次太多。

(2) 工作程序繁杂,增加了沟通协调的次数,浪费了很多的时间,并容易产生误会和曲解。

(3) 由于本位主义,造成相互牵制,降低工作效率。

2.需求预测

需求预测的步骤如下:

(1) 根据数据分析的结果来确定职务编制和人员配置。

(2) 统计人员的缺编、超编情况以及是否符合岗位资格要求。

(3) 就上述统计结果与部门管理者讨论,修正并得出统计结果(即现实的人力资源需求量)。

(4) 根据企业发展战略规划以及工作负荷的增长情况,确定各部门还需要增加的工作岗位与人员数量,得出统计结果(即未来的人力资源需求量)。

(5) 对预测期内退休的人员、未来可能离职的人员(可以根据历史资料得到)进行统计,得出统计结果(即未来的人员流失状况)。

(6) 将现实的人力资源需求量、未来的人员流失量和未来的人力资源需求量进行汇总计算,得出企业整体的人力资源需求预测。

(二)预测方法

人力资源需求预测的方法可分为定性方法与定量方法两种。

1.定性方法

1) 经验判断法

经验判断法是最常用的预测方法之一。这种方法是利用现有的情报和资料,根据有关人员的经验,结合企业的特点,对企业的人员需求进行预测。经验判断法可以采取"自下而上"和"自上而下"两种形式。如企业采用"自下而上"的形式预测人力资源需求时,由部门经理提交人力资源需求预测方案,上级管理部门审批。在许多时候,也可以采用"自上而下"的形式,由最高管理层预测企业及各部门人力资源的需求情况,人事部门参与讨论,提出建议。预测结果要与部门经理讨论,并征得部门经理的同意。

最好的预测方法是将"自下而上"和"自上而下"两种形式结合起来。最高管理层为部门经理准备一份人力资源规划指南,该规划指南明确了企业未来经营活动的基本设想,以及预期所要实现的目标,部门经理根据规划指南对本部门的人力资源需求进行预测。人事部门要为业务部门的人力资源需求预测提供咨询和帮助,同时对企业整体的人力资源需求进行预测。由主要部门负责人组成的人力资源规划小组对业务部门和人事部门的需求预测报告进行审核,并将修改后的人力资源需求预测报告提交给最高管理层审批。

2) 情景描述法

情景描述法是企业的人力资源部门对未来的战略目标和相关因素进行假设性描述、分析和综合,并制订多种人力资源需求备选方案,以适应和应对环境和因素的变化的方法。

情景描述法通常用于环境变化或者企业变革时的人力资源需求预测分析。

2.定量方法

1）人员比率法

人员比率法指通过研究历史统计资料中的各种比率关系，如部门管理人员与该部门工人之间的比率、员工数量与机器设备数量的比率等，考虑未来情况的变动，估计预测期内的比率关系，进而预测企业未来人力资源的需求量。因为这种方法假设过去的员工数量与配置是完全合理的，而且生产率不变，所以其应用范围有较大的局限性。

2）转换比率法

转换比率法的实施步骤如下：首先根据企业生产任务（或业务量）估计企业所需要的一线生产人员（或业务员）的数量，然后根据这一数量估计秘书、财务人员和人力资源管理人员等辅助人员的数量。

转换比率法假定企业的劳动生产率是不变的。如果考虑劳动生产率的变化对人力资源需求量的影响，可以使用下面的公式对人力资源需求量进行预测：

$$计划期末需要的人力资源需求量 = \frac{（目前的业务量＋计划期业务的增长量）}{目前人均业务量×（1＋生产率的增长率）}$$

转换比率法的缺点包括：① 对人力资源需求量进行估计时，需要对计划期业务的增长量、目前人均业务量和生产率的增长率进行精确的估计；② 只考虑员工总数，没有说明不同类别员工需求的差异。

3）劳动定额法

劳动定额是对劳动者在单位时间内应该完成的工作量的规定。在已知计划期内任务总量以及科学合理的劳动定额的基础上，运用劳动定额法能够比较准确地预测企业人力资源需求量。其计算公式为

$$N = \frac{W}{Q×(1＋R)}$$

式中，N 表示企业人力资源需求量；W 表示企业计划期内任务总量；Q 表示企业劳动定额；R 表示部门计划期内生产率变动系数，R＝R1＋R2－R3，其中，R1 为企业技术进步引起的劳动生产率提高系数，R2 为经验积累引起的劳动生产率提高系数，R3 为员工年龄增大以及某些社会因素导致的劳动生产率下降系数。

4）软件模拟法

软件模拟法又称计算机模拟预测法，是企业人力资源需求预测中最为复杂的一种方法。它是在计算机中运用数学模型，并按照情景描述法中假定的情况对人力资源需求进行模拟测试。这种方法能综合考虑各种因素对企业人力资源需求的影响，对企业可能面临的外部环境的变化及自身的复杂动态进行分析，并通过这种分析确定人力资源需求。

四、人力资源供求平衡

人力资源需求和供给预测完成后，就可以将企业的人力资源需求预测情况与在同期内企业可供给的人力资源情况进行对比分析，从而测算出各类人员的净需求情况。如果净需求为正，表明企业需要招聘新的员工，并对现有员工进行有针对性的培训；如果净需求为

负，表明企业在相关方面的员工是过剩，需要精简或对员工进行调配。这里需要强调的是，各类人员的净需求既包括人员的数量，又包括人员的结构、标准，既确定了需要多少人，又确定了需要什么样的人。

1. 人力资源供求状态

企业人力资源供给与需求的不平衡是一种必然现象，供求相匹配是很难达到的，即使存在也是短期的，不可能存在长期的均衡。这是由企业所处的复杂环境决定的，因为各种变化因素使企业长期处于波动中，对人力资源的需求也在不断变化。处于不同生命周期的企业所选择的战略不同，不同竞争格局中的企业所面对的竞争压力也不同，这些都影响企业人力资源供求之间的平衡。一般来说，人力资源需求与人力资源供给存在四种状态：

（1）供求平衡：人力资源需求与人力资源供给相等。

（2）供不应求：人力资源需求大于人力资源供给。

（3）供过于求：人力资源需求小于人力资源供给。

（4）结构失衡：某类人员供不应求，另一类人员供过于求。

2. 人力资源供求平衡的措施

人力资源供求平衡是指企业通过增员、减员和人员结构调整等措施，使人力资源从供求不相等到供求基本相等的状态。人力资源供求平衡是企业人力资源规划的目的，人力资源需求预测和人力资源供给预测都是围绕人力资源供求平衡展开的。只有通过人力资源供求的平衡过程，企业才能有效地提高人力资源利用率，降低人力资源成本，从而最终实现发展目标。

1）供给和需求总量平衡，结构不匹配

具体措施有：

（1）进行人员内部的重新配置，包括晋升、调动、降职等，弥补空缺职位。

（2）对人员进行有针对性的专门培训，使他们能够从事空缺职位的工作。

（3）进行人员的置换，释放企业不需要的人员，弥补需要的人员，以调整人员结构。

2）供给大于需求

具体措施有：

（1）扩大企业的经营规模，或者开辟新的增长点。

（2）永久性的裁员或是辞退员工。

（3）鼓励员工提前退休。

（4）冻结招聘。

（5）缩短员工的工作时间、实行工作分享或是降低员工工资。

（6）对富余员工进行培训。

3）供给小于需求

具体措施有：

（1）从外部雇用人员，包括返聘退休人员。

（2）提高现有员工的工作效率。

（3）延长工作时间。

（4）降低员工离职率，减少员工流失，进行内部调配。

（5）将企业的某些业务外包。

任务二　人员招聘与甄选

　　人员招聘是企业人力资源管理中的一个非常重要的环节，是企业人力资源格局合理形成的关键。在人类出现雇佣关系的同时，招聘活动就已出现。招聘的定义随着招聘活动的不断科学化和丰富化而充实和精炼。人员招聘是指企业为了生存和发展，采用一定的方法吸纳或寻找具备任职资格和条件的求职者，并采取科学的方法，筛选出合适的人员予以聘用的过程。人员招聘实际上是企业与应聘者之间双向选择和相互匹配的一种动态过程。在这一过程中，企业和应聘者都应积极参与，而不是企业主动、应聘者被动。

一、人才测评技术在招聘中的应用

　　随着科技和经济发展不断深入，企业间的竞争不仅包括市场、资源的竞争，还包括人力资源的竞争。现代企业持续发展的根本保障是优秀的人才和科学合理的人力资源管理系统。目前，人才测评技术作为现代企业管理的一项重要手段，被越来越多的企业重视。

1. 人才测评技术的概念

　　人才测评技术是指测评者综合运用心理学、行为科学、管理学和计算机科学等多种学科知识与手段收集被测评者的信息，并通过简历选择、笔试、面试、心理测试和业绩考核等一系列措施对被测评者进行综合测评，以筛选出符合企业岗位需求的人才。人才测评技术可以对应聘者进行多方面的综合素质考察，定性定量、科学合理的特点使其成为现代企业在招聘中选拔人才的不二选择。

2. 人才测评技术的类型

　　人才测评技术主要分为个体自评和企业测评两种。

　　1）个体自评

　　个体自评的具体内容包括个人情商测评、事业心测评、沟通交流能力测评、处理问题能力测评、领导能力测评、创业潜质测评、成功倾向测评、职业选择测评、工作压力测评、工作态度测评、职业满意度测评以及人际关系测评等。

　　2）企业测评

　　企业测评具体包括以下内容：

　　（1）选拔性测评：目的是招聘和选拔优秀人才，要求选拔过程目标明确，评价方式相对客观，评价结果相对明确。

　　（2）人才匹配测评：目的是实现人岗匹配，实现人尽其责、人尽其才，实现人才资源的最大化利用。

　　（3）员工潜质测评：目的是挖掘员工的潜质，分析员工的优、劣势，为企业人才梯队建设提供支撑。

3．招聘中常见的人才测评方式

招聘中常见的人才测评有以下几种方式。

1）笔试

纸笔测试简称笔试，要求应试者根据项目的内容把答案写在纸上，以便了解应试者的心理活动。笔试形式主要有七种：多种选择题、是非题、匹配题、填空题、简答题、论述题和论文。每一种笔试形式都有它的优缺点。比如论文，它以长篇的文章来表达应试者对某一问题的看法，并能够表现出其所具有的知识、才能和观念等。论文有下列优点：① 易于编制试题；② 易于测验应试者的书面表达能力；③ 易于观察应试者的推理能力、创造力及概括力。但它也存在下列缺点：① 评分缺乏客观的标准；② 命题范围有限；③ 不能测验应试者的记忆能力。

笔试在员工招聘中有相当大的作用，尤其是在大规模的员工招聘中，通过笔试可以清楚地了解应试者的基本情况。笔试的优点主要有：① 适用面广；② 费用较低；③ 可以大规模地运用。但是分析结果需要投入较多的人力，而且有时候应试者会根据企业的招聘需求投其所好，影响招聘结果。

2）面试

面试是通过主试者与被试者面对面的观察、交谈等双向沟通方式，了解应试者的素质状况、能力特征及求职应聘动机的一种人员甄选技术。这种人员甄选技术尽管可能与笔试、人事传记资料审核法等有所重复，但是它比笔试或查看人事传记资料更为直观、灵活、深入，不仅可以评价应试者的学识水平，还能评价应试者的能力、才智及个性心理特征等。

面试包括以下两个方面的内容：

（1）对面部表情的观察。在面试过程中，应试者的面部表情会有许多变化，主试者必须能够体察到这种表情的变化，并判断其内在心理。主试者借助于对应试者面部表情的观察与分析，可以判断应试者的情绪、态度、自信心、反应力、思维的敏捷性、性格特征、人际交往能力和诚实性等素质特征。

【素质培养】

社会主义核心价值观阐释——诚信

诚信即诚实守信，是人类社会千百年传承下来的优良品德，也是社会主义文化道德建设的重点内容，它强调诚实劳动、信守承诺、诚恳待人。

诚信是个人、社会和国家得以存续发展的基础。古今中外，诚信一直都是社会和谐的纽带，在人际交往、社会发展、治国理政等方面都发挥着十分重要的作用。首先，诚信是个人安身立命的根本。诚信具有本体论和道德论的意义。其次，诚信是社会存续发展的基础。诚信是一种社会道德资源，在社会生活中扮演着极其重要的角色。再次，诚信是为政治国的基本原则。为政者要想长治久安，必须率先垂范，为政以德，讲求诚信，取信于民。

（2）对身体动作的观察。在面试过程中，人的身体、四肢的运动在信息交流过程中也起着重要作用。非语言交流的躯体表现包括手势和身体姿势。按照某些行为科学研究者的看法，手势具有说明、强调、解释或指出某一问题、插入谈话等作用，是很难与口头的言语表达分开的。同时，身体姿势的改变也是身体语言中最有用的一种形式。因此，在面试中观察这种改变可以得到从与对方言语交流中得不到的东西。

【拓展阅读】

面试中应该注意的问题

应试者在面试时，应注意以下内容：

（1）不要低估自己的能力；

（2）不要过于自信；

（3）关掉手机；

（4）不要指望每个问题都能回答完美；

（5）勇于打破沉默；

（6）避免小动作；

（7）回答问题避免被动地跟着考官的思路走；

（8）避免简略回答面试中的问题；

（9）面试结束礼貌询问何时能收到答复。

3）智力测验

智力测验是对智力的科学测试，主要测验一个人的思维能力、学习能力和适应社会的能力。现代心理学界对智力有不同的看法。一般来讲，智力是指人类学习和适应社会的能力，包括观察能力、记忆能力、想象能力和思维能力等。智力的高低以智商（IQ）来表示，正常人的 IQ 为 90～109 分，110～119 分属于中上水平，120～139 分属于优秀水平，140 分以上属于非常优秀水平；而 80～89 分属于中下水平，70～79 分属于临界状态水平，69 分以下属于智力缺陷。一般来说，智商比较高的人，学习能力比较强，但这二者之间不一定完全成正相关关系，因为智商还包括适应社会的能力，有些人学习能力强，但适应社会的能力并不强。

企业在招聘中运用智力测验，可以了解应试者的基本智商水平，但并不是说所有的工作，智商高的人都适合。在一个团体中，若所有的人智商都很高，往往容易产生矛盾。若一个人的智商太高，如超过 140 分，有的时候可能并不适合担任管理工作。

4）个性测验

个性是指一个人比较稳定的心理活动特点的总和，是一个人能否施展才能、有效完成工作的基础。人的个性缺陷会使其所拥有的才能和能力大打折扣。个性是由多方面内容组成的，包括性格、兴趣、爱好、气质和价值观等。因此，不能期望通过一次测试或一种测试就把人的所有个性都了解清楚，而是应该从各方面分别进行测试，以准确、全面地了解一个人的个性。企业在招聘中可通过个性测验，了解应试者的个性的某一方面，再结合其他指标来考虑他适合担任哪些工作。

【拓展阅读】

IQ、EQ、AQ 和 MQ

IQ(Intelligence Quotient)即智商，反映一个人所具有的智慧和对科学知识的理解掌握程度。EQ(Emotional Quotient)即情商，反映一个人对环境和个人情绪的掌控和对团队关系的运作能力。AQ(Adversity Quotient)即逆商，反映一个人面对困境时减除自己的压力、渡过难关的能力。MQ(Moral Intelligence Quotient)即德商，反映一个人的道德人格品质，内容包括体贴、尊重、容忍、宽容、诚实、负责、平和、忠心、礼貌和幽默等。

5) 职业兴趣测验

职业兴趣测验是心理测验的一种方法，它可以揭示一个人最感兴趣并最可能从中得到满足的工作是什么。通过该测验可以将个人兴趣与那些在某项工作中较成功的员工的兴趣进行比较，用于了解一个人的兴趣方向以及兴趣序列。一个人的兴趣似乎在很长一段时间内是稳定的，并与其在某些领域的成功有关。但是兴趣不等于才能或能力，对才能或能力的测试应与兴趣测试同时进行。此外，因为应试者很容易在兴趣测试问题的回答上作假，所以在员工选择中用到兴趣测试，主要用于评议和指导，例如霍兰德兴趣量表。职业兴趣测验有许多用途，最典型的就是用于员工的职业生涯规划，因为一个人总能把自己感兴趣的事情做得很好。另外，还可以用它作为选择的工具，如果能选择那些与已获得成功的员工的兴趣相似的候选人，那么这些候选人很可能会在新的岗位上取得成功。

6) 评价中心技术

评价中心技术是西方企业流行的选拔和评估管理人员，尤其是中高层管理人员的一种人员素质测评体系。评价中心技术是多种测评方法的有机结合，主要通过无领导小组讨论、文件筐测验、角色扮演等情景模拟方式，加上一些传统的测试方法，对人的知识、能力、个性、动机进行测评，从而在错综复杂的测评环境中提供多方面的、有价值的评价资料和信息，最终为人才测评提供丰富的测评数据信息。通常是将被测试者置于一个模拟的工作情景中，采用多种评价技术，由多个评价者观察被测试者在这种模拟的工作情景中的行为表现，用来识别被测试者的工作潜能。因此，这种方法有时也被称为情景模拟法。

评价中心技术被认为是当代企业管理中识别有才能的管理者的最有效的工具。但是此技术方案设计比较复杂，费用比较昂贵，需要企业有相当的承受能力。以下是两种比较常见的方式：

(1) 无领导小组讨论。它是将应聘者划分为不同的小组，每组 5～9 人不等，不指定主持人或召集人，大家地位平等，要求就某些争议性可能比较大的问题进行讨论，往往没有正确答案，最后要求形成一致意见。讨论进行的过程中，主试者通过观察整个讨论的情形和每一位应聘者的表现与反应，从组织能力、协调能力、表达能力、沟通能力、判断能力、逻辑分析能力和亲和力等方面对其进行评价。

(2) 文件筐测验。在招聘测验时，企业提供一种具有真实性的模拟情况，要求应聘者处理应聘岗位上的公文案例。公文案例包括文件、信件、备忘录、上级指示的电话记录、报告等。通过每人一次处理大约 5～10 份文件，评价应聘者作出决定、协作、撰写回信和报告、制订计划和组织安排的能力。这种方法特别适用于测试应聘者的主动性、独立性和组织规划能力、合作精神、决策分析能力和判断控制能力等。

【课堂讨论】

如果你是副局长

某次某市政府公开招聘副局级干部时曾经用过如下方法。

面试的主考官对其中一位应聘者提出了这样一个问题：假如你是本局的副局长，由于工作的需要，其他局领导均出差在外，今天是星期一，上班后有这样几件事情必须由你处理，一是有许多公文要你批示，这项工作约花费近一个小时；二是十分钟后你要参加早与外商约定好的一个谈判会；三是本局的某先生在今天早晨出了车祸，人被送入医院抢救，现在生命垂危，需局领导火速去医院探望。

你如何处理这三件事情？

二、招聘管理关键环节

招聘工作流程，由公司的人力资源部门制订，主要目的是规范公司的人员招聘行为，保障公司及招聘人员权益。招聘工作流程一般分为五个阶段共二十三个环节，分别从计划、招募、甄选、录用和效果评估等方面进行详细规定，如图7-1所示。

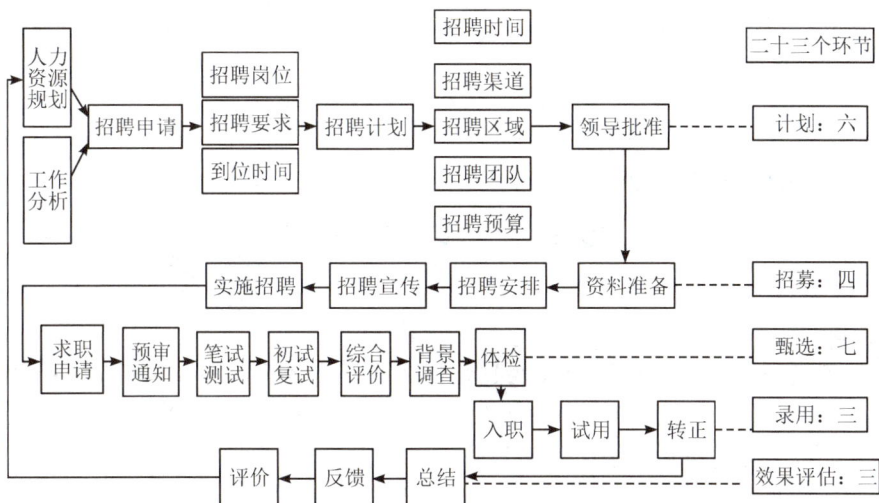

图7-1　招聘工作流程

1. 人力资源规划是招聘工作的基础和依据

人力资源规划以及具体到年度的招聘计划是企业招聘工作有序开展的前提，只有确定所需人员的数量、质量和层次，才能选择和确定招聘的时间、渠道和方式，并形成相应的招聘计划。有了人力资源规划，招聘将不再仅仅是从企业目前的需要出发，而是站在更高的层面进行长远的考虑，以发展性的眼光，为企业未来全面发展打下坚实的基础。

2. 做好工作分析，形成岗位说明书

企业应做好人力资源管理的基础工作——工作分析，并形成规范的岗位说明书。只有明确岗位的具体工作内容和职责，才能根据岗位的实际需要，确定岗位的任职资格和所需

的知识、经验、能力和素质等应聘条件。企业招聘工作必须根据岗位层次、职系和职责的不同，选择适当的招聘渠道、测试内容和甄选方式，以保证能够按照岗位说明书的要求招聘到最符合条件的人员。

3. 选择适合的招聘渠道

选择适合的招聘渠道，可以起到事半功倍的效果。根据招聘岗位和企业内部资源的实际情况，既可以选择企业内部招聘也可以选择外部招聘。常见的外部招聘渠道包括媒体广告、人才招聘会、校园招聘、电话拜访、内部员工推介、网络招聘和委托猎头公司等。选择哪种渠道取决于招聘职位的要求、组织的文化、外部环境资源状况等因素，最终目的都是为了保证招聘的效率更高、成本更低。

4. 采用恰当的甄选工具

甄选有许多实用的手段，包括测验(包括心理测验、知识测验和模拟工作测验等)、面试和评价中心等多种方法，每种方法都有其各自的优缺点，但并不是独立的，在招聘中应根据不同职位的特点和需要合理地选择与组合。

5. 招聘效果的评估

评估招聘效果是招聘过程中必不可少的一个环节，不仅有助于检验招聘工作的有效性，提高招聘质量，降低招聘费用，改进今后的招聘工作，而且可以提高企业整体的经营绩效。招聘效果主要从招聘周期、招聘成功率、招聘达成率、用人部门满意度和招聘成本五个方面来进行评估。

任务三　人员培训

员工培训是一个系统化的行为改变过程，也是现代企业人力资源管理的重要组成部分。要提高企业的应变能力，就要不断地提高人员素质，使企业及其员工能够适应外界的变化并为新的发展创造条件。培训工作是非常复杂的活动，为了保证顺利实施，在实践中应当遵循一定的步骤。

一、培训需求分析

培训需求分析是指在规划与设计每项培训活动之前，由培训部门采取各种办法和技术，对企业及员工的目标、知识、技能等方面进行系统的鉴别与分析，从而确定培训的必要性及培训内容的过程。它具有很强的指导性，是确定培训目标、设计培训计划、有效地实施培训的前提；是现代企业培训活动的首要环节；是进行培训评估的基础，对企业员工的培训工作至关重要；是使企业培训工作准确、及时和有效的重要保证。

不管从培训的主体，还是从培训的客体来看，都必须对培训的需求进行仔细的调查分析，明确为什么要进行培训，培训的内容是什么，怎么样进行培训，培训应该要达到什么样的效果等问题。企业进行员工培训必须结合企业的战略经营目标与所处的战略环境进行详细的调查和分析，从企业层面、工作层面和员工个人三个方面进行培训需求分析以确定培训方案，如图 7 - 2 所示。

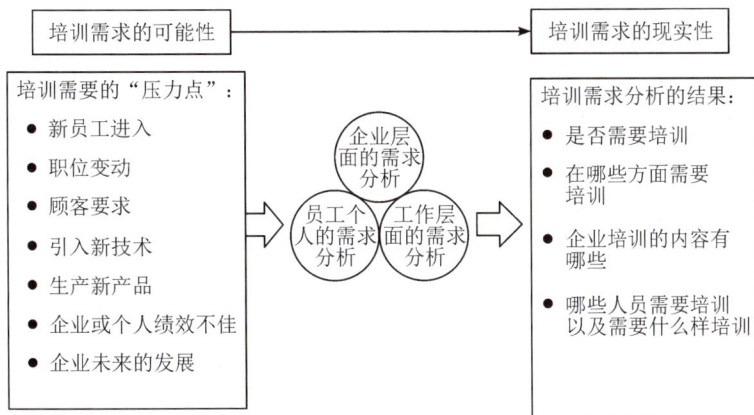

图 7 - 2　培训需求分析的内容

1．企业层面的需求分析

企业层面的需求分析需要结合企业的目标和环境准确找出企业中存在的问题及产生的根源，以确定培训是否能解决这类问题，确定企业中哪个部门、哪些业务需要实施培训，哪些人需要加强培训。可见，加强员工个人的培训必须要符合企业的特定需要，能够提高员工个人的绩效水平。

2．工作层面的需求分析

工作层面的需求分析是通过查阅工作说明书或具体分析完成某一工作需要具备的技能，了解员工有效完成该项工作必须具备的条件，找出差距，确定培训需求，弥补不足。这一分析的目的在于了解与绩效问题有关的工作的详细内容、标准和完成工作应具备的知识技能。

3．员工个人的需求分析

员工个人的需求分析是对照工作绩效标准，分析员工目前的绩效水平，找出员工现状与标准的差距，以确定培训对象、培训内容和培训后应达到的效果。这对员工个人而言更容易使其发现问题所在，也使得培训更具有针对性，因为这跟员工个人的绩效水平密切相关，也是企业和员工个人最关心的话题。

在实践中，企业层面的需求分析、工作层面的需求分析和员工个人的需求分析并不是一定要按照某种特定的顺序进行。但是，由于企业层面的需求分析关注的是培训是否与企业的战略目标相匹配，解决的主要是企业层面的问题，因此进行培训需求分析时往往最先进行企业层面的需求分析，其次才是工作层面的需求分析和员工个人的需求分析。

二、培训方法的选择

培训方法多种多样，内容十分丰富。根据企业的培训目标确定恰当的培训方法与技术，能够提高培训的效率并降低成本。

1. 企业内部培训方式

1）专题讲授

专题讲授知识体系较系统，集中学习，信息量大，这是目前企业培训采用最多的一种培训方式，但这种培训方式类似于填鸭式教学，员工很难在短时间内全盘掌握学习内容，需要通过培训需求分析、培训管理、培训评估和培训效果落实等工作提升培训的效果。

2）角色情景演练

此方式有利于员工身临其境，亲身体验所扮演角色的特点，加深学习印象，提高参加培训的主动性，可与实际工作进行很好的结合。但耗时较长，如果设计不合理，过程管理不当，培训效果也将大打折扣。此种培训方式可独立进行，也可与其他培训方式相结合。

3）案例培训

通过培训师对案例的讲解、分析，能使员工学习到知识、方法等，增强分析与解决问题的能力，以及系统思考的能力。目前很多培训师在培训时，案例大多来源于企业外部的案例。实际上，通过提炼企业内部典型案例进行的培训，对于解决企业实际问题更具指导意义。通过案例培训，可达到统一企业理念、判断标准和行为流程，提升实战能力的效果。

4）训练式培训

这种培训方式更适用于一些技能方面的培训，如礼仪、公文写作和销售技巧等，员工通过亲身实践，印象深刻，能使其在训练中掌握所学内容，提升工作能力。

5）主题学习性工作会议

这种培训方式是根据企业某一阶段所关注的专题，召开专题学习会议，员工通过相互学习交流，分享学习成果或心得，统一认识，共同进步。

6）工作现场即时性培训

工作学习化，学习工作化，工作现场即培训现场，工作问题出现时或有异议时，工作现场即时进行培训交流，集思广益、解决问题，是企业内部最有效的培训、学习方式，尤其对于解决问题、避免问题重复发生极为有效。

2. 企业外部培训方式

1）公开课

这种方式的参训灵活度高，可增加与外界交流机会，开阔眼界，适合不能在企业内进行集中培训的内容的学习。

2）拓展训练

拓展训练属于体验式培训，更适合增强团队精神、锻炼个人意志、挑战自我等，员工参与度高。

3）沙盘模拟

沙盘模拟是将实际的工作微观模拟在沙盘上，模拟的同时，可系统锻炼员工工作中的思维方式和行为方式，对于解决实际工作中的相关问题有很好的效果，参与性强，弥补了理论学习的不足。

4）脱产教育

通过阶段性的集中学习，可以更系统地掌握学习内容，并且在外界的学习环境中有利于缓解非短期学习带来的压力。

3. 其他培训方式

1）网络学习

网络学习是信息化带来的新型学习方式，具有灵活度大、时效性强、经济实惠等特点。

2）现场考察培训

通过参观优秀企业，借鉴优秀企业好的做法，在某种程度上可使企业在发展过程中少走弯路，在感悟中学习，且印象深刻。

3）游戏培训

通过游戏进行情景培训，寓教于乐且印象深刻。

【课堂讨论】

同 舟 共 济

（1）准备4张一样大小的报纸；

（2）学生分组，8人一组；

（3）将报纸平铺地下作为一只"船"，全体成员都设法站在船上；

（4）成功之后将报纸对折，缩小船的面积，再尝试让全体成员站上去；

（5）各组开动脑筋，最后以报纸折叠次数最多，成功站在面积最小的船上的小组获胜。

讨论：通过做游戏，大家感悟到了什么？

4）学员专题自修

个人根据业余时间安排自学，灵活性大，成本低、投入少，可用于补充性学习、制度学习等方面。

培训对于企业发展的作用已被越来越多的企业所认可，然而培训的投资与回报这一对矛盾却时时困扰着企业领导和人力资源管理者。如果根据企业实际情况将以上培训方式进行有机结合，就可合理利用培训资源，用最少的投入得到最大的回报。同时，对企业迈向学习型组织起到不可忽视的作用。

【素质培养】

中国精神——好学精神

学习是个人乃至整个民族赖以生存的重要方式。古往今来，读书人不畏艰辛，勤奋好学的故事数不胜数，这体现了中国人的学习精神。

任何一个人都不是生而知之，都是学而知之，学然后知不足。中国人的学习目的总括起来有四个方面：追求技能与知识、修身养性、获取功名和经世致用。

学习是件艰苦的事情。在学习的过程中，人们总会遇到各种各样的困难，例如学习环境不理想、经济条件不许可等。中国古代有路温舒因无钱买纸而草上抄书；有欧阳修因无钱买笔而荻秆画字；有匡衡因家贫没有灯油而凿壁借光；有范仲淹为省下读书资费而断齑画粥。诸多名人故事展示了他们如何打破现实环境的限制，不畏艰辛地追求学问。学者必须具有坚忍不拔的意志，并且愿意为追求学问付出巨大努力。

三、培训成果转化与评估

培训的目的是改善员工的工作绩效，最终提高企业的整体绩效。因此，员工在培训中所学到的内容必须要运用到实际的工作中，这样培训才有意义，否则对企业来说就是一种浪费。培训成果转化是指员工将在培训中所学到的知识、技能和行为应用到实际工作中的过程。培训成果能否顺利转化并且长久保持转化效果受多种因素的影响，包括员工的特点、培训设计和工作环境等。员工的学习能力、学习动机以及在实际工作中运用新技能的动机和能力都会对转化效果产生影响；在培训中，给员工提供相似的环节、实践机会、反馈等都能够帮助员工学习并维持培训成果。另外，良好的工作氛围、上级和同事的支持、拥有执行机会和技术支持等也都会加速培训转化的过程。

培训活动的最后一个步骤是对培训成果进行评估和反馈，这不仅可以了解此次培训是否达到预期的目的，更重要的是，还有助于对以后的培训进行改进和优化。另外，通过评估，提供员工绩效改进的证据，也可以提高企业高层管理者对培训与开发工作的重视程度。

1. 柯式四级评估模型

美国培训专家柯克帕特里克提出了划分培训效果的四个基本层级的框架体系，即柯式四级评估模型（见表7-3）。他认为，第一层级是受训者对培训的反应，第二层级是受训者的学习收获，第三层级是受训者态度、行为的变化，第四层级是受训者获得的实际成果。第一层级和第二层级的培训效果信息是在受训者返回工作岗位之前、培训过程中收集的，后两个层级的培训效果信息是在受训者培训之后、工作实践活动过程中取得的。

表 7-3　柯式四级评估模型

评估等级	评估目的	评估目的	重点评估内容	主要评估法
一级评估	反应评估	观察受训者的反应	项目设计的针对性：受训者是否认同培训方案及培训目标？	问卷调查、访谈
			培训内容的新颖性及实用性：受训者是否喜欢培训课程，受训者认为课程内容是否对自己有用？	
			受训者对教师授课的态度、内容、方式等是否有意见及要求？	
			受训者对辅助教学的网络、计算机、多媒体等教学设施及运转情况是否满意？	
二级评估	学习效果评估	检查受训者的学习效果	受训者在培训中学到了什么？	笔试、案例研究、项目研究、论文、实际操作
			培训前后，受训者在知识及技能方面有多大程度的提高？	

评估等级	评估目的	重点评估内容		主要评估法
三级评估	行为评估	衡量受训者的表现有无变化	培训后受训者行为有无改变？	绩效考核、测试、观察、访谈
			受训者是否在工作中应用所学知识？	
四级评估	绩效评估	衡量公司业绩变化	组织是否因为受训者的培训而经营得更好？	考察生产效率、准确率、事故率、士气等

（1）反应评估即测定受训者对培训项目的反应，主要了解受训者对整个培训项目的意见和建议。这个指标带有一定的主观性和片面性，只能作为参考，不能作为评价的结果。

（2）学习效果评估即测定受训者对所学的知识、技能等的理解和掌握程度。这项指标可以用培训后的考试、实际操作测试来考察。

（3）行为评估即测定受训者经过培训后在实际岗位工作中态度、行为方式的改变，以判断所学知识、技能对实际工作的影响。这是考察培训效果的最重要的指标。

（4）绩效评估即测定受训者对企业经营成果具有何种具体而直接的贡献。这项指标可以用统计方法、成本效益分析法来测定。

2. 培训效果评估方法

常用的培训效果评估方法有以下几种。

1）测验法

测验法是对知识类内容进行培训效果评估的最佳方法。其具体做法是在培训结束时，让受训者通过答卷、实际操作的方式，考察他们对培训内容的掌握情况。如果受训者考试成绩好，说明培训效果好；否则，说明培训效果不好。

2）工作绩效评估法

工作绩效评估法是一种具有跟踪性质的考察方法。因为受训者的工作绩效要经过一段时间后才能表现出来，所以在结束培训后，每隔一段时间（如3～6个月），以书面或面谈的形式，向受训者的上级及同事了解受训者在工作上取得的成绩，如工作产量有无增加，工作效率是否提高等。一般来说，在评估时应尽量采用定量的指标，以便比较、衡量。

3）工作态度考察评估法

工作态度考察评估法也是一种具有跟踪性质的考察方法。在受训者结束培训后，以书面或面谈的形式向受训者的上级及同事了解受训者的工作态度、工作责任心、组织纪律性等方面是否有所改善。这项考察一般采用相对指标来衡量，很难用数量指标来反映。

4）同类员工比较法

同类员工比较法是通过比较受训者和未受训者的工作情况，对培训效果进行评估。如果双方在同样的工作上，在培训前工作成绩相差无几，而其中一方经过培训后的工作成绩明显变好，则表明培训具有成效，反之，说明培训效果欠佳。

员工培训效果评估是企业培训工作的最后一环也是极为重要的一环，它是通过建立培训效果评估标准和指标体系，对员工培训是否达到预期的目标、培训计划是否得到有效的实施等进行全面的检查、分析和评价，然后将评估结果反馈给主管部门，作为以后制订或修订员工培训计划，以及进行培训需求分析的依据。

练习与实训

	1	2	3	4	5	6	7	8	9	10
一、单选题										
二、多选题										
三、判断题										

客观题

四、思考题

1. 人力资源供需预测的方法有哪些？如何实现人力资源供需的相对平衡？
2. 招聘管理关键环节是什么？应该如何操作？
3. 培训需求分析，应该从哪些方面进行？

五、分析题

RB 制造公司是一家位于华中地区某省的皮鞋制造公司，拥有近 400 名工人。大约在一年前，公司因产品有过多的缺陷而失去了两个较大的客户。RB 公司领导在研究这个问题之后，一致认为：公司的基本工程技术方面还是很可靠的，问题在于生产线上的工人，是质量检查员以及管理部门的疏忽大意，缺乏质量管理意识造成的。于是，RB 公司决定通过开设一套质量管理课程来解决这个问题。

质量管理课程的授课时间被安排在工作时间之后，每周五晚上 7:00～9:00，历时 10 周，公司不付给来听课的员工额外的薪水，员工可以自愿听课，但是公司的主管表示，如果一名员工积极地参加培训，那么这个事实将被记录到他的个人档案里，以后在涉及加薪或提职时，公司将予以考虑。

课程由质量监控部门的李工程师主讲。李工程师主要进行一些专题讲座，有时还会放映有关质量管理的录像片。其内容包括质量管理的必要性，影响质量的客观条件，质量检验标准，检查的程序和方法，抽样检查以及程序控制等。RB 公司所有对此感兴趣的员工，包括监管人员，都可以去听课。

课程初期，听课人数平均有 60 人左右。在本期课程快要结束时，听课人数已经下降到

30人左右。而且，因为课程是安排在周五的晚上，所以听课的员工都显得心不在焉，有一部分离家远的员工课听到一半就提前回家了。

在总结这一课程培训的时候，人力资源部经理评论说："李工程师的课讲得不错，内容充实，知识系统，而且他很幽默，使得培训引人入胜，听课人数的减少并不是他的过错。"

问题：

（1）RB公司这次培训在组织和管理上有哪些不合理的地方？

（2）如果你是RB公司的人力资源部经理，会怎样安排这个培训项目？

六、实训题

请以"大学生素质训练"为主题，设计一份培训方案并实施，从培训需求分析开始，至培训评估结束，实训结束后递交实训心得一份。

项目八　指挥协调——领导

认知目标

（1）理解领导的定义、领导者权力以及领导的作用。

（2）理解领导特性理论、行为理论、权变理论的内容及特点。

（3）理解领导艺术及其特点。

（4）理解领导人的艺术及处理事的艺术。

技能目标

（1）具备初步的领导能力。

（2）具备良好的指挥和协调能力。

（3）具备一定的处理人和事的能力。

（4）能一定程度上凝聚周围的人。

素质目标

（1）培养学生探索与创新的精神和意识。

（2）强化价值引领，增强学生的道路自信、理论自信、制度自信、文化自信。

（3）培养学生的职业道德责任感。

动画导入

唐僧的领导力

任务一　领导与管理

作为一名组织的领导者，要指挥、带领、引导和鼓励下属为高效率地实现组织目标而努力，这就要求一名领导者要具备较高的修养，熟悉领导理论，熟练掌握和运用一些领导技能，能够采取正确的领导方式和领导行为，具备较高的领导艺术。

一、领导的内涵

1. 领导的定义

关于领导的定义，历来有不同的解释，传统的管理理论认为领导是组织赋予一个人的职位和权力，以率领其部下实现组织的目标。但更多的管理学者认为领导是一种行为和影响力，这种行为和影响力可以引导和激励人们去实现组织目标。领导是一名领导者影响他人努力完成一些特殊目标的过程，即领导是领导者指挥、带领、引导和鼓励下属为实现目标而努力的过程。这种行为和影响力通过行使组织所赋予的权力，实行监督和控制，但更主要的是通过个人根据组织环境运用领导技能，采取正确的领导方式和领导行为，团结和带领下属高效率地实现组织目标。领导是领导者为实现组织的目标而运用权力向其下属施加影响力，或者说，领导表现为下属对领导者强烈的追随和服从倾向。

【学贯二十大】

中共中央党校原副校长李君如指出，中国共产党全面领导视阈下的领导力，主要体现在六个方面。一是制度运行力。中国共产党的领导力或全面领导力，归根到底就是中国特色社会主义制度的运行力。二是战略决策力。中国共产党的领导力或全面领导力，从根本上说，讲的就是中国共产党的战略决策力。三是社会动员力。社会动员力是中国共产党的领导力或全面领导力的重要特点。四是资源配置力。中国共产党不仅擅长社会动员，而且擅长资源配置。五是统筹协调力。中国共产党通过"总揽全局、协调各方"这种新的领导方式，形成了一个民主集中型的现代国家治理体系。六是组织保障力。健全的组织力，从来都是中国共产党的优势。组织力既是中国共产党实现领导力的基本保证，更是中国共产党领导力的重要组成部分。

（资料来源：中国特色的领导科学植根于中国道路的伟大实践——首届中国共产党领导力论坛综述_中国经济网——国家经济门户（www.ce.cn））

2. 领导与管理的关系

从本质上看，管理是建立在合法的、有报酬的和强制性权力基础上的对下属命令的行为，而领导可以是建立在合法的、有报酬的和强制权力基础上的，也可以是建立在个人影响权和专长权以及模范作用基础上的，两者所担负的工作内容不同，具体区别如表 8-1 所示。

表 8-1　领导和管理的区别

比较项目	领　导	管　理
确定目标的进程	指明方向、给出战略； 展现未来的远景与目标； 指出达到远景与目标的战略	编制计划与预算； 为达成目标，制订详细的步骤和计划进度； 为达到预期目标，进行资源分配

续表

比较项目	领　　导	管　　理
实现目标所需的人力和网络结构	指导人们同协作者沟通，指明方向、路线； 让人们更好地理解目标、战略及实现目标后的效益； 指引人们根据需要组建工作组、建立合作伙伴关系	组织和配备人员； 组建所需的组织结构及配备人员； 规定权责关系； 制订具体政策和规划指导行动； 建立系统和方法监督完工状况
执行	激励组织成员克服改革中的障碍； 在初具条件的情况下，努力克服人力与资源的不足，实现改革	控制和解决问题； 通过具体详细的计划监督进程和结果
结果	取得较大进展的改革； 具备进一步改革如用户期望的新产品的潜力	具有一定程度的预见并建立良好的秩序； 得出各利益所有者如用户、股东期望的关键效果

当然领导与管理也有一定的联系，从行为方式看，两者都是一种在组织内部通过影响他人的协调活动实现组织目标的过程；从权力的构成看，两者也都是组织层级的岗位设置的结果。

3. 领导者与管理者

人们常常弄不清领导与领导者之间的差别。领导是一个行为过程，而领导者则是指执行这一行为过程的人。领导者是领导行为过程中的指挥者、组织者，是领导行为的主体，是法定权力和非强制性影响力的享有者和运用者。

领导者在执行领导行为这一过程中，为了实现行为目标，应当发挥多种具体功能，这也是保证领导行为有效的主要条件。如领导者根据环境条件的变化以及群体内成员的要求，制订具体政策，指出努力方向；调整群体内各项活动，监督各项决策的实现；制订为实现群体目标所必需的各种措施和方法，并收集信息，同其他群体建立良好关系；对群体内部成员给予奖励或者惩罚，并保持群体内的稳定、协调和平衡等。这些具体的功能可以概括为两大方面：一是领导群体成员采取一定的手段，通过共同努力以实现目标；二是协调群体内各成员之间和群体间的相互关系，以保持群体内部和群体之间的自然和谐。

可见，领导者是群体的核心人物，是群体的象征，代表着群体的统一和团结。但应当注意，领导是一个权力、责任和服务在群体活动中有机统一的体系。其具体表现在以下几个方面：

（1）权力是领导活动得以正常开展的基础。它包括法定权、强制权和奖励权等。

（2）履行责任是领导行为的本质。领导的过程是履行责任的过程，没有尽到责任，就等同于放弃领导。责任是领导的本质内容，而赋予领导的各种权力只是使领导者尽到领导责任的一种手段。作为一名领导者，应当坚持责权统一的观点。

（3）服务是领导的目的。社会组织的目标是统一领导者和被领导者意志和行为的基础。

领导者的责任之一是更有效地实现共同的目标。因此，领导者要通过做好协调和服务工作，理顺各方面关系，创造提高效率的各种条件。领导者一方面应当使群体成员更好地服从领导；另一方面应激发群众的主动性和积极性，以促进共同目标的实现。

管理是指对于某个组织进行指挥、控制、监督、反馈等工作，它是领导活动的分支，是领导活动的具体化，如人事管理、物资管理、财务管理等。领导是管理活动的进一步抽象，它强调处理人与人之间、人与事之间关系的艺术，而管理则强调处理人与物、物与物之间关系的技巧。领导者与管理者的区别如表 8-2 所示。

表 8-2 领导者与管理者的区别

比较项目	领 导 者	管 理 者
权力	来自个人影响力	组织赋权
目标	效果	效率
责任	对追随者负责	对组织负责
工作重点	未来、方向	现在、过程
与下属的关系	感动追随者	说服下属

尼克松曾说过："伟大的领导是一种特有的艺术形式，既需要超群的力量，又需要非凡的想象力。"伟大的领导者能够用伟大的想象力和思想激励下属向既定的目标迈进。领导者必须能说服、感化下属为组织的目标而努力，而管理者主要用道理来说服，较少用感情来感化。

领导者必须考虑长远的、宏观的目标，必须考虑明天、后天应该做些什么，而管理者可以只为今天的、短期的目标而工作。领导者确定目标，向下属解释、灌输目标，并借此激发下属工作的动力，而管理者则控制着指挥他人的权力。若管理者失去了权力，也就失去了指挥他人的基础，但是，失去权力的领导者，依旧拥有深远而广泛的影响力。

所以，领导是管理的灵魂，是管理的升华；管理是领导的基础，是领导的保证。领导者不一定是管理者，但管理者应该成为领导者。

4. 领导的作用

在带领、引导和鼓舞下属为实现组织目标而努力的过程中，领导者要发挥指挥、协调和激励三个方面的作用。

1）指挥作用

在集体活动中，需要有头脑清晰、胸怀全局，能高瞻远瞩、运筹帷幄的领导者帮助下属认清其所处的环境和形势，指明活动的目标和达到目标的途径。领导者只有站在下属的前面，用自己的行动带领下属为实现组织目标而努力，才能真正起到指挥作用。

2）协调作用

在需要许多人协同工作的集体活动中，即使有明确的目标，也因各人的才能、理解能力、工作态度、进取精神、性格、作风、地位等不同，加上外部各种因素的干扰，人与人之间会在思想上产生各种分歧，在行动上偏离目标。因此，需要领导者来协调人与人之间的关系和活动，把大家团结起来，朝着共同的目标前进。

3）激励作用

在现代企业中，尽管大多数人都具有积极工作的愿望和热情，但未必能长久地保持。如果一个人遇到了困难、挫折或不幸，或某种物质的或精神的需要得不到满足，就必然会影响其对学习、生活和工作的热情。在复杂的社会生活中，企业的每一位员工都有各自不同的经历，为使每一位员工都能保持旺盛的工作热情，需要有通情达理和关心群众的领导者来为他们排忧解难，激发和鼓舞他们的斗志，发掘和加强他们积极进取的动力，引导不同的员工努力地朝向同一个目标奋斗。协调员工在不同时空的贡献，激发员工的工作热情，促使他们在企业经营活动中保持高昂的积极性，这便是领导者在组织和率领下属为实现企业目标而努力工作的过程中必须发挥的作用。

二、领导三要素

领导的三要素是指领导者、被领导者（追随者）和情境。

1. 领导者

所谓领导者，是指居于某一领导职位、拥有一定领导职权、承担一定领导责任、实施一定领导职能的人。在职权、责任、职能三者之中，职权是履行职责、行使职能的一种手段和条件，履行职责、行使职能是领导者的实质和核心。领导者要想有效地行使领导职能，仅靠制度化的、法定的权力是远远不够的，必须拥有令人信服和遵从的高度权威，才能对下属产生巨大的号召力、磁石般的吸引力和潜移默化的影响力。

2. 被领导者（追随者）

追随者是指在领导活动中与领导者有共同的利益或信仰，追求共同组织目标的人。罗伯特·凯利根据这两个维度将追随者划分为五种基本类型：

（1）疏离型追随者。这类人习惯于向他人指出组织中的所有消极方面。尽管疏离型追随者认为自己仅仅是不随大流，对组织所持的怀疑态度也属正常，但领导者往往认为这类人愤世嫉俗、消极和敌对。

（2）顺从型追随者。这类人在组织中总在说"是的"。尽管他们在组织工作中总是表现得很积极，但如果他们所接受的指令与社会行为标准、组织政策相违背，也可能给组织带来危险。这种类型的追随者多半是由于苛求、独裁的领导者，或者过于僵化的组织结构造就的。

（3）实用型追随者。这类人很少对自己所属群体的目标有高度认同感。实用型追随者不愿意引人注目，他们往往在组织中表现平平。由于很难洞悉他们对问题的态度和意见，所以他们给人的印象总是相当模糊，既有积极的一面，也有消极的一面。

（4）楷模型追随者。领导者和同事对楷模型追随者的一贯印象是独立、积极主动并愿意向领导提出异议。即便是在面对持消极、实用态度的同事时，他们仍将自己的才华用于对组织有益的事情上。有效的领导者深知这种楷模型追随者的价值。

（5）消极型追随者。这类人不具备楷模型追随者表现出的任何一种特质，他们依赖领导者为自己设计好一切。此外，他们对工作缺乏热情、缺乏对工作的积极主动性和责任感，因而需要对他们进行持续不断的指导。领导者可能把他们看成是偷懒的、无能的，甚至是愚笨的人。然而，有时人们成为消极型追随者，仅仅是因为领导者预期他们会以这种方式行事。

3. 情境

由于情境的含义相当广泛，包括群体从事的具体任务到极为广泛的情境背景，因此情境是领导框架中最含糊的一个方面。

领导者不仅仅试图优化群体对情境的适应性，同时也在积极地着手改变他们所处的情境。他们永远处在摆脱制度和结构约束的状态。

领导是一个过程，领导者和追随者在特定的情境或环境中存在动态的相互影响。与领导者相比，领导的概念更宽泛，并且对领导的研究内容必须超越仅仅针对领导者个人的研究。领导研究必须包括两个领域：追随者和情境。此外，领导者、追随者和情境的互动关系在近年变得越发重要，有助于人们更好地理解领导者与追随者关系的动态性质，以及领导者与追随者所面对的日益复杂的情境。由于这种复杂性远甚于以往，有效的领导不能被浓缩为一个简单、不变的诀窍。然而，优秀的领导的确会带来不同的效果，并且，加强对领导过程的重要影响因素的了解，也有利于提高领导的有效性。

三、领导者的影响力

领导者的影响力有两个基本来源：一是领导者的职位权力，即领导者所处工作岗位的正常权力，称为职权或正式权力；二是领导者的非职位权力，称为非正式权力或威信。

领导者的影响力

（一）职位权力

职位权力又称正式权力，来源于上级的授予，组织授予管理者的正式权力一般包括法定权、强制权和奖励权。

1. 法定权

法定权是指管理者在其分管的工作范围内具有确定工作目标、建立相应组织、制订规章制度、组织开展活动的决策权和对下属的工作调配权。组织赋予管理者一定的职务，从而使管理者占据权势地位和支配地位，使其有权对下属发号施令。在一般组织中，下级必须服从上级的安排。

2. 强制权

强制权又称惩罚权，是和威胁相联系的迫使他人服从的力量。当下属没有能够按照要求履行其应该履行的职责时，管理者可以通过惩罚威胁来迫使下属履行职责，从而保证组织分派的各项任务顺利完成。强制权发生作用的基础是下属的惧怕，因此必须事先讲清楚如果不服从上级的指挥，不履行其应该履行的职责将受到何种惩罚，而且这种惩罚必须是下属所害怕的。

【拓展阅读】

三国时代的诸葛亮与司马懿在街亭对战，马谡自告奋勇要出兵守街亭，诸葛亮心中虽有担心，但马谡表示愿立军令状，若失败就处死全家，诸葛亮才勉强同意他出兵，指派王平将军随行，并交代在安置完营寨后须立刻回报，有事要与王平商量，马谡一一答应。可是军队到了街亭，马谡执意在山上扎营，完全不听王平的建议，而且没有遵守约定将营寨的阵图送回本部。等到司马懿派兵进攻街亭，围兵在山下切断粮食及水的供应，使得马谡兵败。事后诸葛亮为维持军纪而挥泪斩马谡，并自请处分降职三等。

纪律是一切制度的基石，组织与团队要能长久存在，其重要的维系力就是团队纪律。建立团队纪律最首要的一点是领导者自己要身先士卒，维护纪律。

3. 奖励权

奖励权是通过给予一定的奖励来鼓励下属做出组织所希望的行动的一种权力。在下属完成一定的任务时，管理者承诺给予相应的奖励，可鼓励下属的积极性。奖励权是建立在交换原则基础之上的，但奖励必须是下属所需要的，否则就不能对下属的行为产生作用。

（二）非职位权力

非职位权力是指与组织的职位无关的权力，主要有专长权和个人魅力。这些是由于领导者的个人经历、地位、人格、特殊品质和才能而产生的影响力，它可以使下属心甘情愿地、自觉地跟随领导者。这种权力对下属的影响比职位权力更具有持久性。

1. 专长权

专长权是指领导者因为具有各种专门的知识和特殊的技能或学识渊博而获得同事及下属的尊重和佩服，从而在各项工作中显示出的在学术上或专长上的一言九鼎的影响力。专长权与职位没有直接的联系，许多专家、学者，虽然没有什么行政职位，但是在组织和群体中具有很大的影响力，这就是专长权的表现。专长权的影响往往仅限定在专长范围之内。

2. 个人魅力

个人魅力是建立在领导者的个人素质之上的，是一种无形的，难以用语言准确描述的权力，诸如品格、知识、才能、毅力和气质等，它通常与具有超凡魅力或名声卓著的领导者相联系，又被称为领导者的感召权。

【课堂讨论】

1. 你认为教师的权力有哪些？主要来源于哪里？
2. 你在马路上，交警对你有影响力吗？属于哪一种影响力？

任务二　领 导 理 论

领导理论是研究领导有效性的理论，是管理学理论研究的热点之一。影响领导有效性的因素以及如何提高领导的有效性是领导理论研究的核心。领导理论的研究成果可分为三个方面，即领导特性理论、领导行为理论和领导权变理论。

一、领导特性理论

领导特性理论着重研究领导者的个人特性对领导有效性的影响。对于该理论的研究最初是由心理学家开始的。他们的出发点是，根据领导效果的好坏，找出好的领导者与差的领导者在个人品质或特性方面的差异，由此确定优秀的领导者应具备的品质特征。

一般将领导者的品质特征归纳为身体特征（如外貌、身高、精力等），背景特征（如教育、经历、社会地位、社会关系等），智力特征（如知识、智商、判断能力、语言能力等），性格特征（如热情、开朗、自信、机敏、果断、独立性等），与工作相关的特征（如进取心、忍耐力、创造性等）以及社交特征（如指挥能力、合作性、人际交往技巧、声望等）。

1. 传统领导特性理论

1949 年以前，学者们主要从领导者的个人品质或特性方面展开分析，并以此描述和预测领导有效性，通过研究一些美国名人的素质和心理特征，得出了领导者必须具备的天赋条件。早期提出这种理论的学者认为，领导者所具有的特性是天生的，是由遗传决定的，领导者与被领导者之间存在着个性品质的明显差异，这就是"伟人论"的主要观点。拉尔夫·斯托格迪尔研究发现，领导者应具备十六种先天个性：有良心、可靠、勇敢、有责任心、有胆略、力求革新进步、直率、自信、有理想、有良好的人际关系、风度优雅、乐观、身体健康、智力过人、有组织能力、有判断力。

传统领导特性理论强调领导者的个性品质是与生俱来的，但这种认识是不全面的。

2. 现代领导特性理论

现代领导特性理论认为，领导是一个动态的过程，领导者的个人品质和特性是在实践中逐渐形成的，并且可以通过教育和培训而造就。

【拓展阅读】

日本的有效领导观要求一个领导者须具有十项品德和十项能力。其中，十项品德是使命感、责任感、信赖感、积极性、忠诚老实、进取心、忍耐性、公平、热情和勇气；十项能力是思维能力、决策能力、规划能力、改造能力、洞察能力、劝说能力、理解能力、解决问题的能力、培养下级的能力和调动积极性的能力。美国企业界认为一个企业家应具备十个特征，即有合作精神、有决策才能、有组织能力、精于授权、善于应变、敢于求新、勇于负责、敢担风险、尊重他人和有良好品德。

领导特性理论强调良好的个人特性或品质对于领导工作与提高领导效能的重要意义，一些研究表明，个人品质与领导有效性之间确实存在着某种相互联系，通过运用特性理论能够系统地分析出领导者所应具有的能力、品德和为人处世的方式，这有助于选拔和培养领导人才。但该理论也有局限性，首先，不同的环境对领导者提出的标准是不同的。对于领导者应当具有哪些特性，不同的研究者得到的结论并不相同。其次，不少学者提出证据认为领导者的特性与非领导者的特性没有质的差别，同时领导者的特性与领导效能的相关性并不大。再次，也有人认为该理论只对领导者的品质进行了静态分析，即忽略了其活动过程和被领导者与环境因素的作用，因而有较大的片面性。

二、领导行为理论

在领导特性理论的研究过程中，人们逐渐认识到按照成功领导的特性培养出来的人才不一定都能成为优秀的领导。从 20 世纪 50 年代起，有些学者转向研究领导者的个人行为。

他们认为，领导的有效性主要取决于领导者的行为方式与作风。他们注重考察那些成功的领导者都做了些什么、怎样做的，优秀领导者的行为与较差领导者的行为有无区别等，以试图找出领导有效性的行为模式。

（一）勒温的三种领导风格

美国心理学家勒温以权力定位为基本变量，通过各种实验，把领导者在领导过程中表现出来的领导风格分为三种类型：

（1）专制型：权力定位于领导者个人手中，实行独裁领导。所有决策均由领导者作出，群体成员没有决策权，只能接受命令。领导者和群体成员也很少接触。

（2）民主型：权力定位于群体，实行参与领导，组织群体成员共同讨论工作计划、工作目标、工作内容和工作方法，鼓励他们积极表达自己的意见，关心他人，尊重他人，把自己看作群体的一员。

（3）放任型：权力定位于群体成员手中，实行无政府管理。领导既不评价或参与管理活动，也不关心群体成员的态度，一切尽可能放任群体自理。

勒温等人试图通过实验决定哪种领导风格是最有效的领导风格。结果发现，放任型领导者所领导的群体的绩效低于专制型和民主型领导者所领导的群体；专制型领导者所领导的群体与民主型领导者所领导的群体工作数量大体相当；民主型领导者所领导的群体的工作质量与工作满意度更高。勒温等人最初认为民主型的领导风格会带来良好的工作质量和数量，同时群体成员的工作满意度也较高，因此，民主型的领导风格可能是最有效的领导风格。但不幸的是，研究者们后来发现了更为复杂的结果。民主型的领导风格在有些情况下会比专制型的领导风格产生更好的工作绩效，但在另外一些情况下，民主型领导风格产生的工作绩效可能比专制型领导风格产生的工作绩效低或者仅仅与专制型领导风格所产生的工作绩效相当，而关于群体成员工作满意度的研究结果则与以前的研究结果相一致，即通常在民主型的领导风格下，群体成员的工作满意度会比在专制型领导风格下的工作满意度高。

【课堂讨论】

子 贱 放 权

孔子的学生子贱有一次奉命担任某地方的官吏。当他到任以后，却时常弹琴自娱，不管政事，可是他所管辖的地方却治理得井井有条、民兴业旺。这使得那位卸任的官吏百思不得其解，因为他每天即使起早摸黑、从早忙到晚，也没有把所管辖的地方治理好。于是他请教子贱："为什么你能治理得这么好？"子贱回答说："你只靠自己的力量去进行治理，事必躬亲，管这管那，所以十分辛苦；而我动员大家的力量，信任他人，相互协作，依靠贤人的能力当然能使我管理得轻松自在。"

现代企业中的领导人，喜欢把一切事揽在身上，事必躬亲、管这管那，从来不放心把一件事交给手下人去做，这样，整天忙忙碌碌不说，还会被公司的大小事务搞得焦头烂额。

其实，一个聪明的领导人，应该正确地利用下属的力量，发挥团队协作精神，这样不仅能使团队很快成熟起来，同时，也能减轻管理者的负担。

讨论：子贱的领导方式属于勒温三种领导风格中的哪一种？

（二）领导行为四分图理论

1945 年，美国俄亥俄州立大学的学者通过研究领导的有效性与行为因素之间的关系，将领导行为进行了分类，即"抓组织"和"关心人"两种领导方式。

"抓组织"是以工作为中心，领导者注重他与工作群体的关系，既规定了自己的任务，也规定了下级的任务，包括进行组织设计、制订计划和程序、明确职责和关系、建立信息途径、确定工作目标等。"关心人"则是以人际关系为中心，注重建立领导者与被领导者之间的尊重和信任的关系，包括建立互相信任的气氛、尊重下级的意见、注意下属的感情、满足下属的需要等问题。研究者认为，"抓组织"和"关心人"这两种领导方式不应是相互矛盾、相互排斥的，而应是相互联系的。领导者的行为可以用两度空间的"四分图"来表示（见图 8-1）。

图 8-1　四分图

根据图 8-1 可知，领导者的行为可具体分为以下四类：

（1）高抓组织、低关心人：最关心工作，如计划作业、信息沟通等，不关心员工。

（2）低抓组织、高关心人：不太关心工作的进展，只关心员工间的人际关系，在处世方面保持一种互尊互信的气氛。

（3）低抓组织、低关心人：既不关心工作也不关心员工。

（4）高抓组织、高关心人：既关心工作也关心员工。

【课堂讨论】

运用领导行为四分图理论，思考"子贱放权"中的子贱属于哪一种领导行为？

（三）管理方格理论

在俄亥俄州立大学领导行为四分图理论的基础上，布莱克和莫顿于 1964 年就企业中的领导方式提出了管理方格理论。管理方格图是一张九等分的方格图，横坐标表示管理者对生产的关心程度，纵坐标表示管理者对人的关心程度。两条坐标轴各划分从 1 到 9 的九个小方格作为标尺。整个方格图共有 81 个小方格，每个小方格表示"关心生产"和"关心人"这两个基本倾向相结合的一种领导方式（见图 8-2）。

管理方格理论

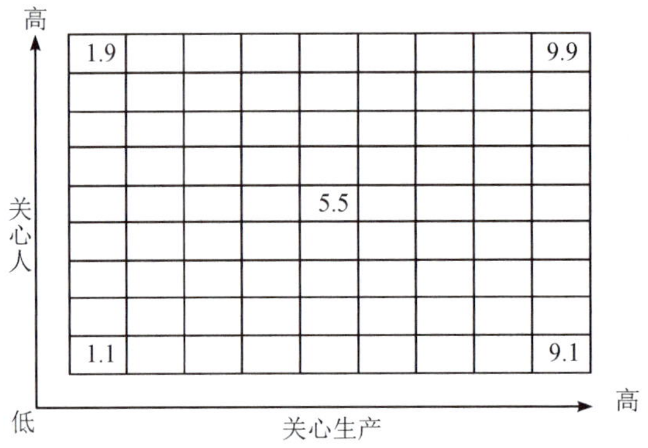

图 8-2　管理方格图

布莱克和莫顿在管理方格图中列出了以下五种典型的领导方式：

（1）（1.1）型：贫乏型管理。对员工和生产几乎都不关心，领导者只以最小的努力来完成必须做的工作。这种领导方式是很少见的。

（2）（9.1）型：任务型管理。领导者集中注意生产和作业的效率，注重计划，指导和控制员工的工作活动，以完成组织的生产目标。但不关心人的因素，很少注意员工的发展和士气。

（3）（1.9）型：俱乐部型管理。领导者集中注意对员工的支持和体谅，注重员工的需要，努力创造一种舒适和睦的组织气氛和工作节奏，认为只要员工心情舒畅，生产就一定能顺利，但对规章制度、指挥监督和任务效率等很少关心。

（4）（9.9）型：团队型管理。领导者对员工、生产都极为关心，努力使员工个人的需要和组织的目标最有效地结合起来，注意使员工了解组织的目标，关心工作的成果，建立"命运共同体"的关系，利害与共。因此，员工关系融洽，士气旺盛，员工会进行自我控制，生产任务完成得极好。

（5）（5.5）型：中间型管理。领导者对员工的关心程度和对生产的关心程度虽然都不算高，但能保持平衡。一方面比较注意管理者在计划、指挥和控制上的职责，另一方面也比较重视对员工的引导鼓励，设法使他们的士气保持在满意的水平上。但是，这种领导方式缺乏创新精神，只追求正常的效率和较满意的士气。

布莱克和莫顿认为，（9.9）型的领导方式是最有效的领导方式。组织的领导者应该客观地分析组织内外的各种情况，分析自己的领导方式，将自己的领导方式转化为（9.9）型，以求得最高的效率。

管理者在实际管理中应用管理方格理论，要特别注意以下几点：① 既要关心人，又要关心工作，一般至少应该维持在一个基本满意的水平，即均要达到5以上（见图8-2）；② 应根据不同的工作时期或阶段，针对不同的目标、任务，结合各种主客观条件，适当地强调某一因素，如将精力集中于工作或集中于人，在关心工作与关心人上保持一种动态并重或平衡。例如，在面临紧急任务时，领导者必须集中精力于工作；而在紧急任务完成后，可将主要精力转到关心人的工作上来；③ 完全理想的（9.9）型领导方式在现实中很难达到。领导者只能以（5.5）型为下限，各有侧重地实现动态平衡，并向（9.9）型努力。

三、领导权变理论

领导权变理论认为，领导的有效性不单纯是领导者个人行为，某种领导方式在实际工作中是否有效主要取决于具体的情景和场合。因此，没有最好的领导模式，只有最合适的领导模式。领导行为连续统一体模式、费德勒权变模型、领导生命周期理论与路径—目标理论是领导权变理论的主要代表。

（一）领导行为连续统一体模式

美国管理学家罗伯特·坦南鲍姆与沃伦·施密特提出了领导行为连续统一体理论。他们假设了领导行为方式的两个极端情况，一个极端情况是独裁的领导方式，认为权力来自职位；另一个极端情况是民主的领导方式，认为权力来自群体的授予和承认。如图 8-3 所示，从左到右，领导方式的民主程度逐渐提高，领导者运用权力逐渐减少，下属的自由度逐渐加大。

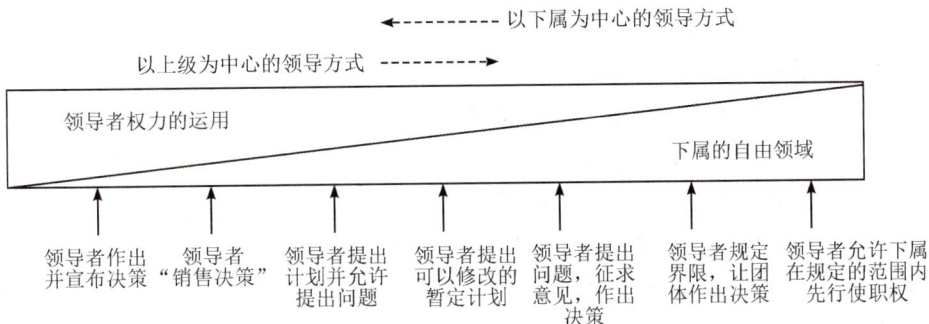

图 8-3 领导行为连续统一体模式

（1）领导者作出并宣布决策。在这种方式中，领导者确认一个问题，考虑各种可供选择的解决方法，从中选择一个，然后向下属宣布，以便执行。他可能考虑，也可能不考虑下属对他的决策的想法，但不管怎样，他不给下属参与决策的机会，下属只能服从他的决定。

（2）领导者"销售"决策。在这种方式中，如同前一种方式一样，领导者承担确认问题和作出决定的责任，但他不是简单地宣布这个决策，而是说服下属接受他的决策。这样做是表明他意识到下属中可能有某些反对意见，通过阐明这种决策给下属带来利益以争取他们的支持。

（3）领导者提出计划并允许提出问题。在这种方式中，领导者作出决策，并期望下属接受这个决策，但他会向下属提供一个有关他的想法和意图的详细说明，并允许提出问题，这样，他的下属可以更好地了解他的意图和计划。这个过程使领导者和他的下属能深入探讨这个决策的意义和影响。

（4）领导者提出可以修改的暂定计划。在这种方式中，允许下属对决策发挥某些影响作用，确认问题和决策的主动权仍在领导者手中。他先对问题进行考虑，并提出一个计划，但只是暂定的计划，然后把这个计划交给有关人员征求意见。

（5）领导者提出问题，征求意见，作出决策。在这种方式中，虽然确认问题和决策仍由领导者来进行，但下属有建议权。下属可以在领导者提出问题后，提出各种解决问题的方案，领导者从他自己和下属提出的方案中选出较为满意的。这样做的目的是充分利用下属的知识和经验。

（6）领导者规定界限，让团体作出决策。在这种方式中，领导者把决策权交给团体。但是在交付决策权以前，他必须解释需要解决的问题，并给要作的决策规定界限。

（7）领导者允许下属在规定的范围内先行使职权。在这种方式中，团体有极度的自由，唯一的界限是上级的规定。如果领导者参与决策过程，也往往以普通成员的身份出现，并执行团体所作的任何决定。

坦南鲍姆与施密特认为，上述方式孰优孰劣没有绝对的标准，成功的领导者不一定是专权的人，也不一定是放任的人，而是在具体情况下采取恰当行动的人。当需要果断指挥时，他能善于指挥；当需要下属参与决策时，他能提供这种可能。

【课堂讨论】

罗琼临危受命，担任某全球食品饮料公司的一个分公司的经理。当时分公司正陷入一场严重的危机：连续六年没完成指标，最近一年亏损严重。管理层士气低落，彼此抱怨，管理人员之间毫无信任。总公司给罗琼的指令是明确的，即必须扭亏为盈。

上任伊始，罗琼意识到必须在短时间内展示自己高效的领导能力，并且与管理团队建立融洽与信任的关系。同时她也明白，当务之急就是要有人告诉她问题出在哪里。因此她首要的任务就是听取关键人员的意见和想法。

上任的第一周，她分别与管理团队的每一位成员共进晚餐和午餐，目的是让每一位成员都理解公司目前的处境。当时她的用意与其说是了解每个人如何诊断问题，不如说是了解他们本人。

同时她还尽力帮助团队成员解决烦恼。例如，有一位经理总是得到负面反馈，大家对他的意见很大，抱怨他没有团队精神，但是他自己却不这样想。罗琼看出他是一位很能干的管理人员，于是就与他达成了一项协议：一旦他的行为看起来有些违背团队精神，罗琼会提醒他。

在三天的外出会议期间，罗琼继续与员工们一对一地促膝谈心。此时她的目的是建设团队，号召大家为当前出现的危机献计献策。她鼓励大家畅所欲言，表达自己的困惑与不满。

接着，罗琼要求团队成员集中精力解决问题，每个人都必须拿出三个具体方案，阐明应该采取的措施。当罗琼把大家的方案集中到一起，她惊奇地发现，大家对于公司当务之急已经形成了共识，比如都意识到了要消减成本。

远景目标清晰了，罗琼开始采用一种新的领导方式。她将任务落实到人，要求每个管理人员都对自己的任务负责。

在随后的几个月里，罗琼经常阐述公司最新的远景目标，让每位员工牢记自己与这一目标紧密相连。特别是在计划开始的前几个星期里，罗琼认为这是成败的关口，如果有人此时不能尽职尽责，那么她有理由采取专制的方法。她说："在监督计划实施方面我必须毫不留情，用铁的纪律和全身心的投入来保证完成任务。"

最终结果：

工作氛围焕然一新，员工不断创新，他们谈论公司的远景目标，并争相表达自己愿意为这一明确的新目标奋斗。她上任仅仅 7 个月，公司就获得了 5000 万美元的利润，超过了全年利润指标。

讨论：

(1) 用领导行为连续统一体模式解读罗琼的领导方式。

(2) 如何才能做到各种领导方式的灵活转变？

（二）费德勒权变模型

美国著名心理学家和管理学家弗雷德·费德勒提出的"费德勒权变模型"开创了西方领导学理论的新阶段，他本人被西方管理学界称为"权变管理的创始人"。费德勒权变模型是第一个综合的领导权变模型，它认为良好的群体绩效只能通过如下两种途径取得：要么使管理者与管理环境相匹配，要么使工作环境与管理者相匹配。费德勒权变模型将确定领导者风格的评估与情境分类联系在一起，并将领导效果作为两者的函数进行预测。

1. 确定领导者风格

费德勒认为，影响领导成功的关键因素之一是领导者的基本领导风格。为监测领导者的基本领导风格，他设计了最难共事者（LPC）问卷，通过问卷询问领导者对最不愿与自己合作的同事的评价。如果回答者评价这位最难共事者多使用含敌意的词句（即在 LPC 问卷表上打"低分"），说明该领导者没有将同事的工作表现与人品好坏区分开来，因此，作出"低 LPC 分"型评价的领导者的领导方式趋向任务导向型。如果回答者对最难共事者的评价多使用善意的词句（即在 LPC 问卷表上打"高分"），则反映出该领导者的领导方式是趋向关系导向型的，因为该领导者心中已清楚地认识到工作表现差的同事并不见得人品就不好。

2. 确定情境

在通过 LPC 问卷描述确定两种基本领导风格后，还需要再对情境进行评估，并将领导者与情境进行匹配。费德勒权变模型列出了三项影响领导有效性的关键情境要素，并对它们进行了评估。这三项要素分别是领导者与下属的关系、任务结构和职位权力，具体定义如下：

(1) 领导者与下属的关系（好或差）：领导者对下属信任、信赖和尊重的程度。

(2) 任务结构（高或低）：工作任务的程序化程度，即结构化或非结构化。

(3) 职位权力（强或弱）：领导者拥有的权力变量（如聘用、解雇、训导、晋升和加薪等）的影响程度。

费德勒权变模型指出，上述三项要素自由组合，可得到八种不同的情境或类型，每个领导者都可以从中找到自己的位置。其中，如果三项要素都处于有利情境，即领导者与下属间建立起良好的关系，明确组织的任务结构，充分合理地发挥职位权力，则领导者拥有的控制力和影响力也越高。反之，如果三项要素都处于不利情境，即不融洽的领导者与下属关系，模糊的任务结构和职位权力没有充分发挥，将造成不利的低情境控制条件。如表 8-3 所示。

表 8-3　费德勒权变模型

状态	最有利			中等有利				最不利
情境类型	1	2	3	4	5	6	7	8
领导者与下属关系	好	好	好	好	差	差	差	差
任务结构	高	高	低	低	高	高	低	低
职位权力	强	弱	强	弱	强	弱	强	弱

3. 领导者与情境的匹配

费德勒权变模型指出，领导风格与其所处情境二者相互匹配时，会达到最佳的领导效果。

根据关于领导情境的八种分类和关于领导风格的两种分类(高 LPC 值的领导和低 LPC 值的领导)，费德勒对 1200 个团体进行了抽样调查，得出以下结论：

(1) 应根据工作情境，采用适当的领导方式，以提高绩效任务。任务导向型的领导者在非常有利的情境和非常不利的情境下工作效果更好。也就是说，当面对 1、2、3 和 8 类型的情境时，采用任务导向型的领导者会干得更好；而关系导向型的领导者则在中等有利的情境，即 4、5、6 和 7 类型的情境中最为合适。

(2) 个体的领导风格是基本稳定不变的，提高领导有效性有两种途径：一是替换领导者以适应环境；二是改变环境以适应领导者，如改善上下级关系(如加薪、晋职等)。

4. 费德勒权变模型的发展

菲德勒和乔·葛西亚在原来的模型基础上进一步提出了认知资源理论。这一理论基于两个假设：第一，睿智而有才干的领导者相比德才平庸的领导者能制订出更有效的计划、决策和活动策略；第二，领导者通过指导行为传达他们的计划、决策和策略。在此基础上，菲德勒和葛西亚阐述了压力和认知资源(如经验、奖励和智力活动等)对领导有效性的重要影响。认知资源理论的三项发展具体表现在三个方面：第一，在支持性、无压力的领导环境下，指导型行为只有与高智力水平结合起来，才会达到高绩效水平；第二，在高压力环境下，工作经验与工作绩效之间呈正相关；第三，在领导者感到无压力的情况下，领导者的智力水平与群体绩效呈正相关。

【拓展阅读】

最难共事者(LPC)量表

想一想跟你一起共事最难把工作干好的那个人吧，他(她)可以是现在跟你一起工作的人，也可以是过去与你工作的人，他(她)未必一定是你最不喜欢的人，可却是跟他(她)一块最难把事办成的人，请你描述一下对你来说他(她)是什么样子的，利用表 8-4 所示的 16 对形容词来描述他(她)。每对形容词间分成八个等级，除由这对形容词所代表的两种极端情况外，还有一些中间状态，请圈出最能代表你要描述的那个人真实情况的等级数。

表 8 - 4　最难共事者(LPC)量表

令人愉快的	8	7	6	5	4	3	2	1	令人不愉快的
友好的	8	7	6	5	4	3	2	1	不友好的
随和的	8	7	6	5	4	3	2	1	不随和的
乐于助人的	8	7	6	5	4	3	2	1	使人泄气的
热情的	8	7	6	5	4	3	2	1	冷淡的
轻松的	8	7	6	5	4	3	2	1	紧张的
密切的	8	7	6	5	4	3	2	1	疏远的
温暖人心的	8	7	6	5	4	3	2	1	冷若冰霜的
易合作的	8	7	6	5	4	3	2	1	不好合作的
支持的	8	7	6	5	4	3	2	1	故意的
有趣的	8	7	6	5	4	3	2	1	讨厌的
和谐的	8	7	6	5	4	3	2	1	爱争执的
自信的	8	7	6	5	4	3	2	1	优柔寡断的
效率高的	8	7	6	5	4	3	2	1	效率低的
兴高采烈的	8	7	6	5	4	3	2	1	低沉阴郁的
开诚布公的	8	7	6	5	4	3	2	1	怀有戒心的

结果：若小计分是 64 分或更高，说明你是一位把处理好人与人的关系放在首位的领导者；若小计分是 57 分或更少，说明你是一位重视完成任务的领导者。

(三)领导生命周期理论

领导生命周期理论是由美国学者保罗·赫塞和肯尼斯·布兰查德联合创立的。这是一个重视下属的权变理论。赫塞和布兰查德认为，根据下属的成熟水平，选择正确的领导风格才会使领导取得成功，领导方式随下属成熟度的逐步提高而相应改变。领导生命周期理论是基于领导者的任务行为、关系行为和下属成熟度之间的曲线变化关系研究领导公式的，如图 8 - 4 所示。

(1) M1(不成熟)：下属缺乏接受和承担任务的能力和愿望，既不能胜任任务又缺乏自觉。

(2) M2(初步成熟)：下属愿意承担任务但缺乏足够的能力，有积极性但没有完成任务所需的能力。

(3) M3(比较成熟)：下属具有完成领导者所交给的任务的能力，但没有足够的积极性。

(4) M4(成熟)：下属能够而且愿意去完成领导者所交给的任务。

现代社会，很多人认为态度比能力更重要，即有积极性但没有完成任务所需的能力的

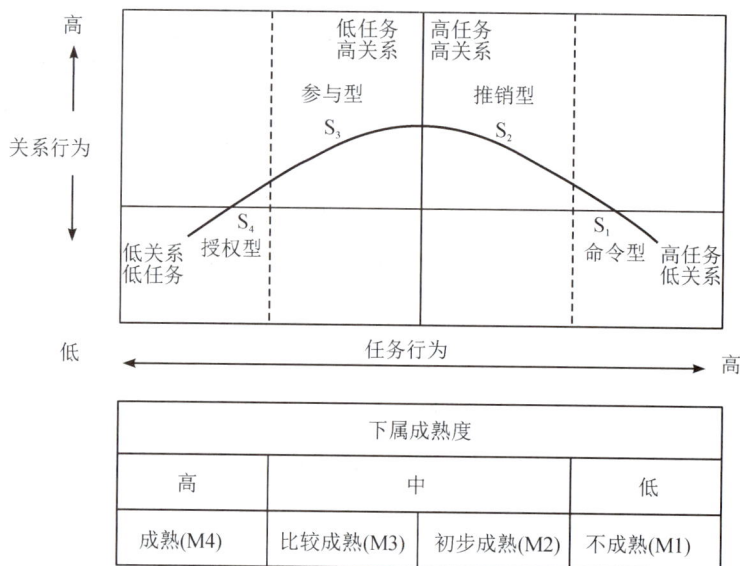

图 8-4　领导生命周期理论

为成熟，具有完成领导者所交给的任务的能力，但没有足够的积极性，为初步成熟。

根据赫塞和布兰查德创立的领导生命周期理论，领导分为任务导向型和关系导向型两种，具体包括以下四种领导公式。

（1）命令型（低关系—高任务）：领导者决策，强调指挥和控制，不重视人际关系和激励。命令型也称指导型，即领导者告诉下属应该怎么做以及何时何地去做。这种领导方式对不成熟的人适宜。

（2）说服型（高关系—高任务）：领导者决策，但重视人际关系，采用激励手段调动下属的积极性。说服型也称推销型，即领导者既告诉下属何时何地该怎么做，同时也注重下属的个人感受，关心下属的态度。这种领导方式对初步成熟的人适宜。

（3）参与型（高关系—低任务）：领导者与下属共同参与决策，同时采用激励手段，鼓励群体积极性，为下属提供便利的条件，同下属充分沟通，关心下属的感受。这种领导方式对比较成熟的人适宜。

（4）授权型（低关系—低任务）：领导者授权给下属，由其独立自主地开展工作、完成任务。领导者极少提供支持和指导，完全交给下属去做。这种领导方式对成熟的人适宜。

由领导生命周期理论可知，下属的成熟程度是可以不断提高的。随着下属成熟程度的不断提高，领导者可以不断地减少对下属活动的控制，同时还可以不断地减少同下属维持关系的行为。在下属不成熟阶段，需要给予明确的指导，手把手地教他如何去做。在初步成熟阶段就要采取高任务高关系行为，弥补下属的不足。高任务行为弥补下属在工作能力上的不足，高关系行为则试图让下属在心理上领会领导的意图，变不能做为能做。在比较成熟阶段实施参与型的领导方式，运用支持性的而非指导性的领导风格进行激励，解决下属能干而不想干的问题。在成熟阶段，领导者不需要管太多的事情，因为下属既有意愿去干又有能力去承担。

【**课堂讨论**】

运用领导生命周期理论解释"新官上任三把火"。

（四）路径—目标理论

路径—目标理论是由美国多伦多大学组织行为学教授罗伯特·豪斯提出的。它的基础是俄亥俄州立大学的领导研究与激励的期望理论。路径—目标理论的基本观点是，领导者的工作实质是帮助下属达到他们的目标，并提供必要的指导和支持以确保他们各自的目标与组织总目标一致。

路径—目标理论假设存在四种领导方式：指示型领导、支持型领导、参与型领导和成就导向型领导。

路径—目标理论还假设存在两类情境作为领导公式与结果之间的中间变量：

（1）下属的权变因素：包括下属的控制点、拜权主义倾向、经验和感知能力。

（2）环境的权变因素：包括任务结构、正式权力系统和工作群体。

在考虑下属的权变因素决定各种领导方式的恰当性上，路径—目标理论提出以下建议：

（1）指示型领导对拜权主义者更合适，因为拜权主义者尊重权威。

（2）参与型领导对"内在控制点"类型的人更合适，因为这些人更愿意对自己的生活施加更多的影响。

（3）指示型领导在下属能力较低时更合适，它帮助人们理解应当做什么。

在考虑环境的权变因素的影响下，路径—目标模型也引申出一些结论：

（1）相比具有高度结构化和安排好的任务来说，当任务不明或压力过大时，指示型领导可获得更高的满意度。

（2）当下属执行结构化任务时，支持型领导可获得员工高绩效和高满意度。

（3）对经验丰富的下属，指示型领导可能累赘多余。

（4）组织中正式权力关系越明确，领导者越应表现出支持型行为，降低指示型行为。

（5）当任务结构不清时，成就导向型领导将会提高下属的努力水平，从而达到预期的高绩效。

【**课程思政**】

以社会主义核心价值观培育大学生的领导力

加强大学生领导力教育是国家人才战略所需、大学育人使命所在、学生成长诉求所归，是高校培养担当民族复兴大任时代新人的务实之举。新形势下，高校要落实立德树人根本任务，以社会主义核心价值观教育加强大学生领导意识激发和领导能力培育，涵养时代新人领导力。

一、强化理论相融，夯实大学生领导力教育理论基础

马克思指出："理论只要说服人，就能掌握群众；而理论只要彻底，就能说服人。"领导力作为一种人际影响力，可以激励他人实现具有挑战性的目标。只有那种代表社会发展方向，符合绝大多数人利益，能够推动社会发展进步的影响力，才能称为领导力。

二、强化价值塑造，革新大学生领导力教育培养观念

积极培育和践行社会主义核心价值观，是高校育人的重要任务。衡量一所大学的人才培养质量如何，不仅要看学校的办学规模有多大，学科师资有多强，毕业生就业率有多高，而且要看培养的学生在未来的职业生涯当中是否体现了社会主义核心价值观，能否成长为德智体美劳全面发展的社会主义建设者和接班人，能否自觉做到为人民服务，为中国共产党治国理政服务，为巩固和发展中国特色社会主义制度服务，为改革开放和社会主义现代化建设服务。

大学生领导力教育，从根本上讲是用社会主义核心价值观教育引导大学生肩负起引领社会进步和发展的责任。领导力教育是一种能力培养，更是一种社会角色担当的塑造。中国特色社会主义大学要切实践行"四个服务"，不仅要培养出类拔萃的专业技术人才，更要培养担当民族复兴大任的"领军"型帅才。所以，要做到培养理念要新、培养定位要准、培养视野要广。

三、强化情感认同，丰富大学生领导力教育培养内涵

大学生领导力教育的理论研究和实践探索表明，领导力教育是一个包括价值观、知识和技能等三个层面的内容体系。在教育目标上，领导力教育的核心是培养社会责任感，引领大学生形成把"小我"融入"大我"的家国情怀。简言之，大学生领导力教育的最终目标是培养担当民族复兴大任的时代新人。

四、强化制度创新，健全大学生领导力教育制度体系

以社会主义核心价值观涵养时代新人领导力，除了依靠价值引领和价值认同之外，还要靠科学的制度体系给予明确规范和保障。

思考：运用所学知识解读以上材料，想一想什么样的领导力才是当代大学生应该具备的？

任务三　领导艺术

一、领导艺术及其特点

所谓领导艺术，是指领导者在一定知识、经验和辩证思维的基础上，富有创造性地运用领导原则和方法的才能。也可以说，领导艺术是领导者的一种特殊才能。这种才能表现为创造性地灵活运用已经掌握的科学知识和领导方法，是领导者的智慧、学识、胆略、经验、作风、品格、方法和能力的综合体现。

领导理论是有相当大的"硬度"的科学，它既有自然科学的成分，又有社会科学的成分。但是，领导艺术是变化莫测的，不会数学化、模型化和程序化，不会完全变成"硬科学"。不过，这并不妨碍领导艺术的存在和发展。因为无论对哪种组织进行领导，实际上都是主观与客观的统一、规律性与创造性的统一。一个领导者，只有既掌握科学的领导理论，又具备领导艺术，还具有丰富的领导实践经验，才能使自己的领导行为有效。

　　古今中外的人们在长期的生产、生活和管理活动中，面对复杂多变的自然和社会，经过日积月累，积累了不少宝贵的领导经验。有正面的，也有反面的。例如，《三国演义》中展示的不同领袖的长处与短处：袁绍"多谋少决"，且"外宽而内忌"；曹操善于用人却又疑心重重；诸葛亮纵观全局、多谋善断，但过于谨慎；关云长英勇强悍却不懂外交策略，等等。美国的卡尔耐基，以自己的辛勤探索和超人智慧，为人类留下了不朽的领导成功诀窍。

【拓展阅读】

提升领导力的十二种方法

　　在一个组织中，领导者就是舵手，他所要做的就是指导组织走向正确的方向，在关键时刻用自己的领导力量化险为夷，而要真正做到这一点，领导力是最重要的。提升领导力的有效方法如下：

　　(1) 包装：把自己装扮成"圣者"的模样，包装品行和声望，用光辉形象加深你的影响力。

　　(2) 会说：提升讲话魅力，用高超的语言艺术鼓舞员工士气。

　　(3) 远景：用美好的愿景鼓舞人心，点燃人们激情的火花。

　　(4) 职业化：培养职业化的员工团队，打造专家型队伍，用职业化精神凝聚基业长青的原动力。

　　(5) 权威：塑造威仪的光环，对下属形成威慑力。

　　(6) 授权：激活人才的潜力，通过充分授权激发下属的潜在领导力。

　　(7) 善管：搞定问题员工，驯服桀骜不驯的下属来增强自己的管控力。

　　(8) 执行：没有执行力就没有领导力，有效执行就是提升领导力的保障。

　　(9) 宽容：好制度胜过一切说教。

　　(10) 危机：把危机当作契机，正确对待逆境，伟大的领导者善于从错误中吸取经验和教训。

　　(11) 学习：通过不断地学习永续向前的驱动力。

　　(12) 应变：用远见卓识来提升自己的领导力。

　　领导艺术对一个领导者来说是一个值得重视和研究的迫切问题。一般认为，领导艺术具有如下特点：

　　(1) 经验性。领导艺术来源于领导者丰富的阅历、广博的知识和由成败得失总结出来的经验与教训。它不是按照逻辑顺序和逻辑规则从理性的东西中推理而来的，而是由经验提炼而成的；它不是感性认识或理性认识的简单累加，而是出自直觉思维，是过去经验的不断升华。

　　(2) 随机性。领导艺术没有固定和统一的模式，它是领导者系统思考和处理随机事件的一种应变能力。它不遵循规范化的程序，也不信守呆板僵化的教条，而是因人而异、因地制宜、因势利导。

　　(3) 多样性。领导艺术是一种生动活泼、丰富多彩的处事协调技能。不同的领导者在处理同一件事务时，往往有着迥然不同的方法；即使同一个领导者在不同时刻、不同地点处理类似问题时，也会有截然相反的解决办法。

（4）创造性。领导艺术体现了领导者生机勃勃的创造力，是领导者个人智慧与才华的集中体现，所以方式多变，风格常新。同时，领导艺术和发展是没有止境的，它是一个高度开放的系统，随着领导实践的不断深入会有新的发展。

可见，领导是一种包含着技巧和艺术的活动。领导有方，则深得民心；领导不当，则功败垂成。作为21世纪的领导者，面对数字地球、国际互联网络的迅速发展和经济全球化、信息网络化、全球一体化的新形势，要使领导活动取得更好的效果，除了时时刻刻不忘提高自己的领导素质、培养自己的领导能力之外，还必须向他人虚心学习，使领导变成一种系统的理论指导的有效活动，尽可能地避免随意性、盲目性。

二、领导者的待人艺术

领导工作首先是做人的工作。在组织的所有资源中，人力资源是第一位的，管理是以人为本的管理。领导面对的是下属，是通过一系列的措施，了解和掌握下属的需要，从而有目的地引导、指挥和协调下属的行为，通过提高下属的满足感来调动其积极性。由此可见，领导与激励有着非常密切的关系。领导者在处理与下属的关系中，一项非常重要的工作是识人和用人。世间没有完人，每个人均有长处，也有短处，识人、用人的关键在于发现人的长处，敢于、善于用人。所以领导者的待人艺术的关键在于培养对人的洞察力。

在具体的领导过程中，高明的领导者能够巧妙地运用待人艺术，正确处理各种复杂的人际关系，形成一股有利于达到目标的最佳合力。领导者的待人艺术主要包括三个方面。

1. 对待下级的艺术

1）知人善任的艺术

用人之长是领导者同下属搞好关系的诀窍。领导者善于用下属之长，使下属的才干得以充分发挥。下属得到组织和领导者的承认，自然就乐于在其手下工作，上下级关系也就很融洽。

2）批评教育的艺术

领导者对下属的缺点和错误给予批评教育是完全必要的，但对下属的批评教育必须掌握方式方法，注意分寸。开展批评时，要区别不同的对象，采取不同的形式。

3）关心、爱护的艺术

尊重、关心、爱护和体贴下属，是处理与下属关系的一个技巧。领导者要理解、关心、信任、包容和尊重下属，着力创造心情舒畅的氛围，发挥情谊的作用。

4）助人发展的艺术

"人往高处走"是一般人的心理倾向，领导者应该关心下属的进步和成长。

5）沟通的艺术

沟通是指领导者与下属之间传达和交流思想、情感和信息的过程。沟通是实施领导的基本条件，也是统一下属意志不可缺少的领导艺术。领导者必须了解下属的需要和期望，尽可能把领导意图、工作目标和下属的需要、期望联系起来。

2. 对待同级的艺术

领导者处理同级关系时,应当特别注意方法,一般应做到:既要齐心协力积极开展工作,又要做到不越位、篡权,不插手别人分管的工作,不打乱他人的部署;要尊重其他部门和其他领导者的职权,维护他们的威信,不干预和随便评论他人的工作;不影响他人的工作,不伤害他人的感情和自尊心,防止引起他人的不满。因此,领导者必须做到属于他人职权范围内的事绝不干预,属于自己的责任也绝不推卸,在他人需要帮助时,掌握好分寸和尺度,掌握好时机和方法,避免产生负效应,概括如下:

(1) 明辨是非而不斤斤计较;

(2) 见贤思齐而不嫉贤妒能;

(3) 相互沟通而不怨恨猜忌;

(4) 支持帮助而不推功揽过。

3. 对待上级领导的艺术

正确认识和评价自我,找准自己的角色和位置,是领导者处理好与上级关系的前提条件。在社会关系中,每个人总是处于某一特定的位置,这种位置要求人们的行动必须与这种位置相吻合,才能与其他社会角色的关系处于常态,保持相对的和谐。领导者在同上级相处的时候,扮演的是下级的角色,这就要求领导者必须按照自己的身份,把握好自己的位置,既要尽心尽责地做好本职工作,又要做到出力而不越位。具体应做到:善于领会领导的意图;适应上级的特点和习惯开展工作;在上级面前规矩而不拘谨;运用"等距外交",避免交往过密或亲疏不一;把处理好与上级关系的着眼点放在努力将自己所承担的工作做好;等等。

三、处理事的艺术

作为一个组织或群体,均有一定的存在目的,因此为实现目的就要进行大量的工作。领导者的职能之一就是处理这些工作事务,特别表现在制订各种决策,进行现场指挥,使各项工作有条不紊地进行。为了使工作有效,领导者应有一套判断标准,用来决定哪些事应该优先去做,哪些事应该稍后去做,哪些事不应由自己去做。所以,领导者处理事的艺术的关键在于坚持合理的工作次序,为此,领导者应该做好以下几点:

1)领导者必须干领导的事

领导者干领导的事,这是提高领导工作效率的第一条。领导者必须时时记住自己的工作职责,不能让不必要的工作消耗精力与时间。这就要做到不干预下一领导层级的事,不越级指挥。

2)任何工作都要问三个"能不能"

美国威斯汀豪斯电器公司前任董事长兼总经理唐纳德·伯纳姆是一位享有盛誉的管理专家,他在其名著《提高生产效率》一书中提出了提高工作效率的三条原则,即为了提高效率,在做每一件事情时,应该先问自己三个问题:① 能不能取消它;② 能不能与其他的工作合并；③ 能不能用更简便的东西代替。

3）要不断总结经验教训

善于从工作实践中总结经验、吸取教训，是领导者提高工作效率的一个重要方法。恩格斯曾指出：伟大的阶级，正如伟大的民族一样，无论从哪方面学习都不如从自己所犯错误的后果中学习来得快。

4）提高会议效率

若要提高会议效率，就要遵循"六戒"，即没有明确议题的会议不开；议题过多的会议不开；没有作充分准备的会议不开；可用其他方式替代的会议不开；没有迫切需要的会议不开；会议成本过高的不开。此外，要做好会前准备，包括议题的拟订、会议议程的安排、会议资料的准备、会场会务的准备等。另外，领导者主持会议也是关键。若要开好会议，就要始终抓住会议的主题，注重激发与会者的思维，把握会议的时间。

【拓展阅读】

日本太阳公司为提高开会效率，实行开会分析成本制度，即每次开会时，把一个醒目的会议成本分配表贴在黑板上。成本的算法是：会议成本＝每小时平均工资×3×2×开会人数×会议时间（小时）。公式中，每小时平均工资乘3，是因为劳动产值高于平均工资；乘2是因为参加会议要中断经常性工作，损失要以2倍来计算。因此，参加会议的人越多，成本越高。有了成本分析，大家开会时的态度就会慎重，会议效果也十分明显。

5）打造高绩效团队

若要打造高绩效团队，应做到：

（1）明确团队目标，制订行动计划。一个优秀的团队，必然是建立在相同的利益、兴趣和奋斗目标之上的。因此，团队成立之初，必须根据团队使命、目标和利益相关者的需求制订团队目标和工作计划。比如管理咨询公司与客户签订合同后，需要根据客户的需求组建项目团队，制订项目团队的使命和组织目标，即在规定的时间内，利用管理咨询公司的专业知识和技能帮助客户解决实际问题，并顺利回收咨询服务项目款。在确定团队目标之后，团队还需进一步制订工作计划，明确每个阶段、每周甚至是每天的工作任务以及所要完成的项目成果，设计关键节点以利于项目整体的把控。

（2）界定成员职责。当团队目标明确后，需要确定团队的主要负责人，全权负责相应工作的计划与组织实施，对团队集体负责。团队负责人应根据目标确定团队的主要工作职责，然后将每项职责细化并分解落实到每位成员，进一步理顺每位成员的主要工作职责，要求他们必须清楚自己真正的工作职责、级别角色、工作权限和团队价值贡献，并使其明白每项工作应具体由谁负责，这样就从某种程度上避免了偷懒。

（3）健全与团队运作相关的制度。对成员的约束或者激励机制若未形成，部分成员往往会存在"搭便车"的心理，偷懒现象就会时常发生。

（4）保持沟通顺畅。团队必须要时刻保持沟通，保持信息共享，这样才有利于及时纠正错误，避免资源浪费，同时不会出现"你唱你的歌我哼我的调"的情况。

练习与实训

	1	2	3	4	5	6	7	8	9	10
一、单选题										
二、多选题										
三、判断题										

客观题

四、思考题

1. 领导者一定需要正式职务吗？

2. 你为什么会买明星代言的产品，因为明星拥有某种影响力吗？什么样的影响力？

3. 小张是辅导员选出的班长，但同学们不接受他的任务安排，只愿意听王同学的；王同学深得人心，他甚至还经常带领班级同学完成辅导员布置的任务。问：他俩谁是领导者，为什么？

五、分析题

ABC 公司的领导风格

ABC 公司是一家中等规模的汽车配件生产集团。最近，该公司对三个重要部门的经理进行了一次有关领导类型的调查。

• 安西尔

通常情况下，安西尔只是大致规定下属的工作方针及工作完成的期限。安西尔遇到小问题时，会放手交给下属去处理。当问题很严重时，他就委派几个有能力的下属去解决问题。安西尔认为只有这样才能更好地合作，避免重复工作。

安西尔认为对下属采取敬而远之的态度对一个经理来说是最好的行为方式，所谓的"亲密无间"会松懈纪律。

安西尔说，在管理中的最大问题是下属不愿意接受任务，下属有机会做许多事情，但并不会努力地去做。

他表示不能理解下属以前如何能与一个毫无能力的经理相处。他认为，他的上司对他们现在的工作运转情况非常满意。

• 鲍勃

鲍勃认为管理者有义务和责任去满足员工的需要。他常为他的员工做一些小事，如给员工两张艺术展览的门票。

鲍勃每天都要到工厂去一趟,与至少 25% 的员工交谈。鲍勃不愿意为难别人,他认为安西尔的管理方式过于死板,安西尔的员工也许并不那么满意,但除了忍耐别无他法。

鲍勃意识到在管理中有不利因素,但大多是由于生产压力造成的。他的想法是以一种友好、粗线条的管理方式对待员工。他承认,尽管在生产效率上不如其他部门,但他相信他的下属有高度的忠诚与士气,并坚持认为他的下属会因他的开明领导而努力工作。

• 查理

查理面临的问题是与其他部门的职责分工不清。在他看来,不论是否属于他们的任务都安排在他的部门,似乎上级并不清楚这些工作应该谁做。

查理认为制定纪律的目的就是使每个员工不停地工作。他相信,如果一个经理只是为了提薪与晋职对员工进行考核,由此就会产生很多问题。

他主张,一旦给一个员工分配了工作,就让他以自己的方式去做,取消工作检查。他相信大多数员工知道自己如何开展工作。

问题:

(1) 运用领导行为理论,分析这三个部门经理分别属于哪一种领导方式?

(2) 结合领导权变理论,分析这三个部门经理的领导方式可以固定不变吗?为什么?

六、实训题

对别人的肯定

形式:集体参与

时间:30 分钟

材料:无

场地:不限

应用:领导艺术和沟通技巧

1. 游戏目的:鼓励人们说出对他人的肯定的看法。

2. 游戏程序:每人写下 4 至 5 件发生在同伴身上的事,但必须全部是肯定的(如穿着整齐、声音悦耳、善于倾听等),然后每两人组成一个小组进行讨论,说出他/她写了同伴哪些事。

3. 相关讨论:

(1) 对他人给出肯定的看法或接受对自己肯定的看法可能都是一种全新的经历。所以以上的练习让你感到自在吗?如果不自在,为什么?

(2) 我们怎样才能更容易对他人给出肯定的看法?

(3) 接受他人的肯定后,你对对方有没有产生新的看法?

七、应用题

冬天晚上 11 点多钟,某学校男生宿舍一楼卫生间的水管突然爆裂,而水闸门手轮锈住。此时,楼门和校门已经关闭,人们都沉睡在梦中,只有邻近的几个宿舍的学生被惊醒。水不断地从卫生间涌出,流进宿舍走廊,情况非常紧急。假如你身在其中,你会怎样帮助大家化险为夷呢?

项目九　激发潜能——激励

认知目标

（1）了解激励的概念、作用和原则。

（2）了解人性假设。

（3）理解并掌握内容型激励理论的内容和观点。

（4）理解并掌握过程型激励理论的内容和观点。

（5）理解并掌握调整型激励理论的内容和观点。

技能目标

在平常的学习、工作和生活中，能正确运用激励方法。

素质目标

（1）培养学生探索与创新的精神和意识。

（2）强化价值引领，增强学生的道路自信、理论自信、制度自信、文化自信。

（3）培养学生的职业道德责任感。

动画导入

创新之旅激励员工

任务一　激励概述

激励是管理的基本职能，同时又是管理重要的职能之一，在现代管理中具有不可替代的作用。人是组织中最活跃、最有生命力、最有发展潜力的资源，调动人的积极性，激发人的创造性是管理中的首要问题。成功的管理者必须知道如何有效调动下属的工作积极性。

一、激励的概念

激励是指组织通过设计适当的外部奖酬形式和工作环境，以一定的行为规范和惩罚性措施，并借助信息沟通来激发、引导、保持和规范组织成员的行为最终有效地实现组织及其成员个人目标的过程。这一定义包含以下几个方面的内容：

（1）激励的出发点是满足组织成员的各种需要，即通过系统的设计、适当的外部奖酬形式和工作环境，来满足组织成员的外在需要和内在需要。

（2）科学的激励工作需要奖励和惩罚并举，既要对组织成员表现出来的符合组织期望的行为进行奖励，又要对不符合组织期望的行为进行惩罚。

（3）激励贯穿于组织成员工作的全过程，包括对组织成员个体需要的了解、个性的把握、行为过程的控制和行为结果的评价等。因此，激励工作需要耐心。

（4）信息沟通贯穿于激励工作的始末，从对激励制度的宣传、组织成员个人的了解，到对成员行为过程的控制和对成员行为结果的评价等的一系列工作，都依赖于一定的信息沟通。组织中信息沟通是否通畅，是否及时、准确、全面，直接影响着激励制度的运用效果和激励工作的成本。

（5）激励的最终目的是在实现组织预期目标的同时，让组织成员实现其个人目标，即达到组织目标和成员个人目标的客观统一。

二、激励的作用

对一个组织来说，科学的激励至少具有以下几个方面的作用。

1. 开发员工的潜在能力

美国哈佛大学的威廉·詹姆斯教授在对员工激励的研究中发现，按时计酬的分配制度仅能让员工发挥20%～30%的能力，但如果员工受到充分激励，其能力可以发挥出80%～90%，这两种情况之间60%的差距就是有效激励的结果。管理学家的研究表明，员工的工作绩效是员工能力和受激励程度的函数，即绩效＝f(能力，激励)。如果考虑激励制度对员工创造性、革新精神和主动提高自身素质的意愿的影响，那么激励对工作绩效的影响就更大。

【拓展阅读】

语言的力量

某大型公司的一位清洁工，时常被人忽视、看不起，但就是这样一个人，却在一天晚上公司保险箱被窃时，与小偷展开了殊死搏斗。事后，有人为他请功并询问他这样做的动机，答案却出人意料。他说当公司的总经理从他身旁经过时，总会不时称赞他："你地扫得真干净"。

这么一句简简单单的话让这个员工深深感动，并"以身相许"。这也正应了中国的一句老话"士为知己者死"。

金钱在调动下属的积极性方面不是万能的，而赞美恰好可以弥补它的不足。因为生活中的每一个人，都有较强的自尊心和荣誉感。你对他人真诚地表扬与赞同，就是对其价值的最大承认和重视。领导对下属的真诚赞美，能使下属的心灵需求得到满足，并能激发他们潜能。打动人最好的方式就是真诚的欣赏和善意的赞许。

2. 吸引并留住优秀人才

德鲁克认为，每一个组织都需要在三个方面做出成绩：直接的成果、价值的实现和未来的人力发展。缺少任何一个方面的绩效，组织非垮不可。在发达国家的许多组织中，特别是那些竞争力强、实力雄厚的组织，一般都是通过各种优惠政策、丰厚的福利待遇、快捷的晋升途径来吸引并留住组织需要的人才。

3. 营造良性的竞争环境

科学的激励制度包含一种竞争精神，它的运行能够营造出一种良性的竞争环境，进而形成良性的竞争机制。在具有竞争性的环境中，人受到的环境压力将转变为人们努力工作的动力。正如麦格雷戈所说："个人与个人之间的竞争，才是激励的主要来源之一。"这说明，下属工作的动力和积极性是激励工作的间接结果。

三、激励的过程

激励的实质是动机的激发过程。人的行为是由动机决定的，而动机是由需要引起的。当人的某种需要未能满足时，即激起人的欲望时，人会处于一种不安和紧张状态，产生做某件事的内在驱动力。心理学上把这种驱动力称为动机。动机是需要驱动、刺激强化和目标诱导三种因素相互作用下的一种合力。

动机具有三个特征：

（1）动机与实践活动有密切关系，人的一切活动、行为都是受某种动机支配的。

（2）动机不但能激发行为，而且能使行为朝着特定的方向、预期目标前进。

（3）动机是一种内在的心理倾向，其变化过程是看不见的，通常只能从动机表现出来的行为来逆向分析动机本身的内涵和特征。

动机产生以后，人们就会寻找、选择能够满足需要的策略和途径，而一旦确定策略，就会进行满足需要的活动，产生一定的行为。活动的结果如果未能使需要得到满足，则人们会采取新的行为，或重新努力，或降低目标要求，或变更目标从事别的活动。如果活动的结果使作为活动原动力的需要得到满足，则人们往往会被自己的成功所鼓舞，产生新的需要和动机，确定新的目标，从而进行新的活动。

【拓展阅读】

谁当助手？

王经理经营着一家小型公司，该公司共有 20 名员工。近几年，公司效益稳步上升。王经理知道，公司取得这样的成就离不开员工们的努力。其中，张昊与马奔的贡献尤为突出。

由于公司业务量的扩大，王经理感到，里里外外靠自己一个人，应付不过来，迫切需要选择一名助手，张昊和马奔都在他的考虑范围之中。

张昊和马奔在人品、工作能力方面水平不相上下，但助手只需要一名。王经理私下决定，提拔一名助手，给另一位加薪。但是提谁当助手，给谁加薪呢？王经理还是左右为难。这时，他想起了在某大学教授管理学的好朋友刘教授，于是决定向刘教授请教。

刘教授告诉王经理："你要对他们作出选择，不妨先了解他们需要什么。"这令王经理茅塞顿开。

回去后，王经理分别找二人谈话，结果发现，马奔家境较困难，他上有双亲，下有尚在上学的女儿，妻子多病且没有工作。所以，就目前而言，钱对马奔来说更为重要。至此，王经理毫不犹豫地作出了决定。

从需要的产生到目标的实现，人的行为是一个周而复始、不断前进、不断升华的循环过程。激励是将内驱力、需要、目标三个相互影响、相互依存的要素衔接起来，构成动机激发的整个过程。需要、动机、行为和目标之间的关系如图9-1所示。

图9-1 需要、动机、行为和目标之间的关系

四、激励的原则

从广义上说，管理者激励员工时，应遵循以下基本原则。

1）组织目标与个人目标相结合

在激励机制设计中，目标设置首先必须体现组织意图，否则激励将偏离组织目标的实现方向。其次，目标设置应尽可能满足员工的个人需要，否则无法提高员工的目标效价，达不到满意的激励强度。只有将组织目标与个人目标相结合，才能获得良好的激励效果。

2）物质激励与精神激励相结合

人既有物质需要，也有精神需要。相应地，激励也应该采取物质激励与精神激励相结合的方式。其中，物质需要是人类最基本的需要，因此对员工需要的满足应从物质激励开始；精神需要是人类的高级需要，应尽可能促使员工需要向高层次转化。换言之，物质激励是基础，精神激励是根本，应在两者结合的基础上，逐步过渡到以精神激励为主。

【拓展阅读】

公司内的"婚姻介绍所"

如今，一些大型公司的领导很重视员工的婚姻大事。例如，某公司内部就设立了一个专门为员工架设"鹊桥"的"婚姻介绍所"。进入公司的单身员工，可以把自己的学历、爱好、家庭背景、身高、体重等资料输入"鹊桥"内部网络。提交个人资料的员工有权调阅内部网络档案。申请者可以利用休息日坐在沙发上仔细地翻阅这些档案，直到找到满意的对象为止。一旦被选中，联系人会将挑选方的一切资料寄给被选方，被选方如果同意见面，公司就安排双方约会。约会后双方都必须向联系人报告对对方的看法。

由于现代人工作紧张，员工很少有时间寻找合适的人生伴侣，公司很乐意为他们牵线搭桥。这样做也能起到增强员工归属感组织凝聚力的作用。

3）外在激励与内在激励相结合

人的行为既受到内因的驱动，又受到外因的影响。其中，内因是根本，外因是条件。这就要求管理者在激励时要善于将外在激励与内在激励相结合，并且以内在激励为主，着眼于激发员工的高层次需要和深层次动机，使其内心深处焕发工作热情和工作动力。这种工作动力比外在激励所引发的动力要深刻和持久得多。

4）正向激励和负向激励相结合

根据激励的强化理论，可以把激励分成正向激励和负向激励。正向激励泛指对员工符合组织期望的行为进行奖励的激励方式。负向激励则指对员工违背组织目的的非期望行为进行惩罚的激励方式。在管理实践中，这两种激励都是有效且必要的。但鉴于负向激励的消极影响，应坚持以正向激励为主，负向激励为辅。

5）按需激励和公平激励相结合

激励的本质是满足员工的需要。但员工的需要存在个体的差异性和动态性，因人而异，因时而异，并且只有满足优势需要的激励，其效价才最高，激励强度才最大。所以，不存在一劳永逸的激励方法，管理者必须用动态的眼光看问题，不断了解员工需要的变化，有针对性地采取激励措施，这样才能收到实效。同时，考虑个体差异不能违反公平原则。管理者要建立公平、科学的绩效考核体系，做到奖罚有据，公平合理。同时，在物质利益分配上，还要遵循按劳分配的原则，多劳多得、绩优多得。

五、人性假设与激励

在管理实践中，人性假设决定了管理者设计激励制度的思路。纵观历史，不同的"人性"假设，形成了不同的激励理论。

1."经济人"假设与激励

"经济人"又称"理性经济人""实利人"或"唯利人"。"经济人"假设最早由英国经济学家亚当·斯密提出。他认为，人的行为动机根源于经济诱因，人的一切行为都是为了最大限度地满足自己的利益。

美国的管理学家麦格雷戈提出的 X 理论就是对"经济人"假设的概括。X 理论认为人的天性是好逸恶劳的，只要有可能就会逃避工作；人既没有进取心，也不愿意承担责任，一般愿意受人指挥；人漠视组织要求，天性反对变革，把安全看得高于一切；厌恶工作是人的本性，只有在强迫之下人才会努力工作。

基于这种假设的激励理论指出，组织应以经济报酬来促使人们服从和作出绩效，以权力与控制体系来保护组织本身利益，迫使员工努力工作。其管理的重点在于提高效率、完成任务；其管理方式是严格工作规范，加强管理控制。为了提高士气，应采用金钱刺激；为避免消极怠工，应采用严厉惩罚，即采取"胡萝卜加大棒"的管理政策。

2."社会人"假设与激励

"社会人"假设的理论基础是人际关系学说。梅奥基于霍桑实验提出"社会人"假设：人不是机器和动物，而是一个复杂的社会成员。金钱和物质虽然对人的工作积极性的产生具有重要影响,但是决定因素是员工在工作中发展起来的人际关系。

"社会人"假设的基本观点如下:

(1)人的工作动机是由社会需要引起的,并且通过与同事间产生关系而获得认同感。

(2)工业革命与工业合理化的结果使工作本身失去了意义,因此,人们只能从工作的社会关系中寻求意义。

(3)员工对同事间的社会影响力的重视程度高于对管理者所给予的经济诱因及控制的重视。

(4)员工的工作效率随着上级主管能满足他们社会需要的程度而改变。

基于这种假设,管理者不仅要重视工作目标的完成,而且也要注意员工的需求;不仅要重视指挥和监督等职能的作用,而且还要重视员工之间的关系,培养和形成员工的归属感和认同感;不仅要注意对个人的奖励,而且更应提倡对集体的奖励。

3."自我实现人"假设与激励

"自我实现"的概念由美国心理学家马斯洛提出。自我实现是指人都需要发挥自己的潜力,表现自己的才能,只有人的潜力充分发挥出来,人的才能充分表现出来,人才会感到最大的满足。管理学家麦格雷戈提出的Y理论就是对"自我实现人"假设的概括,其基本观点是:人一般是勤奋的,控制和惩罚不是实现目标的唯一手段;人们在执行任务时能够并且愿意自我指导和自我控制;在适当条件下,人们不仅会接受某种职责,而且还会主动寻求职责;大多数人在解决组织的困难问题时,都能发挥出高度的想象力、聪明才智和创造性;有自我满足和自我实现需求的人往往把达到组织目标作为自己的最大报酬;在现代社会条件下,人的潜能只得到了部分发挥。

基于这种假设,管理工作的重点是如何促使员工充分发挥其潜能。管理者的主要任务是为人的潜能发挥创造适宜的条件,减少和消除员工自我实现过程中所遇到的障碍。为了极大地调动起员工的积极性,管理者应采用内在奖励,在管理制度上给予员工更多的自主权,实行自我控制,让员工参与管理和决策。

4."复杂人"假设与激励

"复杂人"这一概念是由美国学者埃德加·沙因等人于20世纪60年代末70年代初提出的。他们经过长期研究发现,人既不是"经济人",也不是"社会人",也不是"自我实现人"。人的需要因自身发展和环境的改变而改变,人会形成错综复杂的动机模式,各不相同。因此,人是"复杂人"。与这一假设的思想观点如出一辙的是超Y理论。

超Y理论是由约翰·莫尔斯和杰伊·洛希分别对X理论和Y理论的真实性进行实验研究后提出来的。他们认为,X理论并非一无用处,Y理论也不是普遍适用,应该针对不同的情况,选择或交替使用X理论、Y理论,这就是超Y理论。其基本观点可概述如下:

(1)人的需要多种多样,而且这些需要随着人的发展和生活条件的变化而变化。

(2)人在同一时间内有各种需要和动机,它们会相互发生作用并结合成为统一整体,形成错综复杂的动机模式。

(3)人在组织中的工作和生活条件是不断变化的,因而会产生新的需要和动机。

(4)一个人在不同的组织或同一个组织的不同部门工作会产生不同的需要。

(5)由于人的需要不同、能力各异,对不同的管理方式会有不同的反应,因此没有适合于任何组织、任何时间、任何个人的统一的管理方式。

基于"复杂人"假设，管理者要有权变观念，以现实的情景为基础，实行多变和灵活的策略；管理者应根据不同成员的具体情况，因人而异地实施管理，不能千篇一律；管理措施和方法应该多种多样，针对不同的情况，进行不同的控制、激励和指导。

任务二　激励理论

经过管理学界近百年的努力，已形成了比较完善的激励理论体系，各种新的激励理念、方法不断形成和发展。现有的激励理论体系主要包括内容型激励理论、过程型激励理论和调整型激励理论。

一、内容型激励理论

内容型激励理论是激励理论的基础和根本，旨在了解人的各种需要，解释"什么会使员工努力工作"的问题，主要研究员工的各种需要的内容与性质，包括马斯洛的需求层次理论、赫茨伯格的双因素理论和麦克利兰的成就需要理论等。

（一）马斯洛的需求层次理论

需求层次理论是由美国心理学家马斯洛在 1943 年所著的《人类动机的理论》一书中首次提出的。后来，他在 1954 年出版的《动机与人格》一书中又对该理论作了进一步阐述。需求层次理论是激励理论中流传最为广泛的理论。

1. 需求层次理论的主要观点

该理论认为，人有多种需求，这些需求按其优先次序排列成阶梯式的层次序列，从低级到高级划分为五个层次：生理需求、安全需求、社交需求、尊重需求与自我实现需求，如图 9-2 所示。

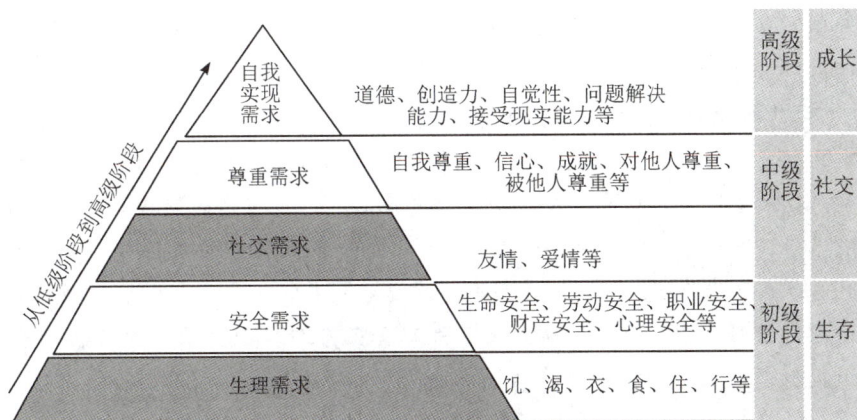

图 9-2　需要层次理论

2. 需求层次的划分

需求层次分为以下几种：

（1）生理需求：有关人类维持自身生存的最基本的需求，包括饥、渴、衣、食、住、行等方面的需求。如果这些需求得不到充分的满足，其他需求也就无从谈起。

（2）安全需求：人们免受危险和威胁的需求，如生命安全、劳动安全、职业安全、财产安全、心理安全等。这是人类要求保障自身安全、摆脱失业和丧失财产威胁、避免职业病的侵袭、解除严密的监督等方面的需求。

（3）社交需求：主要包括两个方面，一是对友爱的需求，即人人都需要与伙伴、同事形成融洽的关系或保持友谊和忠诚，希望得到爱情，希望爱他人，也渴望得到他人的爱；二是对归属的需求，即人都有一种归属于一个群体的感情，希望成为群体中的一员，并相互关心和照顾。社交需求和人的生理特性、经历、教育、宗教信仰等有关。若这一层次的需求得不到满足，可能会影响人的精神上的健康。

（4）尊重需求：人对于稳定的社会地位、其能力和成就得到社会承认的需求。尊重需求又可分为内部尊重和外部尊重。内部尊重即指人的自尊，指一个人对自己的胜任力、信心、独立自主的需求。外部尊重是指一个人希望有地位、有威信，受到他人尊重、信赖和高度评价的需求。若尊重需求得到满足，就会使人对自己充满信心，对社会满腔热情，感受到自己的价值，否则，就会产生自卑感。

（5）自我实现需求：实现个人的理想、抱负，发挥个人的能力到最大程度，完成与自己的能力相称的一切事情的需求。这种需求通常表现为两个方面：胜任感和成就感。胜任感是指希望自己担当的工作与自己的知识能力相适应，工作有挑战、有责任、有成就。成就感表现为进行创造性的活动并取得成功。对达到这个需求层次的人来说，工作的乐趣在于成功，而不在于成功后所得到的报酬。

【课堂讨论】

顺捷公司的激励措施

小张和两个伙伴合伙创立了顺捷公司，专门从事电线杆的生产、销售等。随着有利于西部发展的各项政策的出台，公司得到了快速发展，已经成长为拥有员工 42 名、人年均利润超过 10 万元的组织，公司的业务范围也得到扩展。小张经常参与各类管理培训课程的学习，也非常重视公司的可持续发展。最近，通过学习激励理论有关知识，小张受到很大启发，并准备将其付诸实践。他要求人力资源管理部门制订一系列的培训计划以及工作计划，希望通过赋予员工更多的工作和责任，给予员工成长机会，并以赞扬和奖励来激励员工。然而，小张宣布各项工作安排后，结果却事与愿违，员工的积极性非但没有提高，反而有很多员工对他的做法感到强烈不满，包括几名新员工在内的部分员工甚至提出抵制，进而要求公司马上给他们购买养老和医疗保险以提高工资水平。

问题：

（1）根据有关的激励理论，分析小张的激励措施为什么遭到了包括几名新员工在内的部分员工的抵制。

（2）管理者应该如何激励他的员工呢？请你向小张提出建议。

3. 各层次需求之间的关系

各层次需求之间存在如下关系：

（1）各层次需求像阶梯一样从低到高逐层递升。低层次需求得到满足后，高层次的需求才能依次出现和满足。社会的主要职能应该是促进人的需求的逐级实现。

（2）同一时期内，一个人可能同时存在几种需求，但必定有一种需求占主导地位，成为行为的主导动机，这种需求称为优势需求。只有满足人的优势需求，才能构成最大的激励。

4. 需求层次理论的启示

需求层次理论对管理者如何有效激励员工具有启示作用，主要包括以下几个方面：

（1）了解需求层次，有针对性地设计激励措施。五个层次的需求是客观存在的，所以，管理者应根据员工不同层次的需求，采取相应的激励措施，引导员工做出组织所期望的行为。

（2）了解需求差异，采取多元激励措施。需求层次变化符合人类需求的总体规律，但具体到每个人，其需求存在明显的差异。如有些人看重物质，即使已拥有较多财富却仍然对金钱十分敏感；有些人对物质生活条件要求不高，但却十分关注归属感和成就感。而且，同一个人在不同时间点和不同刺激下，其需求层次也会发生变化。因此，管理者要注意掌握不同员工的不同需求，只有针对不同人在不同时刻的优势需求采取相应的激励措施，才能起到事半功倍的效果。

【素质培养】

马斯洛需求层次理论体现在生活的方方面面。从大方向来说，同一类产品可以满足不同人的多种需求。例如，对于一个经济支付能力较低的人来讲，衣服可能只属于生理需求，而对于一个社会阶层比较高的人来讲，衣服更多的是满足社交需求和尊重需求。企业只有迎合了市场的需求才能够达到利益最大化。

例如，对于大学生来说，可能有人以后从事服务业，每天面对各种各样的客人。这个时候就可以运用需求层次理论，针对每位客人的需求，提供不同的服务。

人们都应该有追求地活着，而不是漫无目的、毫无目标的虚度光阴。有句话说得好——每个人的追求都不一样。我们必须非常清楚地知道自己想要的是什么，才能最直接、最有效率地得到自己想要的东西、朝自己期望的方向走去。

学习需求层次理论，能够帮助人们互相理解每个人的行为，将问题简单化；能够帮助人们提前领悟自己的人生，实现自我追求，过自由、快乐的日子。

（二）赫茨伯格的双因素理论

双因素理论是由美国心理学家弗雷德里克·赫茨伯格于 20 世纪 50 年代提出的。由于该理论将影响人的积极性的因素归结为保健因素和激励因素两大类，所以也被称为"激励—保健理论"。

1. 双因素理论的主要内容

赫茨伯格认为，个人对工作的态度决定工作的成败。为了研究人的工作动机，赫茨伯格与同事在 20 世纪 50 年代对匹兹堡地区的 11 家工商组织中的 200 多名工程师、会计师围绕工作满意度问题进行了一次深入的访问调查。研究者们通过对调查结果的综合分析发现，使员工感到不满意的因素往往是一些工作的外在因素，大多与工作条件或环境有关，包括组织政策与管理、监督方式、工资水平、人际关系、福利和安全、个人生活和工作条件等。这类因素处理不当，或者这类需要得不到满足，会导致员工的不满；即使处理得当，也只能起到保健作用，即防止员工产生不满情绪，而不能促使员工满意。使员工感到满意的因素通常与工作本身有关，包括工作的成就感、工作成绩得到认可和赞誉、工作本身的挑战和兴趣、个人晋升的机会、责任、成长和奖金等。这类因素的改善，或者这类需要得到满足，往往能给员工以正向激励，提高其工作满意度和积极性。赫茨伯格把前者称为保健因素，把后者称为激励因素，如表 9 - 1 所示。赫茨伯格于 1959 年正式提出"双因素理论"。

表 9 - 1　赫茨伯格提出的双因素内容

激 励 因 素	保 健 因 素
工作的成就感	组织政策与管理
工作成绩得到认可和赞誉	监督方式
工作本身的挑战和兴趣	工资水平
个人晋升的机会	人际关系
责任	福利和安全
成长	个人生活
奖金	工作条件
……	……

由双因素理论可知，并非所有的需要得到满足才能激发员工的积极性，只有那些被称为激励因素的需要得到满足时，员工的积极性才能得到极大的调动。如果缺乏激励因素，并不会引起很大的不满；保健因素的缺乏，将引起很大的不满；然而具备了保健因素，并不一定会激发强烈的动机。赫茨伯格还明确指出：在缺乏保健因素的情况下，激励因素的作用也不大。

【课堂讨论】

张涛的困惑

张涛已进入不惑之年，回想起这二十几年的奋斗历程，感触颇多。当年在自己没有稳定的工作，妻子没有工作的情况下就结了婚，两人常为生计发愁。后来，张涛应聘到一家生产型企业，并很快被提拔为工段长，接着又成为了车间主任，再升为生产部长。

那段日子对他个人和公司来说，都是极重要的时期。他没日没夜地工作，为自己是其中的一分子而自豪。他的付出也得到了回报，工作收入不断增加，不断地被提拔。有段时间，他自己也感到沾沾自喜。

可现在细细想来，他觉得自己并没有取得什么大的成就，心里总是空虚得很。他是生产部长，看到企业一年比一年不景气，很想在开发新产品方面为企业做些什么，可他在研究开发和销售方面并没有什么权力。他多次向组织领导提议变革组织结构，使中层领导也能一起参与产品的生产、销售及研发过程，以增强组织的创新力和可持续发展的能力，可领导一直没有采纳他的建议。

所以，张涛想换个单位，换个职务，职级不一定要很高，但要能真正发挥自己的潜能。可自己都步入中年了，"跳槽"又谈何容易啊。

讨论：如果张涛有意跳槽到你所在的单位，假设你是该单位的领导，试运用赫茨伯格的双因素理论，说明你将在哪些方面采取措施给予其激励。

2. 双因素理论的启示

赫茨伯格的双因素理论提出以后，受到了一些学者们的非议。尽管如此，双因素理论所揭示的激励规律，仍旧对管理者具有积极的启示，具体表现在以下几个方面：

（1）注重对员工的内在激励。与员工内在激励相关的是工作本身。因此，管理者可以通过工作设计达到对员工的激励。如使工作多样化，增加工作新鲜感；扩大工作范畴，使员工面临更多挑战；丰富工作内涵，授予员工更多权限等。此外，对员工的成就及时给予肯定、表扬，使其感到自己受到重视和信任等。

（2）正确处理保健因素与激励因素的关系。首先，尽管保健因素不能带来满意度的提升，但却是不可忽视的方面，当然过度关注保健因素也会造成边际效益递减。其次，保健因素和激励因素是可以转化的。例如，员工的工资和奖金，如果同其个人的工作绩效挂钩，就会产生激励作用，变为激励因素；如果两者没有联系，奖金再多也无法起到激励作用。因此，有效的管理者，既要注意保健因素，以消除员工的不满，又要努力使保健因素转变为激励因素。

（三）麦克利兰的成就需要理论

美国哈佛大学教授戴维·麦克利兰在 20 世纪四五十年代开始研究人的需要和动机。与马斯洛不同，他专注于研究人们需要的差异性，并把研究的重点放在高层次人士，如经理、工程师、官员等的需要上。也就是说，麦克利兰不讨论人的基本需要，而是主要研究人的高级需要。通过研究，他于 1961 年出版《取得成就的社会》一书，提出了成就需要理论。

1. 成就需要理论的主要内容

麦克利兰认为，人在生理需要得到基本满足后，还有三种主要的社会性需要，即成就需要、权力需要和归属需要。

成就需要是指追求卓越、实现目标、争取成功的欲望或驱动力。麦克利兰认为，有成就需要的人对胜利和成功有强烈的要求。他们愿意甚至热衷于接受挑战，往往为自己树立有一定难度但不是高不可攀的目标；敢于冒风险，又能以现实的态度对待冒险，绝不以迷信和侥幸心理对待未来，而是善于分析和预测问题；愿意承担工作的个人责任，但对工作情况，希望得到明确而又迅速的反馈。这类人喜欢长时间工作，即使出现失败也不灰心。一般来说，他们喜欢表现自己。

权力需要是指影响和控制他人且不受他人控制的一种欲望或驱动力。不同人对权力的渴望程度有所不同。权力需要较高的人对影响和控制别人表现出很大的兴趣，喜欢对别人"发号施令"，注重争取地位和影响力。他们常常表现为喜欢争辩、健谈直率和头脑冷静；善于提出问题和要求；喜欢教训他人，并乐于演讲。他们喜欢具有竞争性和能体现较高地位的场合或情境，也会追求出色的成绩，但并不像高成就需要的人那样为了获得个人的成就感，而是为了获得地位和权力或与自己的权力和地位相称的成就感。权力需要是领导成功的基本要素之一。

归属需要也称为社交需要、合群需要，是指人们建立友好和亲密人际关系的一种欲望。具有高度归属需要的人常常因被人喜爱而感到快乐，并尽力避免因被某个团体或社会组织拒绝而带来的痛苦；作为个人，他们往往关心维持融洽的社会关系，欣赏人与人之间的亲密和相互了解的乐趣，乐于和他人交往，喜欢安慰和帮助有困难的人，并喜欢与他人保持友善关系。归属需要是保持社会交往和人际关系和谐的重要条件。

通常，不同的人对成就、权力和归属的需要会有所不同。而且，人们的行为主要取决于那些被环境激发起来的需要。麦克利兰的研究表明：组织家通常显示出很高的成就需要和相当大的权力需要，但归属需要往往很低；管理者一般显示出高度的成就需要和权力需要，以及较低的归属需要，但是高低的程度都不及组织高管；中小组织高管的成就需要高于大型组织的高管，等等。

2. 成就需要理论的启示

麦克利兰的成就需要理论是对马斯洛需求层次理论的拓展和改进。它在工作情境中研究人的动机和需要，所以在组织管理中有较大的使用价值，具体表现在以下几个方面。

1）激励要因人制宜

麦克利兰发现，不同的人对于上面三种主要的社会性需要的强度是不一样的。因此，在对员工实施激励时，需要考虑这三种需要的强烈程度，以便提供能够满足这些需要的激励措施。例如，组织家的需要结构是高成就、高权力和低归属，那么在对其制订激励政策时，应该强化对成就和权力的激励，而弱化对归属的激励，如给他们充分授权、提供有挑战性的工作等；高校的教授多对成就有较高的期望，而对于权力需要不高，那么在对其制订和实施激励方案时，要充分考虑对成果的激励，才能更大发挥激励的效果。

2）激励要因境制宜

这里说的"境"是指组织情境，即实现人境匹配。对于一个组织而言，具有不同需要的人对于组织都有价值，关键是要合理安排。归属需要强的人有利于组织建立良好融洽的人际关系；权力需要强的人往往有成为领导的意愿；成就需要强的人是组织中的实干家。所以，在人员选拔和配置时，弄清楚被选拔者的需要结构对有效配置人力资源十分有益。例如，对于高成就需要者，可以分配给他们具有挑战性的工作任务；对于高权力需要者，可以通过授权来提高其工作积极性；等等。

3）注重培养成就需要

麦克利兰认为，卓越的业绩是由高成就需要者创造的。因此，激发员工的成就需要对于组织来说十分重要，具体做法是：① 宣传成功人士，以激发员工的工作动机；② 加强成果激励，以肯定对组织的贡献，成果既包含显著的贡献，又包含细微的进步和成绩；③ 增强员工自信，让员工相信通过个人努力能取得成功，促使他们改变心态，成为一个有高度事业心和责任感的人；④ 个人需要与组织需要相结合，将组织成功转化为个人奖励，以鼓励员工为组织成功作贡献。

二、过程型激励理论

内容型激励理论对于管理者更好地认识员工需要具有指引意义。它回答了"激励什么"的问题，但仍没有回答"怎么激励"的问题。过程型激励理论着重研究动机的形成过程，以期找出对行为起决定作用的关键因素及其相互关系，解释"为什么员工会努力工作"和"怎样才会使员工努力工作"这两个问题。这类理论主要有弗鲁姆的期望理论、亚当斯的公平理论和洛克-莱瑟姆的目标设定理论等。

（一）弗鲁姆的期望理论

期望理论是一种通过考察人们的努力行为与其所获得的最终奖酬之间的因果关系来说明激励过程的理论。它是由美国心理学家维克托·弗鲁姆于1964年在《工作与激励》一书中最先提出的。该理论一出现，就受到广大管理学家和实际管理工作者的普遍重视。目前，人们已经将期望理论看作最主要的激励理论之一。

1. 激励力的形成

期望理论认为，人之所以能够从事某项工作并达成组织目标，是因为这些工作和组织目标会帮助其实现个人目标、满足其某些方面的需要。人们只有在预期其行为有助于达成某种目标时，才会被真正地激励起来，从而产生高效的工作行为。

【拓展阅读】

给"糖"哲学

自成立后业绩一直蒸蒸日上的公司，今年的盈利竟大幅滑落。这绝不能怪员工，因为大家为公司拼命的程度，丝毫不亚于往年，甚至可以说，由于人们已经意识到经济的不景气，干得反而比以前更卖力。

这愈发加重了董事长心头的负担，因为马上要过年，照惯例，年终奖金最少是加发两个月的工资，多的时候甚至再加倍。今年可惨了，算来算去，顶多只能给一个月的奖金。

董事长忧心忡忡地对总经理说："许多员工都以为最少加发两个月的工资，恐怕飞机票、新家具都订好了，只等拿了奖金就出去度假或付账单呢！"

总经理也愁眉苦脸："这好像给孩子糖吃，每次都抓一大把，现在突然改成几颗，小孩一定会吵。""对了，"董事长灵机一动："你倒使我想起小时候到店里买糖，总喜欢找同一个店员，因为别的店员都先抓一大把，拿着秤，再一颗一颗往回拿，那个比较可爱的店员，则每次都抓不足重量，然后一颗一颗往上加。说实话，最后拿到的糖没有什么差异，但我就是喜欢后者。"

没过两天，公司传出小道消息——"由于经营不佳，年底要裁员。"顿时人心惶惶，每个人都在猜被裁的会不会是自己。最底层的员工想："一定由下面杀起。"主管们则想："我们的薪水最高，只怕从我们开刀。"

但是，接着总经理就作了宣布："公司虽然艰苦，但大家在同一条船上，再怎么危险也不愿牺牲共患难的同事，只是年终奖金绝不可能发了。"

听说不裁员，人人都放下心头上的一块大石头，那不致卷铺盖走人的窃喜，早压过了没有年终奖金的失落。除夕将至,董事长突然召集各单位主管开紧急会议。看主管们匆匆上楼,员工面面相觑,心里都有点儿七上八下:"难道又变卦了?"

是变了卦!没有几分钟,主管们纷纷冲进自己的部门,兴奋地高喊着:"有了!有了!还是年终奖金,整整一个月,马上发下来让大家过个好年。"

整个公司大楼爆发出一片欢呼,连坐在顶楼的董事长都感觉到了地板的震动。

弗鲁姆认为,某一项工作(或者某一个活动)对某人的激励力量取决于其所能得到结果的全部预期价值(效价)乘以其认为达成该结果的期望概率(期望值),即

$$M = V \times E$$

式中,M 为激励力(Motivation),指调动一个人的积极性、激发其内在潜力的强度,它表明人们为达到设定的目标而努力的程度。V 为效价(Valence),指一个人对某项活动的结果能够给其带来的满足程度的评价,即活动的结果对个人价值影响的大小。效价既可以是正值,也可以是零或负值,主要取决于个人对这一结果的感受。效价实际代表一个人的工作态度。当一个人期望通过工作获得经济报酬时,给予经济回报往往效价较高,而精神激励的效价较低。E 为期望值(Expectancy),指人们对自己能够顺利完成某项工作、获得某种回报的可能性的估计。期望值是一种主观概率,数值在 0~1 之间。期望值越接近 1,表示个人认为自己实现目标的把握性越大。可见,期望值实际代表一个人的工作自信心。当然,由于期望值是一种主观估计,其大小也会因为个体差异而有所不同,比如,风险偏好者的估计值会大些;而风险厌恶者的估计值则相对会小些。

2. 期望理论中的三种关系

期望理论所遵循的基本逻辑是个人努力影响个人绩效,个人绩效影响组织奖励,组织奖励导致个人需要满足。其中,存在着三种关系,即努力—绩效关系、绩效—奖励关系、奖励—个人需要满足关系(如图 9-3 所示)。这三者关系既是员工对待工作的态度所依赖的三种联系的判断,也是调动人的工作积极性的三个条件。因此,要想取得良好的激励效果,必须处理好这三者的关系。

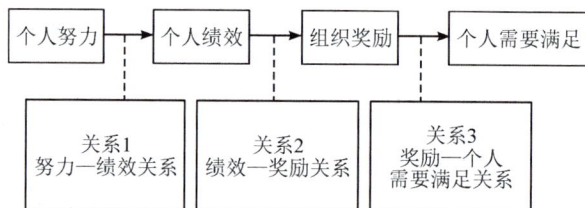

图 9-3　期望理论的基本逻辑图

(1)努力—绩效关系:个人认为通过一定的努力会达到预期绩效的可能性,回答"个人努力能否产生组织认可的工作绩效"的问题。如果个人认为通过自己的努力达到预期绩效的概率较高,就会有信心,就可能激发出很高的工作热情;反之则可能失去工作动力,导致消极行为。

(2)绩效—奖励关系:个人相信一定水平的绩效会带来所期望的奖励结果的程度,回答"好的绩效能否获得组织奖励"的问题。如果个人认为取得绩效后很可能获得合理的奖励

（如加薪、升职、得到同事的好评、得到上级的表扬等），就有可能产生工作热情，否则可能缺乏工作积极性。

（3）奖励—个人需要满足关系：组织奖励满足个人目标或需要的程度，回答"组织奖励是否对我有吸引力"的问题。由于员工的年龄、资历、能力、个性等方面存在差异，他们对各种需要的满足程度不同。因而，同一种奖励对于不同员工的需要的满足程度不同，其激发出的工作动力也就不同。

3. 期望理论的启示

1）确定适宜目标，激发期望心理

根据期望理论，人的行为总是指向一定的目标。目标的价值愈大，实现的可能性愈大，其激励力就愈大。若效价和期望的数值较小，则不可能产生较大的激励力。所以，管理者要增加目标的吸引力，必须要设立适宜的目标，使其既有挑战性，又有实现的可能性。同时，还要让员工正确认识组织目标与个人目标之间的关系，提高目标的效价。

2）提高员工期望值，增强工作自信心

根据期望理论，人们对自身行为能否导致工作绩效和最终实现目标的期望值越大，其所受的激励水平就越高。因此，管理者一方面要量才使用，让员工技能与工作要求相协调（通常，应使工作要求略高于员工实际能力）；另一方面，管理者还要通过指导和培训，提高员工对实现预期目标的期望，以充分调动其积极性。

3）增强工作绩效与所得报酬之间的关联性

工作绩效与所得报酬之间的关联性强意味着激励的效价将会提高，进而提高整体激励水平。首先，管理者要明确工作成果与奖酬的关系；其次，要使员工充分认识工作—奖酬关系；最后，要使员工相信努力工作能带来绩效的提高。

4）正确认识报酬在员工心中的效价

人们对其从工作中得到的报酬的评价是不同的，有的人重视薪金，有的人更重视挑战性的工作。因此，管理者应重视并使组织特定报酬同员工的需要相符合，注意采用差别激励手段。

（二）亚当斯的公平理论

公平理论又称社会比较理论，它是由美国心理学家约翰·斯塔西·亚当斯在 1965 年发表的《社会交换中的不公平》一书中提出的。这一理论侧重于研究工资报酬分配的合理性、公平性及其对员工工作积极性的影响。

1. 公平理论的主要内容

公平理论认为，人们的工作积极性不仅受到其所得报酬的绝对值的影响，更重要的是，受到其相对值的影响。当一个人作出成绩并取得报酬以后，他不仅关心自己所得报酬的绝对量，而且还将自己付出的劳动代价与其所得报酬与相应的参照对象进行比较，并以此来对自己所获报酬的公平与否作出判断。通常，员工首先会计算自己的所得 O_p 与投入 I_p 的比率，即贡献率；然后将这一比率同参照对象的所得 O_x 和投入 I_x 之比进行比较。一般来说，比较结果有三种可能：

（1）$O_p/I_p = O_x/I_x$。此时，员工会认为组织的分配是公正、公平的，感到自己受到了公平合理的待遇。这对于其在下期工作中保持较高的工作积极性和努力程度具有正向影响。

（2）$O_p/I_p < O_x/I_x$。此时，员工会认为自己的劳动投入没有得到公平合理的回报。因此，他会要求增加报酬或者自动地减少投入。

（3）$O_p/I_p > O_x/I_x$。此时，员工会认为自己得到了过高的报酬或投入较少，但这是一种对自己有利的不公平。这种不公平可能造成的后期行为是：增加努力、加大工作投入；对高报酬心安理得；产生对同事的愧疚心理等。

【课堂讨论】

回忆你曾经历过的不公平情境，并运用公平理论分析这一情境。

员工所得的报酬是指广义上的报酬，不仅包括物质上的工资、奖金、福利等，还包括精神上的被赏识、工作被认可等；投入也不仅是指工作中在体力或脑力上的付出，还包括前期的付出，如教育投入、经验等。员工进行公平比较的方式有两种：一是横向比较，即对自己付出的劳动投入和所得的报酬与他人付出的劳动投入和所得报酬进行比较；二是纵向比较，即对自己现在付出的劳动投入和所得报酬与自己过去的劳动投入和所得报酬进行历史比较。

【拓展阅读】

固定工资还是佣金制

小阳在读大学时成绩不算突出，老师和同学都不认为他今后会有多大出息。他所学的专业是市场营销，毕业后便进入一家外资公司做推销员。他很满意这份工作，因为工资高，还是固定工资。若拿佣金，缺乏工作经验的他很可能工资比别人少很多，那就有点丢面子了。

刚上班的头两年，小阳工作兢兢业业，但销售成绩一般。随着他对业务越来越熟悉，与客户的关系也越来越好，他的销售额也渐渐上升了。到入职的第三年年底，他已成为全公司销售前十。他很有信心可以成为公司的销售冠军。不过公司一般不公布每个人的销售额，所以他还不是很有把握自己一定会坐上第一把交椅。

去年，小阳干得特别出色，到了去年10月初他就已经完成了销售定额。根据他的观察，同事中还没有人完成定额。去年10月中旬，外方销售经理找他去汇报工作。听完他的汇报后，经理对他说："咱们公司要再有几个像你一样的推销明星就好了。"小阳只微微一笑，没说什么，心里却想，经理已经承认他在销售队伍中出类拔萃、独占鳌头了。

今年，公司又把他的定额提高了，尽管一开始不如去年顺利，他仍是一马当先，比预计干得更好。他根据经验估计，今年10月中旬前准能完成自己的定额。可是他觉得自己的心情并不舒畅。最令他烦恼的莫过于公司不通告每个人的业绩情况，他没法比较。他听说本市另两家中外合资公司会经常进行销售竞赛，而且有家公司还有内部发行的公司小报，让大家知道每个人的销售情况，还表彰每季度和年度最佳销售员。

想到自己公司这套做法，他就特别恼火。其实一开始他并不关心排名的问题，如今却重视起来了。不仅如此，他开始觉得公司对推销员实行固定工资制是不公平的，应该按劳付酬。

于是，他主动去找了外方销售经理，谈了他的想法，建议改为佣金制，至少按成绩给奖金。不料外方销售经理说这是组织的薪酬制度，也是本公司的文化特色，拒绝了他的建议。

不久，小阳便辞职去了另一家公司。

2. 公平理论的启示

1）科学考评，合理奖励

人人都有寻求公平的需要。这种需要一旦遭受挫折，即使其奖励的绝对值很高，也会失去激励作用。因此，管理者要致力于建立科学的考评体系，坚持绩效与奖酬挂钩的分配奖励制度，公平合理地处理员工提职、提薪、发奖金、分配任务等问题，尽量做到公正公平，减少使员工产生不公平感的客观因素。

2）正确诱导，改变认知

公平与不公平来源于个人的感受，易受个人偏见的影响。人们的普遍心理是易过高估计自己的成绩和他人的收入，过低估计他人的绩效和自己的收入；把实际合理的分配看成不合理的，把本来公平的差别看成不公平的。因此，管理者除了设置公平的奖酬体系外，还要及时关注员工的心理，积极引导其心态。

3）各有依据，适当分配

公平理论中关于公平的度量是建立在贡献率的基础上的。但贡献率并非唯一的公平尺度。现实中，还有技能尺度、年龄尺度、市场尺度等。管理者应适当地选用。例如，某些工作的绩效难以度量，就难以采用贡献率，此时需要考虑员工的历史贡献，即年龄尺度；拥有博士、硕士、学士学位的毕业生在刚刚进入组织时，对其薪酬的确定往往依据其学习经历，而不是工作绩效；等等。

公平理论把激励和报酬分配联系在一起。它告诉管理者，工作任务与管理制度都有可能产生某种关于公平性的影响作用，而员工对于公平性的感知直接决定了其未来的工作行为和关系行为。

（三）洛克-莱瑟姆的目标设定理论

艾德·洛克和加里·莱瑟姆发现，设定较高的目标，并引导员工朝着这个目标努力，是产生激励的一个关键驱动力。同时，对员工而言，实现某个既定目标而获得兴奋感及为此所付出的努力，与他们因此得到的物质奖励同等重要。根据目标设定理论，只要设定一系列虽困难但仍可实现的目标就可以成为一种有效的激励因素。洛克和莱瑟姆建议可以依据下述四种方式设定目标：

（1）直接关注与目标相关的活动，并为此付出努力，而不是与目标无关的活动。换言之，应激励员工进行那些有助于他们实现组织整体目标的活动。

（2）困难或不易实现的目标都会激励员工更加努力地工作，无论这些目标是由管理者设定还是员工自己设定的。有难度的目标，通常会令员工工作更加努力、坚持和专注。

（3）为目标设定紧迫的截止日期有利于加快工作节奏。

（4）为了实现新目标，员工会自然而然地想到从其他活动中获取的知识和技能并加以应用。

洛克和莱瑟姆还提出，那些具有明确且挑战性目标的组织会从员工更高的工作积极性中获利更多，当然，这些目标对员工来说应当是可接受的。同时，这类组织应当通过定期的反馈，帮助员工追踪实现目标的过程。当目标是明确且可衡量的，而不是模糊且界定不清时，员工的绩效表现就会提升。

【学贯二十大】

作为青年一代，我们拥有无限的潜力和机遇，也承载着无比重要的使命。在追求个人成长的道路上，应设定明确的目标，相信自己的能力，奖励自己的努力，并找到内在的动力源泉。通过不懈地努力和奋斗，我们将为实现国家的强大贡献一份力量。

青年强，则国强。让我们用自己的行动和成就，书写属于我们这一代的光辉篇章。祝愿每一位大学生都能以勇敢和激情的心态，追寻梦想，努力成为国家和社会需要的人才，为我们国家的发展贡献力量。

三、调整型激励理论

调整型激励理论又称行为改造，强调在激励过程中的调整。强化理论是最重要的调整型激励理论。强化理论也称操作性条件反射理论，是美国当代著名心理学家、哈佛大学心理学教授斯金纳在巴甫洛夫的条件反射论、华生的行为主义论和桑代克的学习理论的基础上提出的一种新行为主义理论。

1. 强化的概念

强化是指人的行为发生的某种结果会使这种行为以后发生的可能性增大。这就是说，那些能产生积极和令人满意结果的行为，以后会经常得到重复，即得到强化；反之，那些产生消极或令人不快结果的行为，以后重新产生的可能性很小，即没有得到强化。从这个意义上说，强化是人的行为激励的重要手段。

强化过程及操作性条件反射包含三个要素：① 刺激指所给定的工作环境；② 反应指工作中表现出的行为和绩效；③ 后果指奖惩等强化物。这三个要素的关系，在心理学中被称为基本耦合，对于被强化者未来的行为模式有着显著的影响。

2. 强化的类型

利用强化的手段改造行为，一般有四种方式：

（1）正强化。正强化是用某种有吸引力的结果或奖酬，如认可、赞赏、加薪，对某一行为进行奖励和肯定，使其得到重视和加强。应用正强化要注意以下三点：所选的强化物要恰当，对于被强化对象有足够的奖惩威力；强化要有明确的目的性和针对性，必须以所希望的行为的出现为施予条件；反应与强化的顺序必须安排得当，确保能激发所希望的行为再度出现。

（2）负强化。负强化是当某种不符合要求的行为有了改变时，通过减少或消除施于自身的某种不愉快的刺激（如批评、惩罚等），从而使其改变后的行为再现和增加。负强化和正强化的目的一样，都是维持和增加某一有利的行为。应用负强化应记住两个要点：事先必须确定有不利的刺激存在；通过去除不利的刺激来鼓励某些有利行为时，要待这一行为出现后再去除方能奏效，以使受强化者明确行为与后果的联结关系。

（3）自然消退。自然消退有两种方式：一是对某种行为不予理睬，以表示对该行为的轻视和某种程度的否定，使其自然消退；二是对原来用正强化建立起来的、认为是好的行为，由于疏忽或情况改变，不再给予正强化，使其出现的可能性下降，最终完全消失。大量的研究表明，一种行为如长期得不到正强化，便会逐渐消失。可见，自然消退其实是不予强化。

（4）惩罚。惩罚是用批评、降薪、降职、罚款等带有强制性、威胁性的结果来创造一种令人不愉快乃至痛苦的环境或取消现有的令人满意的条件，以示对某一不符合要求的行为的否定，从而消除这种行为重复发生的可能性。

一般来说，上述四种强化类型中，正强化是影响行为发生的最有力的工具，因为它能增强或增加员工优秀的工作行为。自然消退和惩罚只能使员工知道不应做什么，但并没有告诉员工应该做什么。此外，负强化会使员工处于一种被动的、不愉快的环境之中，因而可能产生适得其反的结果。

美国心理学家班杜拉认为，人的行为除可以获得外在的强化，还可以自我强化和替代强化。自我强化是指个体通过自己支配的积极强化物（如良心、收获感、成就感、责任心等）和自己设置或掌握的绩效评定标准来自我激励、自我强化、自我鼓舞；替代强化是指个体通过观察社会组织对他人的强化，而使自己的行为受到强化。

3. 强化理论的应用

强化理论的应用具体体现在以下几个方面：

（1）在某一行为发生之后，能否把握好强化的时间和程序安排，将直接影响强化措施的效果。原则上，施予强化越及时，效果越好，但具体实行起来会遇到不少困难和问题。实际上，强化的时机可有多种安排方式，包括强化的时间和程序安排。强化的时间和程序安排分为连续性和间歇性两种。连续性强化是指每次发生的行为都受到强化。间歇性强化是非连续的强化，即不是每次发生的行为都受到强化，而是在目标行为出现若干次之后才给予一次强化。间歇性强化一般有固定间隔、固定比率、可变间隔和可变比率四种形式。

（2）分步实现目标，不断强化行为。强化理论的研究结果表明，当人的行为得到及时的奖励和肯定时，该行为出现的频率就会增强。根据这一规律，管理者对员工的要求或设定的目标及奖励的标准要具体、客观、适宜。若目标定得太低、过细，会使激励作用减弱；若目标定得太高、太远或太空，既不能检测、反馈和修正，又不能使员工的积极行为得到及时的强化，最终其积极性就会消退。大量的研究结果表明，当目标较大时，应采取分步到位的方法，把复杂的目标行为过程分解为许多小的阶段性目标来完成，利用每步所取得的成功结果来强化员工实现总目标的积极性。

（3）强化力度必须达到最小的临界值。奖惩的数量要大小适当，要让员工感受到影响力。如奖金的数量太小，不如不给，否则既给员工提供了相互比较、易产生不公平感的机会，又不能产生激励作用；如数量过大，不但成本高，也失去了进退的余地。另外，强化物要投其所好，满足不同员工的不同需要，以提高其效价。

（4）奖励要及时，方法要创新。当员工作出成绩时，如能给予及时的奖励，就可以使员工及时意识到强化与目标行为之间的联系，取得最佳激励效果。如果时过境迁，再给予奖励，甚至受奖者都忘了奖从何来，激励作用就会大大降低。另外，同一种刺激如果多次重复，其作用就会衰退，因此，管理者要善于更新奖励方法和方式，利用新颖奇特的刺激来提高激励效果。

（5）奖惩结合，以奖为主。在对员工进行正强化的同时，也要善于用惩罚的手段削弱、改变、控制员工的不良行为。但是进行惩罚时应注意：① 惩罚要合理及时；② 惩罚要考虑行为的原因与动机；③ 惩罚方式要适当，对错误较小、影响不大的情况，宜采用口头形式的惩罚；④ 对员工的一般错误应给予教育，从宽处罚，可避免员工产生抵触情绪或逃避心理；⑤ 对犯有重大错误、对组织影响较大者，以公开的书面方式惩罚为宜。

任务三　激励方法

在管理实践中，激励的方法大致可分为物质激励、精神激励和工作激励三大类。

一、物质激励

物质激励是指通过满足或限制个人的物质利益的需要，来激发人们的积极性和创造力。物质激励是管理中既重要又常见的一种激励方法，其形式主要有如下几种。

1）晋升工资

工资是人们劳动报酬的主要形式，它与奖金的主要区别在于工资具有一定的稳定性和长期性。因此，晋升工资一般用于一贯表现好、长期工作突出的员工。

2）颁发奖金

奖金是针对某一件值得奖励的事情给予的奖赏，具有较大的灵活性，但不具有长期性、稳定性。因此，组织可以根据实际需要设置不同的奖励项目（如技术革新奖、安全奖、质量奖等）来激发员工的行为。

3）利润分享计划

利润分享计划是指让组织的全体员工对于年终利润享有一定的分红权，即将年终利润的一部分用于全体员工的奖酬。将组织所得与员工所得挂钩是一种激励员工的有效方法。

4）员工持股计划

员工持股计划是指奖励给员工部分组织股权，并允许其拥有分红权。员工持股计划能够使员工产生主人翁意识，从而激励其更加努力地工作。

5）知识工资计划

知识工资，也称技能工资，知识工资计划不仅是一种将薪酬与员工所做的工作相联系，而且是将薪酬与知识技能联系起来的薪酬体制，以员工所掌握的知识和技能作为付酬的主要依据。其优点是能够激励员工努力学习、增长技能。

6）福利

福利是组织以间接方式提供的报酬，主要包含医疗保险、带薪假期、退休金等，是薪酬中不可或缺的一个重要组成部分。福利反映了组织对员工的长期承诺。

从世界范围看，福利在整个报酬体系中所占的比重呈上升趋势。一些发达国家的福利与工资的比例几乎接近1∶1，并有超过工资的发展趋势。

从福利构成来看，福利具有越来越多样化的趋向。如"自助餐式的福利"设计，不仅可以满足员工的多样化需求，使福利效用达到最大化，而且也可以增强组织的亲和力，使员工对组织产生强烈的归属感。

二、精神激励

精神激励是指使员工在精神和心理上得到满足，主要包含以下形式。

1）目标激励

目标在心理学上通常被称为诱因，即能够满足人的需要的外在物。

在多数情况下，人们都希望工作具有挑战性，能在工作中充分发挥自己的能力，从而体会实现感。在管理过程中，如果给每一位员工确立一个通过努力可以实现的、明确的工作目标，并为其实现目标提供全面的支持，往往能达到很好的激励效果。

2）参与激励

参与激励是让员工参与组织管理，使员工产生主人翁责任感，从而激励员工发挥自己的积极性。

通常，员工都有参与管理的愿望，提供机会让员工参与管理是调动他们积极性的有效方法。员工参与管理，不仅有利于集思广益，保证决策的科学性和质量，而且有利于满足员工的参与感、对决策的认同感和执行的坚定性。员工参与管理的形式主要有参与式管理、代表参与、合理化建议和质量圈等。

3）情感激励

情感激励，即通过对员工的关怀和信任，建立良好的感情纽带，从而激发员工的积极性。人的任何认识和行为，都是在一定的情感推动下完成的，积极的情感可以让人焕发出惊人的力量克服困难，消极的情感则会大大妨碍工作的进行。因此，管理者应善于将情感作为激励的手段，与员工建立健康的情感纽带，并运用良好的人际环境激发员工的正能量，抑制负能量。

4）榜样激励

榜样激励是通过树立典型、表彰先进来激发员工的工作积极性和创造力，使组织形成一种积极向上、你追我赶的工作氛围。

在组织管理中，管理者运用榜样激励主要包括两个方面：一是先进典型的榜样激励；二是管理者自身的榜样激励。前者要求管理者善于发现和总结先进事迹和先进人物，培养并树立榜样，以榜样的真实感人事迹来激励员工和感动员工；后者要求管理者以身作则，言传身教，起模范带头和表率作用。事实证明，管理者的表率作用对员工的激励作用更大。

5）荣誉激励

荣誉激励是指把员工的工作成绩与晋级、提升、评优等联系起来，并以一定的形式或名义确定下来，其方法主要有发奖状、证书，记功，通令嘉奖，授予称号，表扬等。从人的动机来看，人人都具有自我肯定、获得光荣、争取荣誉的需要。荣誉激励不仅可以通过满足人的自尊需要来达到，而且成本低廉、效果很好。

管理者在运用荣誉激励时应注意：① 种类适当，宜少而精，过多的评奖会导致荣誉称号的贬值；② 不要轮流"坐庄"，否则会极大打击优秀员工的积极性；③ 与物质激励相结合；④ 要制度化和规范化，减少随意性。

6）培训教育激励

培训教育激励是通过对员工的思想、文化、专业技能等方面知识的培训，提高员工的素质，激发其工作动机，调动其工作积极性。

多数人都有提升自我的需求。因此，开展对员工的教育和培训，为员工提供更多的学习机会，提高其素质，增强其能力，对员工具有一定的激励作用，对于有更高需求层次的员工来说，这种激励效果更好。

通常，对员工的教育和培训包括思想素质和业务技能两个方面。思想素质和业务技能是相互促进的。良好的思想素质，强烈的进取心，会促使员工努力掌握新的业务知识和工作技能，从而实现个人素质的进一步提高；良好的业务技能使其在事业上获得更多的成功机会，促使其在事业上追求更大的成功，为组织作出更大的贡献。

【课堂讨论】

对于物质激励和精神激励，你更倾向于选择哪一种？说明理由。

三、工作激励

工作激励是指通过分配恰当的工作和改善工作环境、工作方式等方面，来激发员工内在的工作热情，主要包括工作设计、弹性工作制和工作环境激励等。

1）工作设计

所谓工作设计，是依据员工所从事工作工种的不同，设置不同的管理目标，让单调、乏味的工作变得有趣、富有挑战性。其具体操作方法有工作轮换、工作扩大化、工作丰富化等。

（1）工作轮换：让员工在能力要求相似的工作之间不断调换，以减少工作的枯燥单调感。

（2）工作扩大化：在横向水平上增加工作任务的数量或变化性，使工作多样化，但工作的难度和复杂程度并不增加。例如，邮政部门的员工可以在原来专门分拣邮件的基础上增加新的工作任务，如负责将邮件分送到各个邮政部门。

（3）工作丰富化：在纵向上赋予员工更复杂、更系列化的工作，如参与工作的规则制订、执行、评估，使员工有更大的自由度和自主权等。与工作扩大化不同，工作丰富化不仅改变了工作任务的数量或变化性，而且还将高级的激励因素（如工作责任、赏识、发展机遇、学习机会及成就感等)融入工作。

2)弹性工作制

弹性工作制是指在固定工作时间长度的前提下,灵活地选择工作的具体时间方式。一般可以采取以下几种形式。

(1)压缩每周工作时间:采取一种比每天工作 8 小时、每周工作 5 天这样的工作安排更少的时间来完成全职工作。如"4—40"制,即以 4 个 10 小时的工作日来完成每周 40 小时的工作。这种工作形式的优点是可以使员工有更多的休闲、娱乐时间,有利于提高员工的工作热情和对组织的认同感,同时有利于提高生产力和设备运转率,减少加班和旷工率。其潜在风险是增加了劳动强度和工作日程安排的难度等。

(2)弹性工作时间:公司只规定每天总的工作时间,员工可以自由安排上下班的时间。通常,组织会规定一段共同时间,以保障员工之间的工作沟通,其余时间则由员工自由支配。这一做法的优点是便于员工公私兼顾,同时,更加人性化的处理也会增加员工对组织的好感。其风险是增加了组织安排工作的难度。

3)工作环境激励

员工的工作环境是重要的激励外因,一个安静、舒适、和谐的环境会使人心情舒畅,易于激发员工的工作热情。同时,优良的工作氛围、现代化的办公设备、齐备的工作设施也更能发挥员工的个人潜力。因此,组织应尽量为员工创造良好的工作环境,保证工作环境的安全、舒适,争取把最优秀的人才吸引到组织中来。

练习与实训

	1	2	3	4	5	6	7	8	9	10
一、单选题										
二、多选题										
三、判断题										

客观题

四、思考题

1.结合自己的经历简述激励的过程。

2.假如你是某公司的总经理,谈谈如何利用期望理论激励员工。

3.用马斯洛的需求层次论,谈谈目前对自己最有效的激励形式。

4. 在你看来，为他人设置目标和为自己设置目标有何相似点？有何不同之处？

5. 当个人认为不公平时会有哪些表现？

6. 举出一个所有强化类型都对你的行为造成影响的例子。

7. 以你曾经上过的一门课为例，说明老师在授课过程中如何从需要、期望、强化等维度来管理你的行为。

五、分析题

海底捞的员工激励

四川海底捞餐饮股份有限公司成立于 1994 年，是一家以经营川味火锅为主，融汇各地火锅特色于一体的大型跨省直营餐饮民营企业。海底捞虽然是一家火锅店，但它的核心业务却不是餐饮，而是服务。在将员工的主观能动性发挥到极致的情况下，"海底捞特色"日益丰富。海底捞的员工激励措施与效果主要概括为以下几点：

（1）良好的晋升通道。海底捞为每位员工设计在本企业的职业发展路径，并清晰地向他们表明该发展途径及待遇。该措施满足了职工对自我实现的需要，激励了员工对美好未来的追求。

（2）独特的考核制度。海底捞对管理人员的考核非常严格，除了业务方面的内容之外，还有创新、员工激情、顾客满意度、后备干部的培养等，每项内容都必须达到规定的标准。这几项不易评价的考核内容，海底捞都有自己的衡量标准。例如员工激情，总部会不定期地对各个分店进行检查，观察员工的注意力是不是放在客人的身上，观察员工的工作热情和服务的效率。如果有员工没有达到要求，就要追究店长的责任。海底捞通过独特的考核制度，既规范了管理人员的管理行为，又使得管理人员可以通过不同的措施，激励员工的工作热情。

（3）尊重与关爱，创造和谐大家庭。海底捞的管理层都是从基层提拔上来的，他们对基层工作都有切身的体会，都能了解下属的心理需求。这样，他们才能发自内心地关爱下属，并且给予员工工作与生活上的支持和帮助，同时也得到员工的认可。

在海底捞，尊重与善待员工始终被放在首位。海底捞实行员工奖励计划，给优秀员工配股。此外，海底捞的管理人员与员工都住在统一的员工宿舍，并且规定，必须给所有员工租赁正规小区或公寓中的两、三居室，不能是地下室，所有房间配备空调、电视、电脑，宿舍有专门人员管理、打扫，员工的工作服、被罩等也统一清洗。若是某位员工生病，宿舍管理员会陪同他看病、照顾他的饮食起居。同时，海底捞的所有岗位，除了基本工资之外，都有浮动工资与奖金，作为对员工良好工作表现的鼓励。

在尊重与善待员工的问题上，海底捞还有不少"创意"。例如，将发给先进员工的奖金直接寄给其父母。在如此和谐的文化与工作氛围的激励下，员工们的工作热情日益高涨，也提出了很多建议。并且，只要是合理的建议，公司都会采纳。这些激励措施既满足了员工的基本需求，也满足了他们的尊重需求与自我实现的需求，激发了员工的主人翁意识。

对于海底捞的成功，服务是取胜的关键，但是如何将服务差异化战略成功灌输给所有员工，激励每一位员工共同努力才是真正至关重要的。要让顾客真正满意，必须将标准化的流程、制度与服务员的判断力和创造力结合起来。员工的创造力不是管理出来的，而是通过一整套系统激励出来的。这些激励系统提升了员工的满意度，满意的员工会提供优质的服务，提高顾客满意度以及降低许多餐饮企业都很头痛的浪费和损耗等隐形成本。海底捞更多依靠的是对餐饮业服务员这种特殊岗位的理解，而不是生搬硬套一些书本上的先进理论，在实际操作中，恰恰是其激励机制符合海底捞自身的实际，满足员工各个层次的需求，有利于员工最大限度地发挥其个人潜力，使得海底捞在激烈的市场竞争中站稳脚跟，并得到稳步发展。

问题：

（1）试运用激励理论分析海底捞的做法对员工的激励作用。

（2）结合企业实际，谈谈应怎样做才能建立有效的激励机制。

六、实训题

通过调查，深入研究本班学生的学习积极性，重点研究学校各类激励因素的激励状况，比如奖学金、荣誉等。将学生分为若干学习小组，通过头脑风暴法具体研究如何调动学生学习的积极性。要求：

（1）每个学习小组根据讨论的内容，具体完成一份不少于 800 字的激励计划。

（2）每个学习小组制作一个 PPT，在课堂上公开和其他小组进行交流，并分析每个小组的成功与不足之处。

项目十　交流理解——沟通

认知目标

（1）了解沟通的概念与内涵。

（2）理解沟通的分类。

（3）明确自我沟通在资源争取中的核心地位。

（4）熟悉资源争取中各种沟通场景与各种沟通的应用策略。

（5）熟悉语言沟通以外的沟通形式在资源争取中的价值与意义。

技能目标

（1）能灵活应用资源争取前的要领与策略。

（2）能灵活应用资源争取中的技巧与策略。

（3）能灵活应用资源争取后的管理方向与实施手段。

素质目标

（1）培养学生探索与创新的精神和意识。

（2）强化价值引领，增强学生的道路自信、理论自信、制度自信、文化自信。

（3）培养学生的职业道德责任感。

动画导入

有效的沟通

任务一　沟通概述

一、沟通的概念

沟通是人与人之间、人与群体之间思想、信息与感情的传递和反馈的过程，其目的是达成思想的一致和感情的通畅。随着现代文明的发展，沟通方式越来越丰富，沟通目的也越来越多元，沟通作为自有人类以来延续下来的技能，在现代文明社会中的作用也越来越强。

【学贯二十大】

"和平统一、一国两制"方针是实现两岸统一的最佳方式，对两岸同胞和中华民族最有利。我们坚持一个中国原则和"九二共识"，在此基础上，推进同台湾各党派、各界别、各阶层人士就两岸关系和国家统一开展广泛深入协商，共同推动两岸关系和平发展、推进祖国和平统一进程。我们坚持团结广大台湾同胞，坚定支持岛内爱国统一力量，共同把握历史大势，坚守民族大义，坚定反"独"促统。伟大祖国永远是所有爱国统一力量的坚强后盾！两岸同胞血脉相连，是血浓于水的一家人。我们始终尊重、关爱、造福台湾同胞，继续致力于促进两岸经济文化交流合作，深化两岸各领域融合发展，完善增进台湾同胞福祉的制度和政策，推动两岸共同弘扬中华文化，促进两岸同胞心灵契合。

（资料来源：《党的二十大报告》）

二、沟通的分类

（一）按照沟通的对象和范围划分

按照沟通的对象和范围，沟通可分为自我沟通、人际沟通和群体沟通。自我沟通是人们自身内在的沟通，包括思想、情感、看待自己的方式；人际沟通是一对一的沟通；群体沟通是少数人聚在一起解决某个问题。这三种沟通根据反馈机会的多少、结构性、噪声的大小，其沟通渠道和环境的选择往往也不同。

1. 自我沟通

自我沟通也称内向沟通，即信息发送者和信息接收者为同一个行为主体，自行发出信息，自行传递，自我接收和理解。自言自语是最明显的自觉的自我沟通过程。一个人在做事或在与别人交流之前，就已经经历了复杂的自我沟通过程，自己对自己不断发出命令，自己再接收或拒绝命令。人们往往难以意识到这种过程的存在，只有在必须对某一句话或者某一个动作反复斟酌时，才能清楚意识到它的存在。自我沟通是其他形式的人与人之间沟通的基础。

2. 人际沟通

广义的人际沟通是指一切人与人之间发生的各种形式的沟通；狭义的人际沟通则特指两个人之间的信息交流过程。人际沟通是与人们的日常生活关系最密切的一种沟通方式。从心理角度，人们为了满足社会性需求和维持自我感觉而沟通；从社会角度，人们为了发展和维持关系而沟通；在决策中，人们为了分享资讯和影响他人而沟通。人际沟通在形成组织规范、协调人际关系、实现组织目标和加强组织领导等方面的作用举足轻重。

人际沟通中的障碍

【课堂讨论】

刘经理在拜访客户时，见其墙上挂有"制怒"二字，便知对方有克服易怒的沟通要求。

讨论：刘经理该怎样跟客户开始交流呢？

3. 群体沟通

群体沟通是指在社会组织内部发生的沟通，如公司、学校、政府机构等。群体沟通以人际沟通为基础，是组织管理中最为基础和核心的环节，它关系到组织目标的实现和组织文化的塑造。重视群体沟通，采取有效措施改善群体沟通是实现组织目标的关键。

（二）按照是否进行反馈划分

按照是否进行反馈，沟通可分为单向沟通、双向沟通。

1. 单向沟通

在单向沟通过程中，信息发送者负责发送信息，信息接收者负责接收信息，信息在全过程中单向传递，如作报告、发指示、下命令等。单向沟通中，一方只发送信息，另一方只接收信息，双方无论在语言上还是情感上都不需要信息反馈。这种沟通方式的优点是信息传递速度快，并易保持传出信息的权威性，但准确性较差，并且较难把握沟通的效果，有时还容易使信息接收者产生抗拒心理。当工作任务紧急、工作性质简单以及从事例行的工作时，多采用此种沟通方式。

2. 双向沟通

在双向沟通过程中，信息发送者和信息接收者之间进行双向信息传递与交流。在沟通过程中，双方位置不断变换，沟通双方往往既是信息发送者，同时又是信息接收者。双向沟通中的信息发送者以协商和讨论的姿态面对信息接收者，信息发出以后还须及时听取反馈意见，必要时双方可进行多次重复商谈，直到双方共同明确和满意为止。双向沟通的优点是信息传递有反馈，准确性较高。由于信息接收者有提出反馈意见的机会，易保持良好的气氛和人际关系，有助于沟通和维系双方的感情。但是，由于信息发送者有时要接受信息接收者的质询、批评或挑剔，因而其心理压力较大，对其要求也较高；同时，这种沟通方式比较费时，信息传递速度也较慢。

一个组织如果重视工作的效率与成员的秩序，宜用单向沟通；大家熟悉的例行公事、上级的命令传达，可用单向沟通。如果要求工作的正确性高、重视成员的人际关系，则宜采用双向沟通；处理陌生的新问题，参与上层组织的决策会议时，双向沟通的效果较佳。从领导者个人来讲，如果经验不足，无法当机立断，或者不愿下属指责自己无能，想保全权威，那么单向沟通对他有利。

（三）按照沟通的方法划分

按照沟通的方法，沟通可分为语言沟通和非语言沟通。

1. 语言沟通

语言沟通包括口头沟通和书面沟通。

1）口头沟通

口头沟通是指通过口头语言信息进行交流，是最常用的信息传递方式。口头沟通比较灵活，速度快，可以双向交流，信息比较综合，并且容易传递带有情感色彩或态度型的信息。在这种方式下，信息可以在最短的时间内进行传送，并得到对方的回复。如果信息接收者对信息不确定，迅速的反馈可以使信息发送者及时检查其中不够明确的地方，从而及早发现错误，使信息准确传递。通过面对面的口头沟通，管理者可以和员工坦诚、开放地交流，从而使员工理解管理者，增强对组织的认同感。尽管有"及时"的优势，但口头沟通增加了信息失真的可能性。口头沟通容易"走样"，出现"过滤"或"夸大"的偏差。当信息经过多人传送时，信息失真的可能性就会增大。如果组织中的重要决策通过口头方式在权力金字塔中上下传递，信息失真可能性相当大。

2）书面沟通

书面沟通是指借助于书面文字材料实现的信息传递和交流，包括信函、各种出版物、传真、平面广告、浏览网页、电子邮件、即时通信、备忘录、报告和报表等书面文字或符号手段。书面沟通比较正式，具有永久记录性，可以重复使用和阅读。对于复杂或长期的沟通来说，这一点尤为重要。书面沟通虽然可以修正内容，是一种准确性较高的沟通方式，但是信息一旦传递出去，很难修改和澄清，因此要求沟通者在沟通之前必须作好精心的准备，并对可能出现的后果保持高度的敏感性。

相对于口头沟通，书面沟通耗费时间较长。同时，书面沟通不能及时提供反馈信息。信息发送者往往要花费很长的时间来了解信息是否已被接收并被准确理解。

【课堂讨论】

在语言沟通中，应选择积极的表达方式，具体如下：

(1) 多用"您"，少用"我"。

(2) 避免使用消极词汇（如没有、不能、禁止等）。

(3) 避免说教性的语言（如必须、应该、希望等）。

(4) 避免偏见性语言（如年龄、身高、婚姻、性别等）。

讨论：下面句子中的问题在哪里？

(1) 我们很高兴授予你酒店 VIP 客户的荣誉。

(2) 60 岁以下的顾客无权享受本店的优惠活动。

2. 非语言沟通

非语言沟通是相对于语言沟通而言的，它是指人们在沟通过程中，通过语言之外的符号，如身体动作、表情、语气语调和空间距离等进行沟通的过程。美国加利福尼亚大学洛杉矶分院（UCLA）研究者发现，在面谈中，信息的 55% 来自于身体语言，38% 来自于语调，仅有 7% 来自于真正的语言。在影响他人时，人们本身也在不断地从外界接收信息，接收信息的渠道主要有眼神（83%）、听觉（11%）、味觉（1%）、嗅觉（3.5%）、触觉（1.5%），其中眼神是接收信息最多的渠道。

非语言沟通一般包含以下四类：

(1) 标记语言：特定情境、特定群体中的有记号性的非语言形式，如手语、旗语、交警的指挥手势、裁判的手势等。

(2) 身体语言：在某些场合下人的无意识动作，但反映了人的情绪，如饭桌上的"咂嘴"；排队时不停地向前方引颈眺望等。身体动作如手势、面部表情、眼神、触摸手臂及身体其他部位的动作等，以及个人身体特征如体形、体格、姿势、气味、高度、体重、头发的颜色及肤色等，都属于身体语言。

（3）形象语言：行为动作以外的服饰、仪表等。

（4）环境语言：具体包括空间利用，即人们利用和理解空间的方式，如座位的布置、谈话的距离等；时间安排，即迟到或早到，如因文化差异造成对时间的不同理解等；物理环境，如大楼及房间的构造、家具和其他摆设、内部装潢、整洁度、光线及噪音等。

语言沟通与非语言沟通的比较见表 10-1。

表 10-1　语言沟通与非语言沟通的比较

沟通方式		举例	优点	缺点
语言沟通	口头沟通	交谈、讲座、讨论会、电话	传递快速、反馈快速、信息量很大	传递中经过层次愈多，信息失真愈严重
	书面沟通	报告、备忘录、信件、内部期刊	持久、有形、可以核实	效率低、缺乏反馈
非语言沟通		仪容、体态、语调、表情	信息意义十分明确，内涵丰富，有多重隐含含义	传递距离有限，界限模糊，只能意会而不能言传

【课堂讨论】

《唐祝文周四杰传》中描述了唐寅（唐伯虎）向丫环秋香求婚时的情形：（秋香）当下笑着说道："解元爷你要我面许终身，你先猜我一个哑谜。我的谜不写在纸条上，只向你做几个手势。你猜破以后，便知道我允许不允许。"唐寅道："请教请教！"秋香伸手向上一指，向下一指，向自己心口一指，又把手摇几摇，便道："快猜！快猜！"秋香的意思是上有天，下有地，这是邪心，不可不可。但唐寅却道："妙极了，向天一指，在天愿作比翼鸟；向地一指，在地愿作连理枝；向心一指，我和你心心相印；摇手便是长相知、毋相忘。"秋香听完皱了皱眉头。

讨论：上述案例说明了什么？

（四）按照组织管理系统和沟通体制的规范程度划分

按照组织管理系统和沟通体制的规范程度，沟通可分为正式沟通和非正式沟通。

1. 正式沟通

正式沟通是通过组织管理渠道进行的信息交流，传递和分享组织中的"官方"工作信息。它和组织的结构密切相关，具有内容集中、信息量大、概括性强、约束力强、易于保密等特点。正式沟通包括按正式组织系统发布的命令、指示、文件，组织召开的正式会议，组织正式颁布的法令、规章、手册、简报、公告，组织内部上下级之间、同事之间因工作需要而进行的正式接触等。正式沟通在很大程度上受到组织结构的影响，管理沟通的流程与正式沟通有密切的关系。沟通越正式，对内容的精准性和对听众定位的准确性要求就越高。但正式沟通往往比较刻板，缺乏灵活性，沟通速度慢，层层传递之后存在着信息失真或扭曲的可能。

2. 非正式沟通

非正式沟通是一种通过正式规章制度和正式组织程序以外的其他渠道进行的沟通。非正式沟通具有迅速、交互性强、反馈直接、流动性强、方式灵活等特点，可以提供正式沟通难以获得的"内幕新闻"。由于非正式沟通在管理活动中十分普遍，而且人们真实的思想和动机往往会在非正式沟通中更多地表露出来，大多数人相信通过非正式沟通获得的信息更可靠。其缺点是难以控制，传递信息不确切，容易失真，还有可能导致小集团、小圈子的滋生，影响组织的凝聚力和向心力。当正式沟通渠道不畅通或出现问题时，非正式沟通则起到十分关键的作用。管理者要善于利用它，对其进行有效管理，注意防止和克服其消极的方面。

【拓展阅读】

非正式沟通——私下的旁敲侧击

宋朝时，宋太祖对一个大臣说："鉴于你对国家作出的杰出贡献，我决定升你做司徒（古代官名）。"这个大臣等了好几个月也不见任命下来，可是又不能当面向皇帝询问，因为这会伤及皇帝的面子，但如果不问，升官的事情就可能告吹了，怎么办呢？

有一天大臣故意骑了一匹奇瘦的马从宋太祖面前经过，并惊慌下马向皇帝请安。宋太祖就问："你的马为什么如此之瘦？"那个大臣回答："我答应给它一天三斗粮，可是实际我却没有给它吃这么多。"

宋太祖马上明白了这个大臣的意思，第二天就下旨任命这个大臣为司徒。

（五）按照信息流动的方向划分

按照信息流动的方向，沟通可分为向上沟通、向下沟通和平行沟通。

1. 向上沟通

向上沟通是指在组织中，信息从较低的层次流向较高的层次的一种沟通。居下者向居上者陈述实情、表达意见，即人们通常所说的下情上达。在向上沟通中，"下"应是主体。积极的向上沟通可以向员工提供参与管理的机会，营造开放式氛围，提高企业的创新能力，缓解工作压力。许多机构还采取某些措施以鼓励向上沟通，如态度调查、征求意见座谈会、意见箱等。如果没有向上沟通，管理者就不可能了解职工的需要，也可能不知道自己的指示或命令正确与否，因此向上沟通十分重要。

【课堂讨论】

刘宇从小就十分聪明，反应快，说话也快，而且还十分幽默，平时大家也愿意和他说笑。但他在一家公司工作三年了，仍然是一名基层人员，具体什么原因使他无法升职，他自己也说不清楚。

有一次，公司来了个客户找刘宇的上级主管签字。签完字之后，客户连连称赞主管的字好看。正好这时刘宇从外边进来，听到此话，就说："我们主管为了这签名，没少花钱呢。"当时一片寂静，主管和顾客都默然无语。

讨论：刘宇无法升职的原因可能是什么？

2. 向下沟通

向下沟通指在组织中，信息从较高层次流向较低层次的沟通，一般是居上者向居下者传达意见、发号施令等。这种自上而下的沟通能够协调组织内各层级之间的关系，增强各层级之间的联系，对下级具有督导、指挥、协调和帮助等作用，是传统组织中最主要的沟通流向。向下沟通一般以命令方式传达上级组织或其上级所决定的政策、计划、规划之类的信息。向下沟通时，"上"应是主体。要想沟通顺畅，上级要放低自己的姿态，不要一副高高在上的样子，使下属畏惧或不适，不愿意沟通。

【课堂讨论】

一位人事部门主管想要了解最近半年的人员离职状况，交代一名员工统计离职人员数量，并在3天后报告。3天后，接到命令的员工向主管报告："半年内总共离职30人。"主管接着问他："各部门离职的人数有多少？不同年资的离职人员各是多少？男性、女性各占多少？"这位员工一概答不上来，主管不悦地说："我给你3天时间，你只统计了总离职人数吗？"

讨论：问题出在哪里？

3. 平行沟通

平行沟通主要是指同层次、不同业务部门之间以及同级人员之间的横向交流。这种沟通一般具有业务协调性质。平行沟通打破了部门之间各自为政的局面，在沟通体系中不可缺少。它有助于加强各部门间的了解，增强团结，强化协调，减少矛盾和冲突，改善人与人之间的关系。

在多层次的正式沟通中，由于人们的价值取向和认识水平不同，在向上沟通和向下沟通中都会不同程度地出现因"过滤""夸大""缩小"甚至"曲解"而带来的偏差。例如，下属常常觉得需要强调自己的成绩，对自身差错却"大事化小，小事化了"，或者是"报喜不报忧"。平行沟通较随意，可以作为向上和向下沟通的重要补充。

组织为了在竞争中赢得竞争优势，不得不对组织进行优化与管理，沟通作为信息、思想、感情的载体，伴随着组织的提升与发展，其有效性与作用力越发凸显。如何提升沟通效率、沟通效果，成为组织当下必须面对的问题。

任务二　向上沟通

沟通作为组织管理工作中重要的技能与工具，除通过沟通不断强化组织成员的信心外，明确沟通的目的及沟通策略也非常重要，特别是在组织管理与发展中的向上沟通，不仅要关注实效，更要关注成效。换句话说，如何更有效率地达成沟通目的，实现沟通效果，除有人格修养外，沟通技巧也不可忽视。

一、关系铺垫

知己知彼，百战不殆。想让领导了解你，首先应学会了解领导，知其所好、了其所向、明其所志，既要"看"得懂，更要"补"到位。

"看"得懂，即见微知著的能力。领导的身份不同，其核心诉求会有很大差异，如在组织中的级别如何、是否为组织的股东。若领导是最终决策者且是最大的股东，其第一诉求是利于组织的发展；若领导为组织的中层管理且没有股份，则其第一诉求是个人的当前收益与未来提升；若领导虽是最终决策者但非第一大股东，则往往会根据其利益影响程度确定价值诉求。当然除了以上因素外，领导的格局、胸怀、眼界、价值观也会对其决策方向造成一定影响，但非决定性影响。

创造与领导交流和沟通的机会也非常重要，除非领导非常讨厌你或受到不良舆论的影响，否则领导一般是不会排斥与你接触的。

针对不同风格的领导，掌握沟通的分寸与技巧，结合领导的价值诉求，恰当"补"位。面对有大格局的领导时，沟通时应尽量讲清事实；针对"刷存在感"的领导，应尽量多交流，主动沟通。

除了以上的沟通技巧外，对其尊重也非常关键，尤其在与领导相处期间，必要的礼仪礼节还是需要特别关注的。

二、资源争取准备

不管是在工作中还是在生活与学习中，资源对最终结果都有举足轻重的作用，特别是核心关键且垄断性的资源，可谓得资源者得天下。如当下商界比较推崇的流量资源，×多多如果没有海量的流量资源支撑，就不会这么快发展为现象级的企业。

在组织中，常见的资源有权力、利益、人才、资格、政策、话语权和关系等，资源的属性决定了其稀缺性。由于资源可能对结果起到至关重要甚至决定性作用，资源争取的激烈程度不言而喻。

1. 可行性方案

资源供给有赖于对工作结果的预期，犹如战场排兵布阵的将军，在提报战争方案时需明确作战目的、进军路线、投入兵力、战争结果对战场局面的影响等。当下的组织工作也是一样，在作任何工作部署前，一定要明确立项工作的核心目的，目的不同，资源配置需求则会有天壤之别。

【拓展阅读】

此招聘非彼招聘

招聘，顾名思义是为企业招聘优秀人才，各企业在大型招聘会会场预定招聘展位，这可为企业招选人才提供一个物理空间，可恰恰有一家烘焙企业，改造了此招聘场景，将原本用来招揽人才的低成本场地变成了企业品牌宣传的窗口，结果不但实现了人才招聘的目的，同时又通过大型招聘会做了场市场营销及品牌宣传活动，可谓名利双收，效果大大超出预期。

该企业在大型招聘会会场预定了对排且联排的多个招聘展位，将展位空间打通，所属展位地面用接待礼宾的红地毯铺设，展位四周安排8位迎宾小姐负责接待，展位一面展示企业获得的各项荣誉奖章及产品，其产品是精心设计、打造的各种面包造型（如人物玩偶造型、生肖玩偶造型等），并在现场制作9层艺术蛋糕；展位另一面则凸显企业战略愿景、未来发展目标及职位信息展示，通过平面媒体、电视广告、彩页硬广同步宣传造势。当日上午10点30分左右，招聘活动人气达到了高潮，此招聘展位被围得水泄不通，引得当地主流媒体驻足现场直播，同时该企业官微、官网同步转播报道，招聘当日除收到数不胜数的求职简历外，同步招聘现场派发的产品折扣券也极大地拉升了招聘会周边的该品牌烘焙店销售额,可谓名利双收。

可行性方案属于战略性话题,须具"博古通今"之伟略,方有"惊世骇俗"之方略。可行性方案的目的决定了资源争取者认知维度的差距。

可行性方案目的的设定与实现有赖于资源争取者对"洞势""择时""明事""谋人"的把握,有赖于其周密的规划与资源分配。

所谓"洞势",即预期判断。可行性方案的目的能否实现对于资源争取至关重要,没有任何一个领导甘愿无谓地牺牲资源,特别是有价值且稀缺的资源。所以,在资源争取前要充分论证立项工作的得失成败,从需求、环境、政策、法规、人性、趋势、文化和市场等方面论证立项工作的经济价值、社会价值及成功概率,如《孙子兵法》中的"夫未战而庙算胜者,得算多也;未战而庙算不胜者,得算少也"。

"择时"即时机,很多时候,同样一件事情,所有外在环境都一样,唯时机不同,结果却大相径庭。如在 20 世纪 80 年代,只要创业者的胆子大、敢干,创业成功的概率会很大;而在当下,即使是同一创业者,即使付出远远大于当初,也很难避免一败涂地的可能。

所谓"明事",即唯有通透立项工作的机理与原理,方有"庖丁解牛"的可能。所谓"明莫明于体物",即明确并解构立项工作的关键动作并有效控制,方有可能实现逻辑闭环。明事是工作立项的重要依据,是资源争取的核心要素,更是树立组织及领导信心的关键环节,也是检验工作扎实与否的基础。

【拓展阅读】

中年大叔的健身史

一位中年大叔由于职场前期透支过多,待 40 岁左右出现了失眠、夜间惊醒、身体消瘦、肠胃不适、肺气肿、颈腰椎病、不愿说话、恐惧情绪、消极等一系列生理与心理性疾病,寻医后,医生建议其安心休养随附适度运动,每月完成消耗 6000 大卡的运动量。

结合身体状况及心理状况,在医生的建议下,大叔选择竞走的运动模式。

按照大叔的平均速度 6.65 km/h、平均步幅 88 cm、运动 5.95 km 消耗热量 300 大卡计算,大叔每月需要竞走 119 km(约 4 km/天)。

大叔遵从医生的建议,配备了竞走装备及监测运动量的运动手表,且通过日运动微信打卡,应用社会化监督的模式督促及激励日健身行为,结合其他的健康干预手段,经过两个月持续调整,大叔的身体状态明显好转,睡眠连续性、体重、呼吸、夜间醒来次数等各项指标皆达到正常水平,且精神焕发,对未来信心满满。

"谋人",即对人的选择,因为关键岗位上的核心人员往往能决定战役的胜败。立项工作前置判断更多停留在战略的取舍,而关键人员的遴选及客观评价确属实操的核心,需明确把握其优缺点、能力、素质、品德等,特别是组织中高层管理人员,识别其缺点是非常关键的,以备组织能够根据关键人才的优势及局限预设相应的防控措施。

"洞势、择时、明事、谋人"四位一体,作为可行性方案的关键要素,以备说服领导,明确要义、洞若观火、明察秋毫、客观求是,唯有作好万全的方案准备,方有可能在资源争取中赢得博弈的资本。

2. 历史业绩沉淀

立项工作发起人以往的工作表现及工作结果对于资源的争取起到非常关键的作用，一旦项目失败，不仅带来财务方面的有形损失，还有可能导致时间窗口期错失、团队信心受阻等不良影响。

针对需要投入的立项工作，如没有实操经验、没有过往成功案例作为佐证，组织与领导怎能放心大胆地轻易投入？

例如，当下的明星基金经理不愁资金募集，各种资本挤破头投资明星基金经理新成立的基金产品，这是因为明星基金经理操盘基金的历史收益记录佐证了过往。

任务三 平行沟通

在任何组织中，资源都是有限的，资源争取本身就是零和游戏。

平行部门间本存在竞合关系，良性竞争既有利于激活组织创造力，也有利于彼此之间合作关系的维系，达成 $1+1>2$ 的效果。若平行部门之间竞合关系被打破，偏执于竞争，非常不利于彼此之间合作，但一味地崇尚和谐、彼此间一团和气，也不利于组织创造力的发挥。因此，平行部门间竞合关系的打造与维持对于组织领导掌控组织团队至关重要。

一、平行部门关系处理原则

资源争取往往会让业绩凸显资源获得方，一旦资源获得方没有处理好平行部门间的合作关系，很有可能致领导于左右为难的境地，给资源争取设置许多不利的障碍。为此，若资源争取方有一贯团结同志的良好形象，则更有利于资源的争取。其形象的打造不仅涉及平行部门间的有形沟通问题，同样也会涉及彼此间合作共赢中的策略与方法（属于无形沟通的范畴），需特别关注。

1. 做人低调，态度谦虚

能在工作中取得一定的成绩，当然与个人及部门的努力与能力分不开，但因此沾沾自喜、恃才傲物是不可取的，如果组织成员表现出得意洋洋的姿态，其他同事看到后必然会心生不快；如果组织成员态度谦虚，不吹嘘自己的能耐，不显山、不露水，待人友好诚恳，克制自己及组织的优越感，则不会被他人或平行组织孤立。

2. 尽力帮助，态度诚恳

"一个篱笆三个桩，一个好汉三个帮"，每个人都会在工作及学习中遇到自己克服不了的困难，当同事或同学有困难时，不妨及时伸出援助之手。不要认为帮助他人就会让自己失去机会，恰恰相反，好的人际关系带来的机会和益处往往远远大于一个人单打独斗。

3. 礼贤谦让，经营有道

面对荣誉与奖励，成熟的组织管理者往往会主动礼让，主动退出优秀评选，即使被动提名，也会有意无意地将心迹透露给组织领导。

组织的运转与发展需要各组成元素的高效配合，必要的帮衬是非常有必要的，特别是阶段性业绩表现不佳且心理压力十分巨大的组织及其成员，若能够通过组织活动正面激励其信心，可谓大功一件。

组织管理者需规避孤立，同时需经营有道。组织及其成员应在工作及工作之余抽出时间与平行组织交流与沟通，如若没有，彼此间"就事论事"，一旦出现摩擦，易产生矛盾。

二、平行部门沟通原则

组织间由于各自利益相互竞争，但为了大集体利益又不得彼此策应，在竞争与合作间徘徊，总感有层薄膜横在彼此之间，处理不好就有可能将平级组织推到对立面，不起眼的一句话都有可能引起轩然大波。平级间如何沟通，需注意哪些事项，掌握哪些技巧，成为各部门负责人员绕不过的坎。

1. 正规事项非正规沟通原则

组织间为了工作不得不进行必要的沟通，但却常常是"公事公办"，一旦彼此间卷入责任分担、部门利益争取，势必导致合作关系很难维系。若抽离工作的场景，彼此间至少不那么剑拔弩张，可通过喝茶、吃饭、娱乐等活动潜移默化地处理部门间沟通问题。

2. 假借名人或领导转述原则

职场沟通中，经常会出现对某种问题或现象进行观点性探讨的话题，特别是关乎企业经营方向与大政方针方面的话题，极容易出现"口无遮拦"的情况，但为了维系组织间关系，特定环境下又不得不对某些敏感性话题阐述自己的观点与看法，这是对组织及其成员智慧的一大考验，搞不好就会被置于与领导反目或部门关系紧张的境地。针对组织当下的战略方向与经营举措，在兼顾沟通者情感的基础上可引经据典聊表观点。

团队在接受主管领导工作部署偶有不满情绪时也会情不自禁地向他人倾诉与抱怨，但若倾诉或抱怨对象为平级部门主管人员，一方面，倾诉者或抱怨者未将被倾诉者或被抱怨者当外人，另一方面倾诉者或抱怨者希望引起被倾诉者或被抱怨者的共鸣；若必须面对这种情况，则最好兼顾到领导的权威、同事的情感诉求，明智的方式是让更高层别的领导来解决问题。

3. 听是非但不论是非原则

只要有人的地方就有"是非"，搬弄"是非"经常会造成混淆视听、颠倒黑白的不良后果。

组织沟通中经常会伴有嫌隙与胡扯，会经常以论"张家长、李家短"为乐，但没有不透风的墙，一旦信息泄露或被别有用心者利用，势必为以后的工作或生活带来不必要的麻烦。

4. 多听少说

现实生活中，人们或多或少都有虚荣心，在与人交往过程中常常通过展示其语言魅力来博得众人的喝彩，而智者往往更愿意予以倾听与引导，时不时用溢美之词予以赞赏，以满足、激励与激发表达者，既博得说话者的好感，亦可获得些许关键信息。

沟通定会涉及人与事，而涉及人的环节，也需要根据沟通场景的不同采用不同的方法。譬如，被沟通者在沟通现场且彼此间关系融洽，应当面多表扬其优点，通过隐喻或暗示的方法给予些建议。被沟通者在现场且彼此间关系较为紧张，最好不要牵强附会，最好谨言慎行。如被沟通者不在现场，若敌视被沟通者，最好缄口不言；若不敌视被沟通者，则大可大表溢美之词。

5．愉悦他人原则

沟通既可传达信息，也可倾诉与表达情感，若在沟通中掌握夸人之道，可令他人对沟通者好感倍增。

愉悦的表达方式也是事半功倍的利器。如当讨论某件事情时，交谈者阐述自己的观点与做法，高明的沟通者即使有不同的意见，也能够使对方愉悦地接受其观点与建议。

三、家门规范且张弛有度

组织是紧密缝合的运营循环系统，组织间通过运营流程将系统串联起来，流程节点间经常由于责任归属问题产生矛盾。针对此问题，传统的组织习惯于厘清边界以减少矛盾冲突发生的概率，但工作的交互性导致现实中更多的是"扯不断、理还乱"的深度交错。明智的管理者会根据组织整体价值最大化原则定位部门及员工，如果是业务链条中的主导部门，应积极协调部门员工与流程节点的跨部门员工之间的沟通问题，流程节点的跨部门员工虽更多的是配合主导部门工作，在价值链条上属于从属地位，但主导部门员工不可耀武扬威、趾高气扬，平时沟通中应伴以更多的赞美之词，流程节点的跨部门员工感受到更多的尊重，自然会提高配合程度；若部门扮演业务链条中的支持、配合角色，除原则性问题外应尽其所能地满足主导部门的工作需求。

组织间和谐氛围的打造是一门技术，更是一门艺术，如能够做到"同志相得，同仁相忧"，可谓无往而不胜。

四、资源争取过程中的策略与技巧

在资源争取过程中，往往决定性因素不在于有形的沟通行为，而更多取决于之前的准备工作，除非新任领导对下属尚不熟悉或还未掌握下属的特点。

新任领导在加入组织前，一般会提前对下属情况进行详细的梳理，同时还会通过到岗沟通进一步熟悉与了解，但即使做了充足的准备与沟通工作，对下属仍仅停留于概念性的认知。有经验的领导在部署具体工作或下属申报新的立项工作时，一般会组织听证会辅助决策，特别是在涉及投入较大且回报周期比较长的项目时，往往还会以投票表决的形式予以决策。资源争取者在资源争取前的方案准备及现场答辩往往对结果起到决定性的作用。

现场答辩是决策小组成员针对方案细节进行的询问与论证，资源争取者若能够按照以下策略予以操作，则会事半功倍。

（1）答辩时，体态仪表要充满自信，着装力求干净整洁，发型职业干练，不着奇装异服、不夸张点缀，不卑不亢、不骄不躁，眉宇间充满英气，言语间充斥锐气。

（2）答辩时，语言表达力求简单、干练，紧扣答辩组的问题，不延展、不压缩。针对评委组成员的观点性问题，即使观点冲突，但也应委婉应对。

（3）答辩时，切忌出现冲突性的语言和对抗性的表情与动作。答辩中难免会出现观点不一致，或为了测试资源争取者心理承受力的刁难性、攻击性言语，资源争取者需保持微笑，沉着应对，切莫因事生怨、不欢而散。

（4）答辩前的心理干预也是非常有必要的。难免有部分心理承受力差的资源争取者会出现茶不思、饭不想、睡不着的问题，此时应尽量自我暗示、自我激励，答辩前多参与集体活动，分散焦虑情绪，使自己处于自然、轻松的状态。

【拓展阅读】

毛 遂 自 荐

战国时期，国家动荡不安。这时秦国出兵攻打赵国，一举突破重重阻碍，包围了赵国的都城邯郸。在情况十分危急的时候，赵王连忙派平原君前往楚国，请求援救。平原君准备在自己的门下食客中挑选出20个文武人才跟他一同前往楚国谈判；但是只选拔出了19个人才，剩下的人都不符合条件。

在这个时候，有一个名叫毛遂的门客，主动向平原君自我推荐，请求加入前往楚国的行列。平原君问："你在我门下多久了？"毛遂回答："三年了。"平原君说："一个真正有才能的人，就好像一把放在袋子里的锥子一样，立刻就会显露出锋利的锥尖。而你在我门下三年了，我却没听说过你有什么表现，你还是留下吧！"毛遂说："我现在自我推荐，就是请求你把我放进袋子里，如果早点有这样的机会，那我就不只是露出锥尖而已，而是早就显露出才能，锋芒毕露了！"平原君觉得毛遂说得有道理，就答应让他一同前往。

他们到了楚国后，平原君和楚王会谈，从早上到中午都没有结果。毛遂于是持剑走到楚王面前，极力说明赵、楚联合抗秦的利害关系。楚王终于被说服，答应赵国出兵援救。于是两国当场歃血为盟，誓守联合抗秦的盟约。毛遂这次不仅帮平原君完成了任务，也为国家立下了功劳，让大家对他刮目相看，平原君因此待他为上宾。

团队大小不一、员工个性迥异，难免会出现部分有才能的员工被忽视的情形，所以才有"千里马常有，而伯乐不常有"的感叹。组织中性格内敛者不善表达，即使平时工作兢兢业业，但领导不了解，可能会得不到重视。因此，被忽视者要善于把握机会，展现自我。

资源争取前的准备工作对资源争取结果更具价值，虽非有形之沟通，但其影响力远远大于有形的语言沟通。

任务四 向下沟通

古语云"谋可寡而不可众"。项目一旦立项即证明需求的资源基本可以框定，且预算可支持与保障，那具体如何安排，又如何部署呢？固然在资源争取的准备阶段有"洞势、择时、明事、谋人"的筹划部署，但"水无常势、兵无常形"，市场环境瞬息万变，需根据实际变化灵活、多变地进行决策与部署，且将行动计划落实于组织的神经末梢，唯有"先揆后度"，方能"所以应卒"。

组织整理者应时刻关注市场、环境、数据和组织内部士气等，紧紧围绕着理想目标抽丝剥茧式筹划与部署，犹如古代的攻城将军，通过哨兵掌握敌方军事部署及援兵动向，通过地形勘探了解地形地貌，通过兵营视察了解军营士气，通过会议与汇报程序了解部队军粮、装备、士兵伤亡状况等，以周密的计划调度资源，最终赢得胜利。

【拓展阅读】

马 陵 之 战

战国时期，魏国围困赵国，赵国向齐国求救，齐国军师孙膑采用"围魏救赵"的计谋救了赵国，带军的魏国大将庞涓很是不服。

十余年后，魏赵竟然抛弃前嫌，由魏国带头，组成联军，攻打韩国。韩国不敌，也向齐国求救。齐国还是派孙膑去救。

这次通过采取"围魏救韩"的计谋，使魏国又撤退了。魏国大将庞涓大为恼火，发誓必杀孙膑，碰到齐军后，一直紧追不放。孙膑军队，一万对十万，采用"减灶"的方法诱敌深入。

一日夜里，魏军追到马陵。庞涓发现一棵树上有字，命人点火照明，只见上面写着"庞涓死于此地"的字样。庞涓大惊，方知中了孙膑设下的埋伏。这时周围的齐军万箭齐发，魏军乱成一团，相互踩踏，死伤无数。

庞涓也身中数箭，自知走投无路，大叹"遂成竖子之名"，拔剑自刎。

一、管执行

【拓展阅读】

新兵入伍三个月集训为何仅仅训练基本的操作动作？新兵来自于五湖四海不同的家庭，有着不同的教育背景，甚至有着不同的民族文化，集训期一直重复着"立正、稍息、向左转、向右转"等简单的命令与动作，看似没有任何实质的意义，实则是树立部队成员遵守纪律、执行命令的身体记忆。在新兵下连队前，如果没有三个月的集训期，很难塑造出纪律严明、指哪打哪的钢铁锐士。

若是一般的制度性规范，无须过多解读制度背景及注意事项，组织成员熟练掌握制度规范的精神与要求，并不折不扣地执行即可。

若是决策部署，往往会涉及何时、何地、何人、何种结果等问题。针对此类问题，组织成员应充分理解并复述任务要求。如在软件开发过程中，经常会要求软件开发工程师复述开发任务内容，以免开发中因开发意图理解不一致而重复作业。若任务接受者不理解或不认同，须与其沟通决策部署的因果得失。

组织管理者虽然能够通过各种沟通手段传达明确的决策部署以及部署的原因与理由，但组织成员仍有不执行或不能不折不扣地执行的可能，而"赏罚分明"作为组织管理者牵引组织成员执行的有效手段，在向下沟通中显得尤为重要。如若向下沟通中组织成员不能明确赏罚标准或虽明确赏罚标准，但对赏罚标准的执行心存质疑，那么组织成员的执行会大打折扣。

【拓展阅读】

历史人物商鞅为鼓励秦国国民上阵杀敌提出了军功爵制，其主要包括两项内容。其一，"有军功者，各以率受上爵。"也就是说，凡立有军功者，不问出身门第、阶级和阶层，都可以享受爵禄。军功是接受爵禄赏赐的必要条件。其二，"宗室非有军功论，不得为属籍。"即取消宗室贵族所享有的世袭特权，使他们不能再像过去那样仅凭血缘关系，即"属籍"，就可以获得高官厚禄和爵位封邑。通过此制度的践行，秦国很快训练出一支铁军，连克六国，最终实现了天下一统。

"赏不服人，罚不甘心者叛。赏及无功，罚及无罪者酷。"优秀的组织管理者，应明确设置赏罚标准，通过无形沟通方式与各种正式与非正式的会议、训导等形式的结合，传递组织管理的标准与要求，以促进团队成员明确对错是非，激发组织成员的创造力与积极性。

【拓展阅读】

孙武杀妃

吴王阖闾即位三年，即公元前512年，孙武带着他写的兵法觐见吴王。吴王看完后啧啧称赞，但忽然产生一个念头——兵法头头是道，是否适用于实战。孙武能写兵法，又怎样才能证明他不是一位纸上谈兵的人呢？吴王便对孙武说："你的兵法十三篇，我已经逐篇拜读，实是耳目一新，受益匪浅，但不知实行起来如何，可否用它小规模地演练一下，让我们见识见识？"孙武回答："可以"。吴王又问道："先生打算用什么样的人去演练？"孙武答："随君王的意愿，用什么样的人都可以。不管是高贵的还是低贱的，也不论是男的还是女的，都可以。"吴王想给孙武出个难题，便要求用宫女来演练。于是，吴王下令将宫中美女召到练兵场，交给孙武去演练。孙武把宫女分为左右两队，指定吴王最为宠爱的两位爱妃为左右队长，让他们带领宫女进行操练，同时指派自己的驾车人和陪乘担任军吏，负责执行军法。孙武站在指挥台上，认真宣讲操练要领。他问道："你们都知道自己的前心、后背和左右手吧？向前，就是目视前方；向左，视左手；向右，视右手；向后，视后背。一切行动，都以鼓声为准。你们都听明白了吗？"宫女们回答："听明白了。"安排就绪，孙武便击鼓发令，然而尽管孙武三令五申，宫女们口中应答，内心却感到新奇、好玩，她们不听号令，捧腹大笑，队形大乱。孙武便召集军吏，根据兵法，斩两位队长。吴王见孙武要杀掉自己的爱妃，马上派人传命说："寡人已经知道将军能用兵了。没有这两位爱妃，寡人吃饭也没有味道。请赦免她们。"孙武毫不留情地说："臣既然受命为将，将在军中，君命有所不受。"孙武执意杀掉了两位队长，任命两队的排头充当队长，继续练兵。当孙武再次击鼓发令时，众宫女前后左右，进退回旋，跪爬滚起，全都合乎规矩，阵形十分齐整。孙武传人请阖闾检阅，阖闾因为失去爱姬，心中不快，便托辞不来，孙武便亲见阖闾。他说："令行禁止，赏罚分明，这是兵家的常法，为将治军的通则。对士卒一定要威严，只有这样，他们才会听从号令，打仗才能克敌制胜。"听了孙武的一番解释，吴王阖闾怒气消散，便拜孙武为将军。

总有蹩脚者，虽明确奖惩、感受到组织管理者的关怀，但由于其个人原因，执行工作总表现得不情不愿，这样，很有可能导致计划落空，对不受控者如何保障其执行呢？

非常之人办非常之事。对关键人员的了解是破局的核心，可根据其弱点予以沟通与控制，当然控制"尴尬"式沟通也是非常必要的，组织管理者可通过了解关键人员的核心痛点，善用沉默的力量给其心理压力，使其能够顺从工作安排。当然，这仅仅是不得已之举。同时，组织须在团队中培养其他人员，以弱化关键人员的不可替代性，这样方能保障执行的能力与效率。

二、管能力

三分战略、七分执行，战略决定方向，执行决定其结果。即使组织成员从上到下都有极强的战斗意志，但若无执行能力，执行结果依然无法保证。

组织能力的提升既有专业技能水平的提升，也有组织成员间配合能力的提升。模拟实战场景，匹配科学的学习方法并设置相应的时间要求，方可有所成效。

组织间配合能力的提升，更多的来自实战场景的磨合。例如，各国经常组织实弹军事演习实际上是通过军事演习磨炼战斗人员的战斗意志，让各军种根据演习现场的变化锻炼组织配合能力，以提升整体战斗能力。

思想的引导与教育是公共沟通的话题，组织需利用一切可接触手段，不断提醒与强化组织成员争先创优的技能提升意识。

组织能力的提升需要组织成员树立不怕苦、不怕累、勇于和身体极限抗争的精神与勇气，不断要求自己、提升自己，同时应规避蛮干主义。作为组织管理者，应根据组织成员的特点，因材施教，不断鼓励、鞭策、督促其改变与提升。同时需要重视组织成员的性格、文化修养、价值观念等个性化特征，也需要针对组织成员情绪的不断变化修正沟通方式。

【拓展阅读】

孔子尽人之用

孔子带着他的弟子周游列国，有一次，他的马跑了，吃了农民的庄稼。那个农民十分愤怒，就把马扣下了。孔子的学生子贡去向农民求情，说了许多好话却没有把马取回来。孔子感叹地说："用别人不能理解的话去说服人，好比用最高级的牺牲——太牢（祭神的贡品）去供奉野兽，用最美妙的音乐——《九韶》（古乐名）去取悦飞鸟，有什么用呢？"于是孔子派养马的人前往。养马人对那个农民说："你不是在东海耕种，我也不是在西海旅行，我们既然碰到一起了，我的马怎么能不侵犯你的庄稼呢？"农民听了，十分痛快地解下马，还给了他。

组织建设中，组织管理者应针对组织成员的不同性质，区别对待，有的人可以当面训斥，有的人则应私下沟通。这对于组织管理者的沟通能力有一定的要求，需把握火候、不急不躁地引导与监督。

三、管结果

任何组织都有存在的目的与意义，塑造组织成员的执行能力、强化组织成员的组织能力都是为了保障结果的呈现。在项目实施前，不管做了多少次沙盘推演，但现实中总会出现各种情况，为保障结果的呈现，不得不调整执行计划，改变执行策略。现场的指挥极为考验组织管理者随机应变的能力，特别在复杂多变的市场环境下，随时都有可能改变既定的战略部署。为了完成既定目标，组织管理者需根据场景变化及时调整计划，组织成员也需根据调整计划及时实施。

组织管理中若有事前设置的赏罚标准，则应严格按照赏罚标准执行，但赏罚标准是建立在事前想象的实施场景的基础上的。

实际场景与事前想象场景不同是一种常态，作为组织管理者应根据场景的差异程度予以一定的修正，但要有明确且坚实的基础作为支撑并接受监督。此外，赏罚实施前的操作与沟通也尤为重要。

赏罚前，组织管理者应与直属伙伴交流事前设置的赏罚标准及实施场景的细节，复盘计划执行中的得失与不足，针对预测场景与实际场景的差异，实施者的付出度、心理承受力、技能要求的变化等进行交流与沟通，综合评估一致后再对奖惩结果进行评定。这样即使以后出现不合时宜的言论，不至于对组织造成创伤，同时也有利于维护组织管理者的领导权威。

沟通是一门艺术。生活中因没有共同利益的冲突，沟通更多的是彼此的寒暄或情感交流的桥梁。但在组织中，管理沟通不是单纯的信息传递工具那么简单，很多场景下带有心理博弈的成分，与上级、平级、下级的沟通应根据场景、时局、环境等灵活应变。

组织沟通并非一定需要语言予以修饰，有时非语言的沟通往往更具价值与魅力。虽没有通过语言进行信息传递，但组织能够感受其力量，可谓无声胜有声。

组织沟通是一门组合的艺术，是领导力、影响力的外化，起始于自我沟通，需不断自我暗示、自我提醒、自律坚持，时刻保持情绪与组织职位间的匹配关系，如组织管理者应时刻保持微笑、精力充沛，不唉声叹气、愁眉苦脸，时刻展现出自信与坚毅，这种无形的沟通会不经意地感化组织成员，同时通过不断的自我优化，言行举止展现道德情操，在征服组织成员的同时，传递出积极且坚韧不屈的力量。

组织沟通更是经营性的智慧展示，通过向上沟通争取必要资源，通过平行沟通获得策应与支持，通过向下沟通统一思想，提升执行效率。

练习与实训

	1	2	3	4	5	6	7	8	9	10
一、单选题										
二、多选题										
三、判断题										

客观题

四、思考题

1. 谈谈你对沟通的理解。

2. 你认为在学习工作中，遇到的交流障碍有哪些？对你而言，你认为克服困难最大的障碍是什么？

3. 如何实现有效的沟通？有哪些沟通技术？

4. 如果你是一家企业的行政人员，领导让你跟各部门沟通召开一场会议，如何高效地完成任务，请提出你的策略。

五、分析题

被拒绝的计划

下面的谈话发生在一家大公司的两名员工之间。

刘伟（刘）：昨天与毛石农（公司市场部经理）的会谈怎么样？

赵国栋（赵）：嗯——啊——这不是很重要。

刘：看起来你心情很不好。

赵：是的。这次会谈几乎完全是失败的，让我说，我希望将这件事忘了。

刘：事情往往不像我们想象的那样。

赵：对极了，对他抱希望简直不可能。我认为上交的计划是非常清楚且周到的，但被他全盘否定了。

刘：你说他一点都不接受。

赵：对。

刘：老赵，我很难想象你的计划被毛石农否决。他怎么说的？

赵：他说不现实，很难实施。

刘：真的吗？

赵：真的，当他这么说时，我觉得他是在对我进行人身攻击。我很恼怒，因为我认为我的计划很好，要知道，我对计划中的每一个细节都花了巨大精力。

刘：我能肯定。

赵：对我真是一个打击。

刘：我敢打赌，遇到这种事，我也会沮丧的。

赵：毛石农肯定有些什么事要反对我。

刘：尽管你对这个计划尽了很大努力，但还是不能分辨毛石农的行为到底是反对你，还是反对你的计划，对吗？

赵：对，这又能怎样分辨呢？

刘：我完全能理解你的困惑与迷惑，你感到毛石农的行为是不合情理的。

赵：我只是不明白他为什么要这么做。

刘：当然。如果他说你的计划不切实际，那他到底是什么意思。我的意思是，你是如何去处理这样一个基本问题的？这也许太笼统了。他是否提了一些具体的事件？你有没有要他指出问题或要他将反对的原因说得更具体一些呢？

赵：好主意，但你知道——受到拒绝，我是多么失望，简直就像在云里雾里，你明白我的意思吗？

刘：是的，那是一次不成功的经历。你有那么强的自尊心，以至于想通过尽快放弃计划来挽回一点自尊。

赵：对极了，我只想在我说出令人后悔的话之前，尽快逃离那里。

刘：然而，在你的思想背后，你也许想着毛石农并不会仅仅因为不喜欢你本人而不让公司去冒险。但是……计划是好的！这其中的矛盾很难处理，对吗？

赵：完全这样，我知道应该让他说出更多的想法，但我站在那里像个木偶。但现在又能做什么呢，事情已经弄成这样了。

刘：老赵，我不认为全失败了。他讲的与你讲的——我认为这还不是结论，也许他未理解计划，也许这天本该他休假。谁知道？有很多可能，与毛石农定个时间坐下来，一点点问他反对的理由，怎么样？再与他谈谈，如何？

赵：我想我会知道得更多一些。至少，我还不知道如何修正或改动计划。你是对的，我真的不知道毛石农是怎样看待我或我的工作的。经常，我只作出反应，而很少进行回答与解释。

刘：也许该安排另一次会谈。

赵：好吧，我想我应该与他在下星期安排一次新的会谈，我很想搞清楚问题究竟在我还是在计划。谢谢。

问题：

（1）根据建设性沟通的特征或回答的类型对以上谈话作出分析。

（2）谈话中的哪些话最重要？你认为哪些话可能会导致对方产生心理防卫，使谈话中止？

（3）对于解决赵国栋的问题，直接给出建议的缺点在哪儿？为什么刘伟没有简单告诉赵国栋该怎么做？问赵国栋什么是最好的解决方案是否使话题分散？

六、实训题

如何有效沟通

参与人数：两人一组

时间：10分钟

场地：不限

材料：无

应用：

（1）培训、会议活动开始前的学员相互沟通；

（2）沟通技巧训练。

1.游戏目的：

没有肢体语言的帮助，一个人说话会变得很拘谨，但是过多或不合适的肢体语言也会让人望而生厌，自然、自信的身体语言会帮助我们沟通得更加自如。鼓励大家进行有效的沟通。

2.游戏规则和程序：

（1）将学员们分为两人一组，让他们进行2～3分钟的交流，交谈的内容不限。

（2）当大家停下以后，请同学们彼此说一下对方有什么非语言表现，包括肢体语言或者表情，比如有人老爱眨眼，有人会不时地撩一下自己的头发。问这些做出无意识动作的人是否注意到了这些行为。

（3）让大家继续讨论2～3分钟，但不要有任何肢体语言，看看与上次交谈有什么不同。

3.相关讨论：

（1）在第一次交谈中，有多少人注意到了自己的肢体语言？

（2）对方有没有什么动作或表情让你觉得极不舒服？

（3）当你不能用你的动作或表情辅助你的谈话时，有什么样的感觉？

七、应用题

你所在的街道新开了一家餐馆，这家餐馆靠近居民小区，小区居民集中反映这家餐馆的油烟飘进了小区，严重影响了居民的正常生活，特别是对孩子们的身体产生了较大的危害，如果领导让你去协调沟通处理这件事，你将如何进行？

参 考 文 献

[1]　万强，苏朝霞，李杰. 管理学基础[M]. 2版. 北京：教育科学出版社，2018.

[2]　田建平，谭心燕，黄旭敏. 管理学基础[M]. 北京：北京工业大学出版社，2020.

[3]　王霁. 管理学基础[M]. 2版. 北京：清华大学出版社，2021.

[4]　周三多，陈传明，鲁明泓，等. 管理学：原理与方法[M]. 7版. 上海：复旦大学出版社，2018.

[5]　饶君华. 管理学基础[M]. 2版. 北京：高等教育出版社，2019.

[6]　陈传明，徐向艺，赵丽芬，等. 管理学[M]. 北京：高等教育出版社，2019.

[7]　王利平. 管理学原理[M]. 北京：中国人民大学出版社，2017.

[8]　江庭友，夏媛媛. 管理学原理[M]. 2版. 合肥：合肥工业大学出版社，2015.

[9]　单凤儒. 管理学基础实训教程[M]. 7版. 北京：高等教育出版社，2021.

[10]　郭咸纲. 西方管理思想史[M]. 北京：经济管理出版社，1999.

[11]　胡芳，杨冰. 现代企业管理理论与实务[M]. 西安：西安电子科技大学出版社，2015.

[12]　唐学华. 中层领导管理精要[M]. 合肥：中国科学技术大学出版社，2015.

[13]　廖泉文. 人力资源管理[M]. 3版. 北京：高等教育出版社，2018.

[14]　鲍立刚. 人力资源管理综合实训[M]. 北京：中国人民大学出版社，2018.

[15]　陈娜. 目标管理与绩效考核[J]. 人力资源，2022，517(16)：116－117.

[16]　刘强，郑建国. 网络计划技术在施工进度计划管理中的应用分析[J]. 工程建设与设计，2020，426(4)：228－229.

[17]　王梦迪. 试一试"番茄工作法"[J]. 成才与就业，2021，569，570(Z1)：44.

[18]　张燕华. 生命教育背景下大学生时间管理教育研究[J]. 公关世界，2022，539(24)：76－78.

[19]　朱长丰. 人力资源管理[M]. 2版. 北京：中国人民大学出版社，2018.

[20]　王有华. 中小微企业人力资源规划策略探讨[J]. 当代经理人，2021，270(2)：48－52.

[21]　蓝明珠. 基于企业战略的人力资源规划[J]. 上海商业，2021，514(12)：92－93.

[22]　曹丽娅. 员工培训，如何提效[J]. 人力资源，2022，525(24)：48－49.

[23]　张婷婷. 领导力[M]. 吉林：吉林文史出版社，2018.

[24]　李勇. 管理者的群体结构[J]. 医院管理论坛，2003，47－50.

[25]　樊登. 可复制的领导力[M]. 北京：中信出版社，2017.

[26]　程庆珊. 商务沟通[M]. 3版. 大连：东北财经大学出版社，2019.

[27]　邹晓春. 沟通能力培训全案[M]. 3版. 北京：人民邮电出版社，2018.

[28]　徐国华. 管理学[M]. 北京：清华大学出版社，2001.